新时期大学生
思想政治教育理论研究与实践
——以陕西民办高校为例

XINSHIQI DAXUESHENG
SIXIANG ZHENGZHI JIAOYU LILUN YANJIU YU SHIJIAN

黄河出版传媒集团
宁夏人民出版社

图书在版编目（CIP）数据

新时期大学生思想政治教育理论研究与实践：以陕西民办高校为例 / 韩学山著. — 银川：宁夏人民出版社，2018.7
ISBN 978-7-227-06923-2

Ⅰ. ①新… Ⅱ. ①韩… Ⅲ. ①大学生—思想政治教育—研究—中国 Ⅳ. ①G641

中国版本图书馆CIP数据核字（2018）第174151号

新时期大学生思想政治教育理论研究与实践
——以陕西民办高校为例

韩学山 著

责任编辑 陈 浪
责任校对 王 艳
封面设计 赵 静
责任印制 肖 艳

黄河出版传媒集团
宁夏人民出版社 出版发行

地 址 宁夏银川市北京东路139号出版大厦（750001）
网 址 http://www.yrpubm.com
网上书店 http://www.hh-book.com
电子信箱 nxrmcbs@126.com
邮购电话 0951-5052104 5052106
经 销 全国新华书店
印刷装订 宁夏银报智能印刷科技有限公司
印刷委托书号（宁）0010328

开 本 880 mm × 1230 mm 1/32
印 张 11.5
字 数 257千字
版 次 2018年8月第1版
印 次 2018年8月第1次印刷
书 号 ISBN 978-7-227-06923-2
定 价 40.00元

序 言

PREFACE

中国共产党第十九次全国代表大会报告是中国目前进行各项改革和发展事业总的纲领，习近平新时代中国特色社会主义思想是马克思主义理论与中国社会发展实际相结合的最新理论成果。报告旗帜鲜明地指出了中国特色社会主义进入新时代，中国社会主要矛盾已经转化为人民日益增长的美好生活需要和不平衡不充分的发展之间的矛盾，这是中国共产党对中国特色社会主义进入新时代做出的实事求是的重大判断，具有极其重要的意义。新时代的大学生思想政治教育工作也必将面临着新的机遇与挑战，这就需要我们以习近平新时代中国特色社会主义思想为指导，遵循思想政治工作规律、教书育人规律和学生成长规律，在大学人才培养中以人为本，立德树人，充分发挥思想政治教育思想和价值引领作用；在实践中实现思政课程向课程思政的转变，让高校教育者全员、全程和全方位参与教书育人的事业中来，充分发挥教育者的主导性和学生的主体性，努力构建“十大育人”体系，形成协同育人新机制。新思想新要求，对于高校思想政治教育工作具有重要的理论意义和方法论意义。

十八大以来，国内外形势变化和我国各项事业发展给我们提出了一个重大时代课题，即必须从理论和实践结合上系统回答新时代坚持和发展什么样的中国特色社会主义、怎样坚持和发展中国特色社会主义。新时期,高校肩负着光荣的历史使命和艰巨的社会责任。2016年12月,习近平总书记在全国高校思想政治工作会议上,开宗明义地指出中国特色社会主义大学的根本任务是为中国特色社会主义事业培养合格建设者和可靠接班人,高屋建瓴地回答了高校培养什么样的人、如何培养人以及为谁培养人这个根本问题。为确保人才培养的政治方向,加强党对意识形态工作的思想引领和组织领导,筑牢意识形态主阵地,实现党对青年大学生思想政治教育全覆盖,必须在大学生中广泛开展理想信念教育,深化中国特色社会主义和中国梦宣传教育,弘扬民族精神和时代精神,引导大学生树立正确的历史观、民族观、国家观、文化观。应该坚持把立德树人作为中心环节,其他各门课与思想政治理论课同向同行,形成协同效应。把思想政治工作贯穿于教育教学全过程,实现全方位育人,努力开创我国高等教育事业发展新局面。

为进一步落实贯彻十九大精神和全国高校思想政治工作会议精神,2017年12月教育部发布了《高校思想政治工作质量提升工程实施纲要》,这是提升高校思想政治工作质量的顶层设计,也是高校思想政治工作的施工蓝图,其总体思路是聚焦短板弱项,坚持把破解高校思想政治工作不平衡不充分问题作为目标指向,着力构建一体化协同育人体系,为当前高校思想政治教育工作明确了目标任务、指标体系及评价标准,必将推动高校思想政治教育工作长足发展。

新时期,高校思想政治工作的对象是“95后”和“00后”网络原居民,有其明显“网络”群体特征;而教育者大多是“60后”“70后”及“80后”网络移民,两个群体表现出较大的“代际差异”,就更需要教育工作者不断加强学习，研究工作对象，更新思想观念，提高育人本领，努力找准思想政治工作中“师”与“生”的契合点，处理好“教”和“学”的关系。要力争摆脱传统思想政治教育单纯的灌输和说教的方式，通过创新形式和拓展渠道，不断增强思想政治教育工作的亲和力和针对性，提高大学生自身的主动性和自觉性，才能最大程度地增强思想政治工作的实效性。习总书记2018年5月2日在北京大学师生座谈会上的讲话，强调了学校、教师、学生各自的使命和担当，有助于我们更好地理解高校思想政治教育工作组织—教学—学习之间的逻辑联系，着力构建思政教育中师生同向、教学同行、同频共振、相得益彰的理想状态是我们共同的期待。

习总书记在全国高校思想政治工作会议上强调，要加快构建中国特色哲学社会科学学科体系和教材体系，推出更多高水平教材，创新学术话语体系，建立科学权威、公开透明的哲学社会科学成果评价体系，努力构建全方位、全领域、全要素的哲学社会科学体系。2018版的系列思政教材，在修订中融入了新思想，体现了新精神。本书也是在这种精神指引下所做的新尝试，以习总书记对青年大学生的“青春之问”为总领，探究高校思想政治教育工作的新路径。在总体内容布局上，以陕西民办高校为对象，旨在突出高校思想政治工作规律的指导作用的同时，积极探索民办高校思想政治工作新思路新方法，与公立高校形成优势互补，相互借鉴，共同促进高校思想政治工作的发展。

经过30余年的发展，我国民办高校为社会主义建设培养了大批的优秀人才，为社会主义事业做出了巨大贡献，成为我国高等教育重要组成部分。因此，民办高校也是加强思想政治教育主阵地和主渠道之一，是重要研究与发展的领域。鉴于民办高校的发展历史、办学主体、运作模式、管理方式及价值理念等方面与公办高校相比有其独特性，因而在民办高校开展思想政治教育工作就面临着不同的问题和困难，也存在着机遇与挑战。为了解决这些问题和困难，我们应抓住目前的大好机遇，综合发力，整体研究，摸索规律，总结经验，努力提升民办高校思想政治教育实效性。

陕西作为民办高等院校的重镇，其民办高校的数量和质量居全国前列，同时陕西省政府和主管部门非常重视在大学生中开展思想政治教育工作，为加强思想政治教育工作，为民办高校健全党的组织机构，配备党委书记，提出明确的目标任务，以此确保思想政治教育工作落到实处、取得成效，因此，以其为例具有典型性和代表性。本书以陕西民办教育的历史与现状为切入点，辩证地提出了其与思想政治教育工作的关联性；深入地分析了其学生群体的构成与特征，注重研究教育对象；将思想政治教育一般规律与其实践相结合，注重理论联系实际。从历史与现实、理论和实践两个维度深挖其存在的问题和困难，提出方法与对策，探索经验与方法，努力构建民办高校思想政治教育新模式，同时也可为公办高校思想政治教育提供可资借鉴的经验，对开创高等教育思想政治事业新局面具有重要的现实意义。

2018 年 7 月 20 日

（作者系陕西理工大学党委副书记、教授）

目　录
CONTENTS

绪　论

思想政治教育以人为对象，而人在其本质上不是单个人所固有的抽象物，在其现实性上，它是一切社会关系的总和。思想政治教育研究人，就是研究人与人、人与物、人与环境等之间的社会关系，而这些社会关系外在的表现形式就是人们的群体生活。因而，群体研究是思想政治教育研究重要的、本质的内容。对于大学生群体而言，加强对其研究就是加强和改进大学生思想政治教育内在的、本质的要求。

一、关于思想政治教育与大学生关系问题的提出

从宏观社会结构看，大学生群体是社会群体的重要组成部分。思想政治教育者研究大学生群体，一方面基于大学生群体属于社会青年群体，既区别于社会其他群体，如中年群体、老年群体等，也区别于其他青年群体，如青年农民群体、青年工人群体等；另一方面基于大学生群体属于高校学生群体，既区别于社会其他学生群体，如中学生群体、小学生群体等，又区别于高校其他群体，如教师群体、职工群体等。这种宏观研究视角下的大学生群体，就是我们通常所说的广义上的大学生群体，研究它的目的在于从社会整体层面上去认识和把握大学生的特点，并组织实施有

利于大学生群体整体发展的思想政治教育活动。

然而,宏观视角下的大学生群体研究显然不能完全满足思想政治教育的需求。从微观上的大学生群体内部结构看,在同一所大学,大学生群体内部出现了各种小群体。并且,这些小群体既是思想政治教育者从事思想政治教育活动的中介和依托,又是大学生自我教育、自教自律的重要途径和基本平台。因而,从微观视角上去研究大学生群体中出现和存在的各种小群体,是思想政治教育进一步深化的必然要求。这种微观研究视角下的大学生群体,也就是我们通常所说的狭义上的大学生群体,有的学者也将之称为大学生小群体或大学生亚群体。本书所研究的大学生群体,指的就是基于微观研究视角下狭义的大学生群体,包括大学生中的各级学生组织、各类社团和各类特殊的学生群等,我们常说的大学生中的组织、集体、团体等都从属于大学生群体概念,这在本书后面的章节中会进行论述。

笔者研究大学生群体的最初动机,一是势在必行。在多年的思想政治教育工作中,深刻认识到大学生群体作为思想政治教育的主体、客体、介体以及环体,始终贯穿于思想政治教育的全过程,不可忽视,也不可回避。特别是当前在加强和改进大学生思想政治教育的过程中,如何对大学生群体的结构进行分析、如何解决目前大学生群体中存在的问题、如何优化大学生群体教育的方式和方法等,是一项十分重要且紧迫的任务。二是兴趣所至。一方面,当前对大学生群体进行研究的学科很多,有社会学、管理学、文化学、行为学、心理学等,也有上述学科交叉后的交叉学科,如教育社会学、教育文化学、教育管理学、教育心理学等。这些学科的研究,都能够从不同的层面去揭示大学生群体的形成、发展、特征及功能等,对思想政治教育者科学分析大学生群体现象和把握大学生群体行为特点，从而有针对性地开展群体教育，都起到了极为重要的理论指导作用。另一方面，大学生思想政治教育的实践基于大学生群体形成了一些共识，如群体生活是大学生的基本生存状态、大学生群体具有多样性、大学生参与群体活动具有差异性等。那么，能否从思想政治教育学科的视野去进一步研究大学生群体的发展呢？研究的兴趣促使笔者思考这样三个问题：

第一，作为思想政治教育者，既然我们认识到群体生活是大学生的基本生存状态，那么我们怎样去引导他们参与群体生活？或者说，我们如何去提高大学生群体生活的质量、让他们的群体生活更有价值？大学生从被录取的那一刻起，就被分到了不同的院系和专业，进校后又会被分到不同的年级、班级、学生宿舍楼和寝室等，形成不同的学习和生活群体。与此同时，他们当中的一部分人成为学生干部，通过团委学生会、班委会、团支部、党小组等渠道参与到学生自我管理、自我教育和自我服务活动中，形成了不同的学生主流群体组织。随着时间推移，一些学生出于个人兴趣爱好，或者出于他人的干预和引导，自愿组成了不同的大学生群体，如各种学生社团、俱乐部等。随着网络信息技术的发展，在网络虚拟空间里通过多种联络途径，大学生又形成不同的信息联络群体、情感交流群体、思想讨论群体、观点辩论群体等大学生网络群体。可以说，大学生参与群体生活具有普遍性特点。对于任何一个大学生个体来说，其学习、生活和工作总是在一定的群体空间中进行，其个人的发展也总是在与群体以及与群体中的其他个体的交往中实现的。因此，对于思想政治教育者来说，一方面要指导和帮助学生创建并组织管理好不同的大学生群体；另一方面要为不同的大学生群体组织开展群体活动创造条件和提供帮助，同时也要指导大学生群体不断提高群体活动质量，以提高个体参与和群体参与两个方面的积极性和有效度。

第二,作为思想政治教育者,既然我们认识到大学生群体的多样性,那么如何去发挥这些不同群体的功能来促进大学生个体更好更全面的发展?从大学生群体类型上看,一般依照群体的构成方式可分为正式群体和非正式群体。其中大学生正式群体是指班级、学生会、团组织、寝室等具有固定的成员、有明确的权利和义务,并作为学校教育管理机构重要组成部分的各级学生组织。大学生非正式群体是指学生基于自身需要自愿组成的社团、协会、同乡会、联谊会等学生集合体。对有的大学生非正式群体,高校予以支持和指导,如社团、协会等,从某种意义上讲具有与大学生正式群体类似的组织特征,但由于流动性和松散性特征使其成员的责任和义务相对较弱。对有的大学生非正式群体,高校既不提倡也不反对,但对其群体活动予以引导、规范,如同乡会、联谊会等,如果群体活动违反了校纪校规以及法律,群体就会被高校予以取缔。从大学生群体的功能上看,大学生群体普遍具有沟通信息、交流情感、心理调适等功能。除此之外,大学生正式群体的主要功能还体现在组织学生参与自我教育、管理、服务及集体对个体行为的激励上,而大学生非正式群体的主要功能体现在群体对个体特殊需求的满足上。当然,群体分类的标准不同,大学生群体的类型就不同,如根据群体的不同特征可分为一般群体和特殊群体,优势群体和弱势群体等。群体分类是为了更好地认识群体,并不能改变群体存在的现实。因此,思想政治教育者要根据教育的目的及需要,从更有利于群体功能发挥的角度去进行大学生群体分类,并实施有针对性的教育和引导。

第三,作为思想政治教育者,在做到上述两点的基础上,如何进一步把握和引导大学生个体在不同的群体中思想行为的差异性来促进大学生健康和谐发展？鉴于大学生参与群体生活的必然性和多样性这两点认识，接下来思想政治教育者就要对大学生个体参与群体生活或活动的行为差异性进行分析。这种差异性通常表现为两个层面：

第一个层面，是在同一个群体中，不同个体的行为具有差异性。同一个群体对其不同的个体在要求上具有一致性，这是个体参与群体生活客观性的一面。由于个体主观认识和实际参与程度的不同，不同个体在同一个群体中所获得的帮助和对群体的发展所起的促进作用也不同。虽然在同一个群体中个体发展存在差异性是正常的，但如何缩小这种差异性正是进行群体教育的价值所在。在我们现实生活中，有许多群体与所有个体同时获得成功发展的典型案例。如有的学生文明寝室中，所有成员都以优异的成绩被保送研究生；有的先进班集体中，所有的成员都成功地实现了自己的发展目标等。

第二个层面，是同一个体在不同的群体中，其行为具有差异性。有三种现象值得关注：一是大学生干部，大学生党员在学校、院系级学生组织中表现突出，但在其所在班级、寝室却表现一般，得不到同学的承认；二是有的大学生在班级中表现一般，甚至有的表现显得怪僻，但其参与社团活动积极，表现出较强的参与精神和素质能力；三是有的同学在现实生活中表现得很理性，具有较高的政治素质和较强的上进心，但却经常匿名在网上论坛中发布一些偏激的、不当的言论。由于不同的群体对个体的要求和评价标准不同，上述现象的存在似乎不足为怪。但从促进大学生个体全面发展来说，较好地适应并参与不同的群体生活是一项基本要求。同时，同一个个体在不同群体的异常表现，也会影响人们对这些群体的评价，从而不利于大学生群体间的和谐发展。因此，思想政治教育者在积极引导参与不同群体生活的同时，既要关注同一群体生活中有不同行为表现的个体，也要关注在不同群体生活中有不同行为表现的个体。

对上述问题的思考，一方面丰富着笔者的思维，开拓着笔者的视野；另一方面也进一步深化了笔者的认识。无论是源于理论上的思考，还是源于实际工作的需要，对大学生群体的研究，已经成为当前提高大学生思想政治教育实效性的内在必然要求。

二、对大学生群体研究的现状述评

对于大学生群体及其发展的关注和研究，是中外学者都十分重视的一个课题。这种重视不仅体现在实际工作中，而且体现在理论研究上。

（一）西方学者对大学生群体研究现状述评

近现代大学起源于欧洲中世纪，对大学生群体的研究伴随着大学的出现和发展而不断受到国外学者的关注和研究。20 世纪六七十年代，西方资本主义受到经济滞胀困扰的同时，由于物质文明畸形发展带来极端个人主义泛滥、价值沦丧等一系列社会问题，其中尤为突出的是青少年吸毒、犯罪、性乱及心理障碍等现象严重。因此，西方国家纷纷成立各种青少年及其教育问题的研究机构，开始重视和加强对青少年群体的研究，而对大学生群体的研究成为当前的重点内容，其中以柯尔伯格的公正群体理论研究和社会学家的团体理论研究为代表。

柯尔伯格是 20 世纪 50 年代兴起的认知发展道德教育理论的最典型代表之一，公正群体途径是其道德教育理论的重要组成部分。柯尔伯格后半生一直非常注重公正群体的试验研究，他主张学校要给学生民主平等的权利和广泛参与的机会，不要一味强制灌输和道德说教,要创设并利用学校道德环境气氛,并把学生伙伴间的相互影响作为教育资源来开发。柯尔伯格理论中"群体"的本质是以团结一致的思想作为共同价值观来增强团结意识的群体。在这样的理论指导下,公正群体途径成为课堂教学的有益补充,有助于解决学生在学校日常生活中遇到的现实道德问题。加利福尼亚大学欧文分校社会生态学院在大学生人格发展研究中,创造性地运用了柯尔伯格的公正群体理论,巧妙地把大学生正式群体与非正式群体有机结合,以利于大学生人格的发展。

比如他们在招生入学和学生宿舍安排中,有目的地打乱专业,招收"人格发展试验楼""摄影爱好者楼"等,这些试验不仅促进了大学生人格的发展,而且为大学生群体理论的研究积累了宝贵经验。

除道德教育家外,西方社会学家也十分重视群体理论研究,特别是随着 20 世纪 20 年代团体社会工作的逐步兴起,团体理论也在不断地发展和丰富。一方面,团体理论认为人活在团体中,个体的发展从某种意义上就是从一个团体进入另一个团体的过程,任何个体只有通过一个健全而适宜的团体生活才能顺利完成他的发展任务;另一方面,团体理论认为通过团体可以改变个体,如通过工作者与成员间一对一的互动可以协助成员改变错误和负面的认知、妥善处理成员的情绪并协助成员进行行为改变,通过团体协助个别成员改变不良举止并良好成长,通过环境层面积极地影响个体等。社会团体理论较为广泛地被应用于大学生的教育管理实践中。在西方国家大学中,以下五类大学生团体是普遍存在并为学校教育管理者所高度重视和关注的:一是考上大学却无法适应大学生活的大学生,他们往往被根据原因分为不同的团体而得到帮助,如经济困难大学生团体、语言交流障碍大学生团体等。二是有严重情绪和行为问题的大学生,他们通常要接受较长时间的团体治疗,如有药瘾、酒瘾或其他瘾的大学生团体。三是有着共同问题的大学生,他们往往通过一定的联结技术进行经验分享和情感交流,从而形成相互支持的团体,如大学生沙龙组织、社团组织等。四是为了完成共同任务而共同行动的大学生,他们往往通过合适的分工形成特定的任务团体,如大学生社区活动团体、社会服务团体等。五是有着相同问题和困难的大学生,他们往往志愿结合成团体从而实现相互鼓励支持,如大学生自治会、大学生同乡会等。

从总体上看,西方学者对大学生群体的研究主要侧重于应用性理论研究,如研究咨询和人格理论、人的发展理论、人类生态学或环境理论以及组织与管理理论等,而在内容上主要侧重于以下几个方面:

1. 研究大学生群体的多样性,以提供多元化的服务

20 世纪 50 年代以来,随着学生人数的增长以及学生来源日趋多样化,西方国家的高等教育多样化发展趋势明显加剧。西方国家高等教育者和学者在"以学生为中心"的理念下,认识到在满足大部分学生需要的同时,还要关注某些亚群体的存在。有的学者根据大学生背景的多样性和可变因素差异两个方面的要素进行交叉复合,建立对大学生群体进行分类的认识模式。在这种认识模式中,背景多样性包括种族和民族、宗教信仰、社会经济背景、性别、性取向、年龄、代沟、残障学生、留学生;可变因素差异包括非全日制学生、在职学生、学位目标差异、住宿或走读、间断性学生、年龄、转校生、院校种类差异、网上学生。在认识到大学生群体多样性的基础上,西方研究者提出要通过对在校就读学生的

观察和利用现有资源进行调查，以准确界定大学生群体，同时还要注意具体学生群体的规模。他们认为，绝大部分学生群体都有一个自然进化过程，随着人数的增加，他们会逐渐加强自我群体意识，并且会表达自己的要求。正是由于不同类型的大学生群体数量的不断增加，以及大学生群体意识的显著增强和话语权明显提高，才使得西方高校针对不同类型大学生群体提供的事务服务内容越来越多、分工越来越细。在美国大学中存在着一个庞大的、层级分明的学生事务管理机构，学生事务管理的内容主要包括招生、注册管理、新生入学教育、住宿生活、学生纪律、经济资助、学生组织和学生活动、健康服务、个人咨询、就业指导十个方面。这种专业化服务同时也体现在对一些特殊群体的专门服务上，如有的大学制定对某些具有宗教性质的大学生团体的保护政策，有的大学为年龄较大的女学生增设幼儿保育中心等。

2. 研究大学生群体结构的优化，以培养他们的创新能力

美国学者普遍认为："所有真正的学习都是主动的，不是被动的，它需要运用头脑，不仅仅要依靠记忆。它是一个发现的过程，在这个过程中，学生要承担主要的角色，而不是教师。"正是源于这种认识，西方高等教育者和学者十分注重对大学生群体结构优化的研究，并认为这种优化有利于大学生创新能力的培养。对这个层面的大学生群体研究，主要是基于人才培养的需要。目前西方国家的大学教育逐步实现以"学科教育为中心"向"交叉学科的综合知识教育为中心"转变，其主要做法：一是实行学科（专业）结构综合化，注重综合化、特色化；二是实行课程的综合化，加强基础课程和文理结合的课程。与此相适应，大学生群体就由单个、小学科（专业）群体向跨学科、大学科群体转变，同时也出现了跨学科选修课和复合课程模式下新的大学生学习群体。

除此之外，他们还研究如何对大学生学习群体进行进一步细化以提高大学生参与学习的积极性，为此他们进行了多种方式的探讨，如注重在课堂中建立学习讨论小组，指导大学生分成若干个学习小组参与课堂讨论；注重选拔优秀的大学生参与教师的研究计划，有目的、有计划地培养这些种子学生的创新和科研能力等。

3. 研究大学生团队的创建，以促进大学生个体的发展

西方学者强调普遍的善和公共的利益，认为个人自由选择能力以及建立在此基础上的各种个人权利都离不开个人所在的社群。这种思想反映在大学生群体研究上，就是要“倡导学生事务工作者应当留意学生的兴趣，寻求校园环境中的学习机会并且介入能使学生学习和个人发展均得以提高的范围。其实这种描述意味着一个承诺，即在所有的大学中建立团体。”为此，西方高等教育者和学者不仅从理论上论证大学生团体建设的重要性和可行性，而且尝试研究和建立大学生团体项目模型。在此过程中，他们不仅十分关注大学生边缘群体和学习团体的建设，而且着重研究团体的进程以及影响进程的因素。他们认为，有许多特殊条件会影响团体建设，其中三点对于现代大学校园是尤其重要的，那就是要素的参与程度、技术和对团体的期望。为此，他们鼓励学生多参与自己感兴趣的团体，如各种志愿服务团体、各种兴趣小组、各种兴趣课程等，在活动中不仅发展自己的个性、增长自己的能力，而且提升团体解决自身问题的能力。

4. 研究大学多元文化建设，以增进大学生认同感

在西方国家高校里，有着不同文化背景的学生群体越来越多，而这些多元文化群体内在的不同思维模式、价值理念、文化心理带来一系列挑战与矛盾。西方高等教育研究显示，“多样性让你更聪明”，“与拥有不同文化背景的同学、老师、教工一起工作

学习的学生学得更多，人际交往能力更强，更有自信。他们较少有不理性的歧视，能更深入地进行思考，更多地参与社会、社区的服务活动。”有的学者通过调研，将学生分成七种类型：学者、社会活动家、艺术家、享乐主义者、领导者、为地位奋斗者和未毕业的学生。正是鉴于大学生群体的文化多元性和个体特征的差异性，他们着重研究高校如何为学生提供一个参与和交流、包容、安全的环境。有的提出要建立一些足够多样的差异性群体，如各种俱乐部，让每一个参与的大学生都能感受到自己熟悉的事物，从而增强参与性；有的还提出要建设多元文化学生中心，通过中心组织的强有力活动来增强大学生认同感，并使大学传统意义的校园文化活动得以持续发展。

当然，西方国家高等教育者和学者对大学生群体的研究还有其他许多内容，受篇幅限制这里就不详述了。通过小结，我们可以看出国外学者不仅十分重视对大学生群体的研究，而且这种研究与其高等教育发展的实际紧密结合，对我们有借鉴意义。同时，由于我国高等教育正处于深度改革和高度国际化阶段，国外学者对大学生群体研究的成果，对于解决目前我国大学生群体发展中存在的一些问题，也具有启迪作用，如他们对大学生学习群体结构优化的研究对于目前我们加强学分制条件下的班级管理就是很好的启示。尽管如此，我们仍然要理性地分析西方国家高等教育在意识形态、社会发展体制等方面与我国的本质差别，对其有益的成果予以合理的借鉴，不可盲目照搬。

（二）国内学者对大学生群体研究现状述评

分析所能查阅到的国内关于大学生群体研究的著作、论文，发现改革开放以来，国内学者对大学生群体的研究经历了三个发展时期：一是从改革开放到 20 世纪 80 年代末，为多学科分散研究时期；二是从 20 世纪 90 年代初期到 90 年代中期，为多学科交叉研究时期；三是从 20 世纪 90 年代后期至今，为思想政治教育学科重点研究时期。

1. 多学科分散研究时期（改革开放到 20 世纪 80 年代末）

这个时期，一方面我国正面临着剧烈的社会转型，政治经济上的巨大变化必然冲击人们的思想观念；同时，由于对外开放，西方思潮开始在社会上涌动并逐步影响人们的思想。正是在这种大背景下，新事物、新现象、新问题不断涌现，人们的思维方式经历着从单向到多向的转变。作为思想敏锐、接受能力强、适应快速的大学生群体，其思想观念、生活方式、行为方式和流行文化受到社会的高度关注。“在这种青年问题日益复杂尖锐的情况下，青年研究机构、学术研究团体纷纷成立，各种大型的调查研究也在这时展开，一个多方位、多学科的青少年研究高潮很快在各地掀起。”但是很显然，这个时期的大学生群体主要是作为广义上的社会群体被学者所关注。学者主要侧重于研究大学生中出现的热点问题和现象，如研究大学生的“读书热”“哲学热”等。

同时，这个时期对大学生群体的研究成果能查询到的并不是很多，主要散见于一些学科论著之中，如教育学科研究作为教学基本单元的大学生班级、教育社会学学科研究作为学校组织重要组成部分的大学生学生组织、教育文化学学科研究作为学校文化重要表现形式的各种大学生群体的亚文化等。反映出这个时期对大学生群体的研究虽然是多学科研究，但这种研究是分散的，其深度、广度明显不够。到 20 世纪 80 年代后期，随着高校校园文化理论研究开始兴起，学者才开始重视对大学生非正式群体的研究，中国期刊网上可以查询到一些这个时期发表的关于对大学生非正式群体研究的论文。

2. 多学科交叉研究时期(20 世纪 90 年代初期至 90 年代中期)

这个时期高校开始全面加强大学生的教育管理工作,大学生群体研究受到三个方面因素的影响:一是对大学生的教育管理主要是以对其思想和行为进行管理约束为主,强调稳定高于一切。因而,不仅要研究大学生群体整体思想和行为特点,而且重点要研究可能涉及的影响高校稳定的大学生中一些特殊的思想和行为。这就使对大学生群体的研究有了进一步深化的现实前提。二是高校校园文化理论研究进一步兴盛。在管理约束大学生的同时,高校进一步重视校园文化生活的开展,不仅加强校园文化设施建设,且重视富有教育意义活动的开展。作为校园文化活动主要组织者的各种大学生群体影响日益扩大,对它们的研究也随之成为热点。三是思想政治教育学科的进一步发展,特别是高校在这个时期开始加强思想政治教育工作者队伍建设,使得一批思想政治教育研究者和工作者开始注重运用多学科知识进行大学生群体的研究,兴起的重要标志就是"大学生学"的出现,表现为运用多学科交叉理论方法产生的研究成果丰硕,集中出现了一系列大学生学、大学生行为学、大学生心理学、大学生社会学、大学生伦理学、大学生业社会学、大学生择业心理学等论著。

随着多学科研究的介入,对大学生群体的研究呈现出具体化趋势,许多学者明确提出并界定了大学生群体的概念,对大学生群体的形成、分类、特征、功能等进行了较为完整的论述。如 1990 年出版的《大学生学》(栾利杰、孙志芳主编,黄河出版社)中,对大学生群体进行了概述:从不同角度将大学生群体分为正式群体和非正式群体、松散群体和联合群体、参照群体和一般群体、我群体和他群体等;认为大学生群体具有明显的层次性、交叉性、求知性和探索性、两面性等特点;认为大学生群体具有沟通信息、平衡情感、满足心理需要等功能。1992 年出版的《大学生行为学》(李印、李如意主编,东北工学院出版社),也对大学生群体的界定、分类及特征进行了论述。除此之外,对大学生正式群体和非正式群体的研究是这个时期的研究重点,主要成果集中在:一是对大学生正式群体中的学生组织建设、学生干部的培养等问题的研究;二是对大学生非正式群体中学生社团的类型、功能等问题的研究。这些研究,一方面表明对大学生群体的研究在多学科分散研究的基础上,开始步入运用多学科知识综合研究的轨道,其成果对于大学生思想政治教育更具有针对性和指导性,为促进大学生思想政治教育科学化奠定了良好的理论研究基础;另一方面也反映了这个时期对大学生群体的研究在方法上具有单一性、在内容上具有片面性。研究方法的单一性表现为对多学科知识的运用较多,但综合和提升不够,因而对大学生群体现象及群体行为特点的研究往往停留在一般性描述上,对其思想本质特点揭示不够。研究内容的片面性表现为侧重于对大学生正式群体和非正式群体的一般性特征的研究,其中又突出集中在对大学生学生组织和大学生社团的研究上,而对其他大学生群体研究得不够。

3. 思想政治教育学科重点研究时期(20 世纪 90 年代后期至今)

这个时期是我国高等教育实现跨越式发展的时期,也是大学生思想政治教育理论研究得以长足发展的时期。始于 1999 年持续扩招,以及国家鼓励社会力量参与举办高等教育使得我国高校数量 2007 年达到 1909 所,较 1998 年增加 800 多所;2007 年,普通高等教育在校大学生达 1738.8 万人,研究生达 1105 万人,“十一五”期间我国高校在校生达到 3000 万人,毛入学率达到 25%。

与此同时,伴随着我国社会主义市场经济的深入发展和高等教育体制改革的进一步深化,大学生内部群体分化加剧,大学生的贫困问题、心理健康问题、就业难问题等日益成为学者关注和研究的热点问题。这个时期,国家也不断重视和加强大学生的思想政治教育。1999 年 6 月,中共中央、国务院印发《关于深化教育改革全面推进素质教育的决定》,明确提出各级各类学校必须更加重视德育工作。同年 9 月,中共中央发出《关于加强和改进思想政治工作的若干意见》,强调在新的历史条件下,要高度重视思想政治工作。2004 年,中共中央国务院先后印发《关于进一步加强和改进未成人思想道德建设的若干意见》和《关于进一步加强和改进大学生思想政治教育的意见》,明确提出新时期加强和改进大学生思想政治教育的目标、要求、内容、途径等。这些文件的出台,极大地促进了大学生思想政治教育的理论研究和工作推进。可以说,这个时期对大学生群体的研究越来越丰富,在中国期刊网上搜索有关大学生群体、大学生组织、大学生社团等相关内容的论文数超过 5000 篇。在研究人员队伍上,除教育学、管理学、社会学等学科的研究人员外,思想政治教育学科专业的研究人员和从事大学生思想政治教育的管理工作者越来越多,并成为大学生群体研究的主要力量。这个时期对大学生群体的研究主要侧重以下几个方面:

(1)关于大学生群体在思想政治教育中的地位和作用,研究大学生群体在思想政治教育中的主体地位受到了关注并得到肯定。有的学者提出,群体是思想政治教育的主体之一,作为正式群体,其主体作用表现为主导性、权威性和系统性;作为非正式群体,其主体作用体现为平等性、情感性和渗透性。同时,该学者认为,自决、自主、自控是群体作为思想政治教育主体的三个基本的功能性特征。有的学者认为,学生群体是教育力量,因为学生群体是校园文化的有机组成部分,是学校隐蔽课程的重要组成要素。与此同时,对于大学生群体在思想政治教育中的积极作用,学者也进行了多方面研究。如有学者明确提出,大学生群体对学生个体思想认识、学习兴趣和工作效率、社会化都具有重要影响。有的学者更提出,要从小群体心理入手改善大学生思想政治教育的心理环境;要从小群体活动入手改善大学生思想政治教育的活动环境;要从小群体生存入手改善大学生思想政治教育的空间环境;要从小群体文化入手改善大学生思想政治教育的发展环境。

(2)关于大学生群体的形成、特征及类型,研究大学生群体形成与发展。普遍的观点认为大学生群体的形成,一是高校出于教育管理的需要将学生按照一定特征分成有一定组织结构的群体,如按专业、年级将学生分成不同的班级、寝室等,这些属于正式群体:二是大学生出于自身需要自发形成的各种自愿性群体,如成立各种学生社团、协会、兴趣小组等,这些属于非正式群体。关于大学生群体的特征,有的学者认为,大学生群体具有群体的价值目标明确、群体的行为规范、群体意识鲜明、群体组织健全、群体构成相对稳定等特点。大学生非正式群体具有成员流动随意性强、活动内容单一、缺乏横向联合等特点。有的学者还对大学生正式群体中的班级与大学生非正式群体中的社团进行了系统比较分析。关于大学生群体的类型,通过在中国期刊网上以"大学生群体"为篇名进行精确搜索,共有537篇论文。研究的大学群体除了正式群体与非正式群体、参照群体、示范群体、典型群体、先进群体、小群体、班级群体、寝室群体等为大家所熟悉的提法外,还出现了优势群体与弱势群体、特殊群体、超常教育群体、障碍型群体、脆弱群体、网迷群体、网络虚拟群体、少数民族学生群体、大学生党员群体、就业困难群体、孤独群体、依恋群体、沉默群体、考试作弊群体、志愿者群体、同居群体等。其中研究最多的是弱势群体、非正式群体、特殊群体，分别占22%、17%和6%。除论文外，这期间关于大学生群体的相关论著越来越多，大学生贫困生群体、大学生网络虚拟群体、大学生心理弱势群体等特殊群体成为研究的重点。它们有的是作为章节出现，如2006年出版的《大学生思想政治教育热点问题研究》（梁金霞著，山东大学出版社）专门用一章篇幅论述了贫困大学生群体的思想政治教育；有的是作为专著出现的，如2005年出版的《成才不是梦：高校贫困生的今天与未来》（徐文良、张耀灿著，人民出版社），又如2004年出版的《大学生特殊群体行为研究》（李文成主编，重庆出版社）就是一本专门研究大学生群体的著作，其中对党员大学生、经济困难大学生、少数民族大学生、大学生干部、女大学生等九种大学生群体的行为进行了研究，还有2006年出版的涉及大学生网络群体的研究专著《网络文化与青年》（杨鹏著，清华大学出版社）、2009年出版的《大学生群体思想政治教育新论》（何祥林、谢守成等著，中国社会科学出版社）等。

（3）关于大学生群体教育的方法与对策研究。许多学者通过对大学生群体意识、群体心理、群体行为及特点、群体管理等方面的研究，从多学科角度提出大学生群体教育的方法和对策。如有的学者提出要运用群体心理功能来加强大学生思想教育，主要建议：一是加强班集体建设，形成积极向上的学风；二是开展丰富多彩的社团活动；三是正确看待非正式群体。

有的学者从分析大学生特殊群体的思想行为特点入手，提出加强大学生特殊群体教育的对策，一是营造关注、重视大学生特殊群体的氛围；二是改变大学教育中的人才观；三是主辅课的开设要有针对性和自由度；四是发挥教师的作用，做到因材施教；五是开展心理咨询教育等。

有的学者针对大学生经济困难群体、学业困难群体、就业困难群体、心理障碍群体、迷恋网络群体、恋爱及情感问题群体等，提出加强对这些弱势群体的教育管理路径：一是加强思想政治教育，促其自信意识的确立；二是加强自立精神的培养；三是加强自强意识和敬业精神的陶冶；四是加强自尊精神的培育；五是加强恋爱观及性道德观教育，培育自律意识；等等。

除此之外，有的学者通过分析思想政治教育模式从群体到个体的转变、弱势群体与优势群体的比较等，来分析大学生群体教育的方法；有的学者探讨加强校园文化建设、和谐校园建设的结合，来加强大学生群体教育；有的学者通过对大学生群体进行调查，对大学群体结构进行分析、对大学生群体特点进行总结，并提出建设性的教育对策；还有许多学者针对具体的大学生群体，如大学同乡会、寝室群体等提出具体建议。

应该说，这个时期学者们对大学生群体的研究，内容远比以上概括要丰富得多。由于搜集的资料有限以及个人归纳水平局限，只能在一定程度上反映出大学生群体研究的理论成果。纵观这些研究，其积极的意义有三个：一是揭示了大学生群体现象具有客观性和普遍性的特点，以及大学生群体行为具有主观性和复杂性的特点，必将引导今后对大学生群体的研究持续、深入地进行。二是将大学生群体的研究置于思想政治教育的学科视野之下，较为明确地提出了大学生群体在思想政治教育中的主体地位和作用，必将促进思想政治教育者对大学生群体更为有效的教育和引导。三是对新形势下出现的各类大学生群体进行了较为详尽的研究，提出了许多有针对性的教育方法和对策，极大地丰富了大学生群体理论，必将促进大学生思想政治教育有效性的提高。如郑永廷 2004 年向教育部提交研究报告《关于宗教、迷信对高校学生影响与对策研究》，其中对信教大学生群体提出的教育引导对策，被中央有关部门采纳，该项成果于 2006 年获得全国高校人文社会科学研究优秀成果二等奖。

这个时期对大学生群体的研究不足之处主要表现在以下四个方面：

一是思想政治教育学科特色不鲜明。虽然这个时期研究大学生群体的学者主要为思想政治教育专业的研究者和工作者，但主要是借鉴和运用社会学、管理学、心理学等学科知识和方法对大学生群体进行研究，不仅缺乏思想政治教育专业知识和方法特色，而且在研究的内容体系上与思想政治教育专业要求结合不紧密。

二是对大学生群体特点研究多，对群体所涉及的思想政治教育关系研究少。研究者分析大学生群体的特点可以从不同角度进行，如心理特点、组织特点、行为特点等，但思想政治教育者分析和掌握这些群体特点，其最终要落脚到对群体的教育和引导。而对群体进行教育和引导，就必须准确分析和把握每一个群体所涉及的思想政治教育关系，如个体与群体、个体与个体、个体与思想政治教育者、群体与思想政治教育者等。加强对这些关系的梳理，是从思想政治教育学科的视野来分析大学生群体的关键所在。

三是研究大学生群体类型多，但对每一种类型的大学生群体的形成原因、过程及其发展研究少。对于班级、社团等这些有着一定的组织结构和活动形式的大学生群体，其形成的原因、发展的过程容易被人们理解。但对于大学生特殊群体、大学生弱势群体等没有组织结构和活动形式的大学生群体，对其形成的原因和发展的过程绝不能只停留在宏观分析或现象分析的层面，思想政治教育者如何去界定这些群体、如何去组织这些群体等，需要进一步认真研究。

四是提出加强大学生群体教育的方法和对策多，但内容大同小异，针对性不强。尽管上述研究提出了多学科的大学生群体教育方法，提出了针对不同类型大学生群体的教育对策，但仍然存在一些局限性。如对我国高校已经取得的大学生群体教育的成功经验总结和理论升华较少；提出的对策或建议理论分析多，有的过于笼统，有的过于抽象，具体操作性不强。除此之外，这个时期的研究还存在研究思路不开阔，如对国内外大学生群体的比较研究较少；研究的质量不高，如在国家核心期刊上发表的文章数量相对较少等。

总之，如何立足于思想政治教育的学科视野，认真分析大学生群体的形成和发展，在掌握其特征的基础上，解决不同类型大学生群体存在的问题，充分发挥他们在大学生思想政治教育中的积极作用，是今后进一步研究的方向，也是本书所尝试解决的问题。

三、对于大学生思想政治教育研究的基本思路

对于本书研究的基本思路，主要从研究路径、本书框架、研究的重点难点及创新点、研究方法四个方面进行论述。

（一）研究的基本路径

本书研究围绕思想政治教育与大学生群体发展之间的关系这一主题，分别从大学生群体及其发展、大学生群体思想政治教育及其优化两条主线进行相关论述，两条主线通过对大学生群体

在思想政治教育中的地位和作用论述来实现衔接，并最终落脚到当前如何优化大学生群体的思想政治教育。

第一条主线是从思想政治教育学视阈关注大学生群体的发展问题具有重要理论及实践意义。以思想政治教育学理论为基础，借鉴管理学、社会学、人类学和心理学等相关学科知识，来分析思想政治教育学中大学生群体的内涵、形成与发展、基本功能、分类与特征等。同时，通过对中外大学生群体发展历史的比较、对当前我国大学生群体发展的现状及面临的时代背景等分析，来对我国大学生群体的发展趋势进行预测。

第二条主线是从优化大学生群体思想政治教育角度来论述大学生群体思想政治教育相关问题有重要现实意义。大学生群体思想政治教育一直是大学生思想政治教育的重要组成部分，多年来形成了一些基本经验和基本规律值得总结。同时，由于多种因素影响产生了一些问题，更需要系统深入分析。也正是因为这些问题的存在，才使得对大学生群体思想政治教育进行优化具有重要性和必要性。

衔接点是认真分析大学生群体在思想政治教育中的地位和作用。从高校思想政治教育学的理论定位和大学生思想政治教育的实践要求两个方面来说，大学生群体的发展与思想政治教育二者具有内在逻辑联系，相互促进，群体的发展和思想政治教育的优化共同的目的都是促进大学生群体全面自由发展。

落脚点是论述当前如何优化大学生群体的思想政治教育。优化大学生群体思想政治教育以促进大学生群体发展与提高思想政治教育有效性是高度统一的。解决当前大学生群体发展和大学生群体思想政治教育中存在的问题，一方面需要从宏观上提出大学生群体思想政治教育优化的基本思路；另一方面也需要在微观上结合不同类型的大学生群体特征区分重点地予以组织实施，提高研究的针对性和实效性。

（二）研究的重点、难点与创新点

1. 本书研究的重点——探讨思想政治教育与大学生群体发展之间的内在联系问题

对于大学生群体发展的研究可以从多学科的视角进行，这些研究不同程度地对思想政治教育起促进作用。而思想政治教育学科化和专业化的发展，为直接从思想政治教育学科视角去研究大学生群体的发展提供了理论支撑，也提出必然要求。故本书紧紧围绕思想政治教育与大学生群体发展之间关系，将大学生群体发展置于思想政治教育学视域中而展开论述。

2. 本书研究的难点——探讨思想政治教育学理论与大学生群体发展实践的契合问题

首先是思想政治教育学的大学生群体理论构建。在思想政治教育学理论中，群体是一个常见且十分重要的要素。但思想政治教育学关于群体的界定往往来源于其他相关学科知识，对于大学生群体的界定则往往停留在一般性分类的层面上。这些理论在思想政治教育实践中明显滞后于大学生群体的现实发展。从思想政治教育的现实需要出发，构建思想政治教育学的大学生群体理论成为必须。但这种建构显然具有很大的难度，一方面是思想政治教育学的大学生群体理论不能脱离或违反与其他相关学科的群体理论，另一方面又必须反映思想政治教育自身的特点。因此，本书对于大学生群体理论的构建，一方面借鉴已有的理论成果，另一方面紧紧抓住构成思想政治教育学的大学生群体的核心要素，从思想政治教育现实需要和实践经验出发，构建思想政治教育学的大学生群体理论。

其次是大学生群体思想政治教育理论的精准把握。大学生群体思想政治教育是大学生思想政治教育的重要内容,须遵守大学生思想政治教育的基本目标、原则、内容和方法等。与此同时,大学生群体作为思想政治教育主体的主动性和作为客体的能动性,又使得不同的大学生群体思想政治教育在目标、原则、内容和方法等方面有着相应的侧重点。换句话说,任何一个大学生群体的思想政治教育,虽然在理论上承担着所有的思想政治教育应该承担的任务和要求,但在实践中更多的是完成其与群体特征相对应的某一项或某一些主要任务和要求。这就决定了构建大学生群体思想政治教育理论的必要性。本书虽然没有对大学生群体思想政治教育的理论进行详细具体的论述,但提出了大学生群体思想政治教育优化的基本思路,并对几种典型的大学生群体思想政治教育优化的重点进行了理论探讨。无论是大学生群体理论,还是大学生群体思想政治教育理论,都必须高度体现思想政治教育学理论与大学生群体发展实践的高度契合,这不仅是本书研究的难点,也是今后相关研究所面临的问题。

3. 本书研究的创新点

第一,凭借已有的理论基础,结合实际提出思想政治教育学的大学生群体理论,包括群体及大学生群体的基本概念、构成大学生群体的核心要素、大学生群体形成发展过程及影响因素、大学生群体的功能、大学生群体的分类等。

第二,对我国大学生群体的当代发展进行较为系统的探讨,包括对当代大学生群体发展的时代背景、主要特点、主要问题以及发展的趋势等进行分析。

第三,对我国大学生群体思想政治教育的现状进行较为全面的总结分析,包括对高校开展大学生群体思想政治教育的主要经验、存在的主要问题及主要原因等,并对大学生群体思想政治教育规律进行探讨。

第四,提出大学生群体思想政治教育优化的基本理论,包括提出大学生群体思想政治教育优化的基本思路,以及分析不同类型大学生群体思想政治教育优化的重点等。

第五,对大学生群体思想政治教育的发展趋势进行分析,认为其具有在工作取向上由被动转为主动的趋势、工作重点不断突出的趋势、理念与机制不断优化的趋势、理论与方法不断整合的趋势等。

此外,本书在一些具体的论述上提出一些新的观点,如提出思想政治教育学的群体概念和大学生群体概念、大学生群体的参与面和满意度检验思想政治教育效果和水平的观点、不同类型大学生群体思想政治教育的重点等。

(三)研究的基本方法

针对本书所要研究的内容和所要实现的目标,在实际研究中主要采用以下研究方法。

1. 文献分析

本书主要通过资料检索来收集相关研究资料。在本书研究中,主要搜集了四个方面的文献资料:一是国内外学者近些年来关于大学生群体研究的理论成果;二是国内外高校近些年来关于大学生群体发展及思想政治教育方面所采取的主要经验做法;三是我国近些年来关于加强和改进大学生思想政治教育出台的一些文件和规定;四是思想政治教育学及相关学科方面的一些理论文献和资料。

2. 比较分析

比较法是进行比较研究的重要方法之一。本书比较分析方法的运用主要体现在三个方面:一是中外学者关于大学生群体研究的现状比较分析,目的在于借鉴有价值的研究成果,并分析其不足,以确定本书研究的起点;二是中外大学生群体发展的历史比较分析,目的在于分析大学生群体发展主要特点及存在的问题,并预测其发展的趋势;三是我国大学生群体研究及大学生群体发展在不同历史阶段的对比分析,这是本书研究的主要理论部分。

3. 经验总结

思想政治教育学是一门实践性很强的学科,其理论研究必须始终与思想政治教育实践紧密结合。本书经验总结方法主要运用于三个方面:一是对国内高校在大学生群体思想政治教育方面所采取的主要做法进行经验总结;二是在总结大学生群体发展现状及大学生群体思想政治教育现状中,较多采用经验总结的方法;三是在论述大学生群体思想政治教育优化的基本思路以及不同类型大学生群体思想政治教育优化中,也加入了笔者直接或间接获得的经验知识。

4. 理论借鉴

任何一个课题的研究都离不开对已有理论成果的借鉴。本书除借鉴了中外学者关于大学生群体研究的一些理论成果外,还借鉴了政治学、社会学、文化学、心理学及管理学等相关学科的理论方法,特别是借鉴了国内其他一些学者关于思想政治教育、大学生发展、大学生群体等方面的理论研究成果。

5. 调查研究

为了增强研究的科学性,笔者在研究中还进行了一些调查研究,如针对不同的大学生群体发展存在的主要问题,与一些学生干部、学生政治辅导员、学校管理干部等进行深度访谈。通过调查研究，一方面来验证本书对于大学生群体发展及大学生群体思想政治教育中存在的主要问题的判断，另一方面来论证本书所提出的大学生群体思想政治教育优化思路的可行性等。

另外，本书研究还采取了其他一些方法，如观察分析法、逻辑推理法等。

四、对于大学生思想政治教育研究的意义

本书紧紧围绕思想政治教育与大学生群体发展之间的关系，努力实现思想政治教育理论与大学生群体发展实践相契合，不仅探讨大学生群体的发展现状及趋势，而且探讨大学生群体思想政治教育的现状及优化，对于当前加强和改进大学生思想政治教育具有积极意义。

（一）有助于准确把握和有效指导大学生群体的发展

思想政治教育学视域下的大学生群体，是大学生的一种普遍的生存状态，在思想政治教育中起着重要作用。本书尝试构建思想政治教育学的大学生群体理论，为思想政治教育者认识和把握大学生群体提供新视角。在这种新视角下，思想政治教育者可以认识到大学生群体的发展与思想政治教育联系紧密，二者相互作用、相互促进。因而，在思想政治教育者的准确把握和有效指导下，大学生群体的发展可以实现以下目标：

一是普遍性与规律性相统一。普遍性是指大学生群体的多样性以及大学生个体对群体参与的广泛性，每一个大学生都要从属于一个或多个大学生群体；规律性是指任何一个大学生群体的形成、发展和变化都有规律可循。思想政治教育者要正确认识大学生群体，必须既要把握大学生群体的普遍性，又要把握大学生群体发展的规律性。

二是动态性与可控性相统一。动态性是指任何一个大学生群体都不是静止的，而是一个不断变化的动态过程；可控性是指任何一个大学生群体的发展，都可以通过一定的方式方法予以控制。思想政治教育者对于任何一个大学生群体的认识，都要对其动态的发展过程进行了解和熟悉，并应以适当的方式方法予以正确指导。

三是主动性与被动性相统一。主动性是指大学生群体形成和发展过程中表现出的自主性，这种自主性体现在群体的自我管理、活动开展等方面；被动性是指大学生群体形成和发展过程中受到来自群体之外力量的作用，这种作用包括思想政治教育者的指导。思想政治教育者对于大学生群体发展的认识，既要尊重大学生群体的自主性，也要合理运用大学生群体的被动性。

（二）有助于正确认识和科学指导大学生参与群体生活

一方面大学生的生活离不开大学生群体的发展，另一方面大学生群体的发展离不开大学生的参与。因此，思想政治教育者在指导大学生群体发展的同时，必定要对大学生参与群体生活的行为予以正确认识和科学指导。本书关于大学生群体的形成和发展过程及功能等论述，可以使思想政治教育者正确认识大学生参与群体生活是必然的，同时他们对于不同群体生活的参与程度是可以根据自身需求予以选择的，因而大学生参与群体生活在行为上需要得到思想政治教育者的指导。本书研究对于思想政治教育者科学指导大学生参与群体生活提供了新思路：一要对大学生群体的形成和发展予以正确指导，使其能够最大限度地满足大学生个体的需求。二要根据大学生群体的特征及发展现状，正确指导同一群体内不同大学生个体之间的差异性表现或同一个大学生个体在群体发展不同时间段的差异性表现。三要鼓励大学生根据个人发展的需要多参加不同类型或层次的大学生群体生活，正确指导他们在不同大学生群体生活中的差异性表现。四要建立和完善科学的评价促进机制，将大学生参与群体生活的思想和行为表现与相应的思想政治教育目标的实现紧密结合起来，以此促进大学生群体和思想政治教育的共同发展。

（三）有助于不断优化大学生群体思想政治教育

在加强和改进大学生思想政治教育中，注重对不同类型或层次的大学生群体进行有针对性的教育引导，是思想政治教育者的共识，也是高校普遍采取的工作方法之一。本书正是立足于思想政治教育实践基础上，对思想政治教育和大学生群体的发展进行较为系统的论述，对大学生群体思想政治教育的优化进行大胆构思，而这些无疑有助于高校进一步提高认识和不断优化大学生群体思想政治教育。一是本书关于大学生群体在思想政治教育的准确定位，及其二者相互促进作用的分析，可以进一步提高对加强大学生群体思想政治教育重要性的认识。二是本书关于我国高校大学生群体思想政治教育主要经验总结、规律探索、存在的主要问题及原因分析等，可为优化大学生群体思想政治教育提供经验借鉴。三是本书提出的大学生群体思想政治教育优化的基本思路，可为优化大学生群体思想政治教育提供理论参考。四是本书可为优化大学生群体思想政治教育提供方法论支持，如分层分类方法，不同类型和层次的大学生群体的特征不同，其思想政治教育的内容及方法也会有所不同；又如重点突破方法，对于任何一个大学生群体，其思想政治教育目标和要求不可能做到大而全，而要根据其群体特征有针对性地设置群体思想政治教育目标，从解决群体的主要问题入手，实现重点突破，在此基础上寻求以点带面。

（四）有助于推进思想政治教育学科建设不断深化

随着马克思主义理论一级学科的建成，思想政治教育成为其下的一个独立的二级学科，标志着思想政治教育学科建设进入了新时代，同时也面临着机遇与挑战。经过近三十年的努力，思想政治教育学科体系初具规模，基本成形。当前，在多学科交叉融合的基础上和已有的学科建设前提下，以马克思主义理论为指导思想进一步完善属学科体系，不断构建和完善学科理论体系和研究方法，整合研究力量，优化资源配置，通过系统深入的研究学科领域：概念、原理、规律、对象、任务、路径和目标等，夯实学科基础，构筑学科话语体系。大学生群体作为高校思想政治教育学主要研究对象，有其自身的特点和规律、内涵和外延，更有思想政治教育学科研究的内容和任务、路径与目标。通过对二者自身及其关系整体性系统性研究，必将对思想政治教育学科建设起到促进作用。

第一章　民办高校大学生思想政治教育相关概念和理论

在中国特色社会主义教育体系中，民办高校是国民教育重要组成部分，是提升我国大学生整体思想政治水平的主阵地之一，同样肩负着为社会主义培养合格的建设者和可靠的接班人时代重任。

目前，中国高等教育开设的公共基础课中，大学生思想政治教育学科体系中的课程主要有：思想道德修养与法律基础、中国近现代史纲要、马克思主义基本原理概论、毛泽东思想和中国特色社会主义理论体系概论、形势与政策。教育部要求各高校必须保质保量贯彻党的教育理论方针，思想政治教育作为一项政治任务，因此，可将中国高等教育中加强大学生思想政治教育的过程，看作是马克思主义理论不断传承创新的过程；不断与实际相结合的实践过程，在新课程改革进一步深化的当下，实践教学过程中力争做到进教材、进课堂和进头脑，确保最好效果。相对于公办高等院校的民办高校而言，有高校思想政治教育共同的一面，也有其独特的一面，因而有必要深入研究民办高校大学生群体状况及思想政治教育开展现状，进而与公办高校思想政治教育开展的对比分析中，总结其经验与成就，探讨存在的问题及对策，为全国高校思想政治教育教学和科学研究提供有益帮助。

鉴于陕西省作为民办高校的重镇，其数量与质量、规模和层次、理论与实践都具有典型性和代表性，故本书以陕西民办高校思想政治教育为研究对象具有重要的实践意义，可为高校思想政治教育提高理论参考和实践支撑。

一、我国民办高校发展的基本历程——以陕西省民办高校发展为例

（一）中国民办高校发展的分期问题

民办高等教育作为中国高等教育中不可或缺的部分，其历史发展进程是怎样的？呈现出哪些特点？具有什么规律？为中国高等教育做出哪些贡献？从历史的角度分析，应在充分了解其产生发展的历史过程和事实的基础上，才能总结出其特点和规律。

目前，学界对中国民办院校的高等教育历史发展分期问题，没有统一标准，未达成共识。主要观点有：邬大光认为，中国的民办教育发展过程可以划分为以下几个阶段：恢复重建期（1978—1983 年）、复兴期（1984—1991 年）、快速发展期（1992—1996 年）、规范发展期（1997—2001 年）、依法发展期（2002 年至今）[①]；王文源的观点是萌芽与复兴时期（1978—1991 年）、多元蓬勃发展时期（1992—1996 年）、相对规范时期（1997—2002 年）、法制

①邬大光，卢彩晨.改革开放 30 年中国高等教育发展经验专题研究[M].北京：教育科学出版社.2008：45—56.

化转型时期(2003 至今)①;针对陕西省民办院校具体的办学情况,李伟民认为,陕西民办高等教育经历了三个时期,开始起步时期(1984—1991 年),快速发展时期(1992—2002 年),法制规范时期(2003 年至今)②;翟轰将其划分为三个阶段:以机遇为方向的初始积累阶段、以管理为方向的稳定发展阶段和以创新为导向的二次发展阶段。

虽然上述划分参考标准不同,但历史分期基本趋同,由此形成一种共识,即民办院校的发展过程和质量水平的提升是一个渐进的过程,并没有严格意义上的分界点。但在此过程中,会产生具有里程碑意义事件,如国家政策变化、学校所属序列、培养层次等。笔者依此为标准,将具有典型意义的大事件作为阶段标识,来划分民办高等院校的历史发展阶段。

(二)中国民办高校发展的基本历程

十一届三中全会以来,以邓小平理论为指导,解放思想,改革开放,市场经济体制运行,各行各业迅速发展,人才需求量大,产生了人才供需矛盾。在教育方面,矛盾的实质就是现有的教育资源,远远无法满足人才培养的需要。在以市场为主要资源配置手段的前提下,私立教育即应运而生。1978 年 10 月份,在湖南省长沙就出现了一个私人创办的高考补习班,后来逐渐就发展成为湖南中山进修大学。1982 年,经原北京成人教育局批准,在聂真、张友渔等多位著名的教育界人士共同努力之下,成立了中华社会大学,这是中国第一所开放性的,且是集体所有制形式的私立大学。

---

①王文源.中国民办教育——在理想与现实之间[M].北京:北京出版社,2007:2—13.

②李维民.民办教育回顾与展望[M].西安:陕西人民出版社,2010:42—43.

自1978年始，经过30多年的发展，民办教育大致可以分成五个阶段：自学考试助学机构时期（1978—1991年）、高等教育学历文凭考试试点时期（1992—1999年）、实施学历教育专科时期（2000—2004年）、学历教育本科时期（2005—2010年）、硕士研究生教育时期（2011年至今）。经过改革开放这些年的发展，中国在教育方面已经取得了长足的进步和骄人的成绩，也逐渐形成了现在的民办教育的整体局面。

中国民办教育的发展源头地点有很多，陕西省就是其中之一。当民办教育在中国各地风起云涌之时，陕西省的民办高等教育也开始出现和发展。中国的民办教育从产生到现在，虽然时间不是很长，但在中国教育发展史上却占有非常重要的位置。陕西省民办高等教育从无到有、由弱变强的历程，与中国民办教育发展史同向同行，并创造了巨大成就，也为陕西省赢得了“中国民办教育看陕西”的荣誉。因此，本书以陕西民办教育情况为研究对象，来分析中国民办教育总体概况，具有典型意义。

1. 自学考试助学机构阶段（1978—1991年）

高等教育的自学助考机构是中国民办高等教育的最初的形式。1983年，陕西省西安市招生办公室，聘请西北大学教师，在莲湖区教师进修学校开办了帮助自学参加高等教育招生考试的教学机构。同一时期，很多的公办大学的二级学院也开始陆续开办帮助自学考试的辅导班。1984年5月，西北工业大学教授，陕西省政协委员沈慧俐，在政协陕西省第五届二次会议上提出有必要在陕西开办一所专业性的女子大学，提议被大会采纳，由此诞生了“西安培华女子大学”。该校办学目标很有代表意义：一是为妇女争取更多接受高等教育的机会，二是想让女性变得更加智慧，三是使高等教育的办学形式更加多样化，四是可以最大程度地优化教育资源配置。1984 年 8 月 13 日,陕西省高等教育局批文,同意成立西安培华女子大学。文件主要内容涉及学校的性质、机构设置、校址设定、管理制度、师资队伍等方面。明确指出:学校实行董事会领导下的校长负责制,办学机制是“民办公助”,性质为民办高等院校,招生范围为陕西省内,层次为“专科”,毕业生不包分配工作;国家不为学校提供教育经费,学生入学需要缴纳一定费用,学校可通过服务社会获得收益,西安市教育局可协助培该校教学工作。西安培华女子大学的成立,标志着陕西民办大学起步期到来。紧接着陕西就有一批民办学校被批准成立,如:西安逸仙业余大学、西安市二经外国语业余培训自修大学、西安会计自修大学等。

1987 年 9 月 23 日,西安翻译培训学院被陕西省高等教育教育局批准成立。自此陕西民办教育进入一个新阶段,可称之为涌动阶段。1988 年陕西省政府出台《陕西省自学考试社会助学暂行管理办法》,要求进一步严格规范对各种助学助考机构的管理。1989 年,经对各种自修辅导培训机构评估考核后,陕西省高教局批准成立 4 所学院,陕西省自考委批准设立 38 所学校,西安市教委批准成立 25 所学校;1990 年陕西省自考办批准成立 5 所自考辅导机构,共计 72 所学校或机构。1991 年,陕西省教育委员会印发了《陕西省社会力量办学管理办法》,1992 年,又出台了《社会团体和个人办学许可证管理办法》,对陕西省民办教育的发展导向和规范管理都发挥了积极作用。

2. 高等教育学历文凭考试试点阶段(1992—1999 年)

1992 年,邓小平南方谈话,极大地鼓舞了全国各行各业,也推动了陕西民办教育事业快速发展。南方谈话使民办院校更加坚定信心,不断解放思想,探索办学新路径,总结发展老经验，谋求教育大发展。此时期坊间流传陕西民办教育，“社会办学火爆，一天一所学校”，一定程度上反映了当时民办教育的实况。根据相关调查和统计，1991 年，陕西民办高校约 450 所；1995 年，已达到 1209 所。经过此时期井喷式的发展，民办院校从数量到质量都实现了飞跃，基本改变了民办院校作为公办院校附属的格局，成为我国教育事业的重要组成部分和发展的重要支撑力量。

1992 年，陕西省政府决定，全省范围内的办学事宜统一由陕西省教育委员会来协调和管理，进一步推进了全省民办高等院校管理的标准化和规范化。此后，西安外事服务培训学院、陕西电子信息技术培训学院、陕西三资企业专修学院、西京大学、西安科技商贸培训学院、西安欧亚职业学院相继成立。此阶段出现的民办院校特点主要表现为：实力强、层次高、发展快。其中 3 所高等院校经过十余年的发展，已经名列全国民办高校前十名之内。

这个阶段的民办高校办学有特色，教学实力强，教育质量高，社会声誉好，共同绘就了陕西民办教育的最初格局，为之后的又快又好发展奠定了坚实的基础。尤其是个人办学的出现，涌现出了一批人才，如黄藤一、张斌、何炼成、胡建波等，他们具有新的思维和理念，不畏困难，善于开拓，勇于实践，为民办高等院校发展注入了新的活力。客观上也为陕西民办教育事业储备了大量的人才，为今后的发展提供了智力保障。

1995 年底，陕西省的民办高等院校已经有多所，其中颁发的学历文凭能被国家认可的有 1 所，不具备颁发国家认可学历证书资格的院校有 121 所。在校的学生总数超过 6 万人，固定资产及其他财产达到 7209 万元，图书册数达到 93.6 万册，学校宿舍的占地面积达到29.7万平方米，校园面积达到73.6万平方米，教学过程中使用的教育器材总价值2022万元。其中短时期的教育培训机构也有60多所，可以看出的陕西省的民办教育已经进入蓬勃发展的时期。

1996年，陕西省政府出台《陕西省社会力量办学条例》，这份法律规范比国家颁布的《社会力量办学条例》还要早，使陕西省民办高等教育在相关区域的地位更加合法，也使投资人的投资更有信心。与政府加强对民办院校的引导和管理的同时，整个陕西民办院校的办学条件在提高，硬件建设水平在提升，管理更科学规范。

1992年，国家教育委员会批准在北京设立试点进行国家学历文凭考试，这一政策的出台极大地帮助了民办高等教育走出困境，开启新的发展道路。这些尚未得到认可的民办高等教育机构一旦获得了学历文凭考试试点资格，就相当于进了国家高等教育的门槛。1996年，国家教育委员会颁发文件，批准陕西省设立试点进行相关学历文凭的考试①。此前，被国家正式批准和承认的民办院校不多，只有21所。但是1200多所自学考试形式的高等

①高等教育学历文凭考试是国家对尚不具备颁发学历文凭资格的民办高校的学生组织的学历认定考试，是教育考试制度的组成部分，也是以学校办学和国家考试相结合、宽进严出、教考分离为特点的全日制高等学校教育。取得高等教育学历文凭考试试点资格的学校，可根据省级教育行政部门确定的招生专业和招生计划，在普通高考本专科录取线以下确定相应的录取分数线，或本校自行组织入学考试。取得学历文凭考试资格的学生，修完教学计划规定的全部课程（除30%的课程由所在学校自行命题组织考试外，其余70%的课程要参加高等教育自学考试，包括全国统考课、省统考课）和实践性教学环节，成绩合格，并经思想品德鉴定合格，由省考办核发国家承认的高等教育自学考试专科毕业证书，毕业证书由全国自考办统一印刷，在证书内芯上加盖试点学校印章。其毕业证要注明“文凭考试”和民办学校名称。学历文凭考试，只限民办学校在校生，只限专科层次，学制三年。

教育辅导机构，由于没有颁发国家认可的文凭的能力，而严重阻碍了其未来的发展。经过十余年的努力，1996 年前后，那些能够作为试点的自学助教机构，从资金投入、硬件建设、师资队伍及管理水平等方面，基本达到了国家高等教育的相关要求，全国各地又涌现出一大批学历文凭考试试点单位。

实施了高等教育学历文凭考试以后，陕西省民办高等院校的教育情况有了很大的变化，主要体现在：一是改善了学校校园环境，学校自己建宿舍，建实验室、建设图书馆，且收效明显。当时民办高等院校秉持着“场地就是生源”的理念，只有学校的环境改善了，条件达标了，学校的发展才能得以继续，比较成功的院校有西安翻译学院。二是师资力量有所加强，不再单一化的兼职任课，而逐渐转变成专兼结合，以专为主的教师队伍。三是学校采用国家统一培养计划、教学大纲及标准教材。同时，民办院校可以根据自己实际情况制订教学计划，围绕大纲，注重特色，体现了办学的原则性和灵活性。四是民办院校生源平衡平均，质量有所提高，毕业率和就业率较高。五是学历文凭（专科）被国家认可，被社会接受，证明民办院校被现实肯定和认可。

陕西省民办高等院校从非学历高等教育的情形逐渐发展到了准学历高等教育的阶段，其中高等教育学历文凭考试所起的作用不容小视，这也为后来的民办高职院校甚至是本科院校的创办，输送了大批人才，奠定了较好的基础。1996—2004 年，陕西省总共批复了 48 所考试试点单位，目前陕西有资质颁发毕业文凭的院校中，有 18 所是经历了考试试点单位的过渡时期。通过高等教育学历文凭考试环节为民办高等学校做了铺垫，使其办学条件、师资队伍、组织管理、校园建设等达到了所指标要求。因此，高等教育学历文凭考试阶段带给了民办高等院校新的机会，使其完成了转型升级。与此同时，陕西省尽可能为民办院校的发展创造机会，提供便利，比如，国家出台相关文件，规定具有学历文凭考试资格的院校学生不用再进行高等教育助学考试，但是陕西省民办高校的教学实际情况是需要在教学的同时，进行自学考试助学教育。这样做可以很好地维持民办院校的办学规模，充分利用学校资源。西安高新技术培训学院（现西安高新科技职业学院）、西安思源科技培训学院（现西安思源学院）、陕西国际商贸专修学院（现陕西国际商贸学院）、西安科技商贸专修学院（现西安科技商贸职业学院）等等，这些都是政策之下的抓住机会而受益的学校。虽然一开始这些院校发展的起点较低、办学规模不大，但是后来也都进入了民办普通高等院校的队伍。高等教育学历文凭考试使得一部分民办的高职院校和民办本科院校有所收益，在帮助陕西省民办非学历教育逐渐正规化、标准化，逐渐走向学历教育的11年历程中，作用巨大。①

当高等教育阶段处于文凭考试试点的时期，有些事件的发生现在来看，应该被当作是当时民办高等教育的办学水平提到新的高度的标志和体现。1996年6月25日，陕西省教育委员会召开第二届社会团体和组织民办院校表彰大会，促进和鼓励优秀的院校之间进行交流和合作。9月8日，民办教育研究所成立，使民办教育的理论有了依托的平台和发展的可能。9月26日，西安欧亚培训学院成立了"陕西涉外人才培训学院"。11月14日，陕西省人大常委会公布《陕西省社会力量办学条例》，进一步细化

①2004年教育部发文取消高等教育学历文凭考试，各试点民办学校于2005年起停止招生，国家和各省统考课程于2007年后停止，并要求各省教育主管部门制定高等教育学历文凭考试结束阶段工作方针。

了民办院校的管理。11 月 25 日，陕西海棠中医美容培训学院成立。1997 年，陕西商贸专修学院成立。2 月 12 日，西安东方亚太培训学院成立。10 月，包括西安翻译培训学院在内的 7 所院校受到了省教委的表彰，被授予："陕西省社会力量办学明星学校"称号。1998 年 7 月 1 日，西安思源科技培训学院成立。8 月，西安民办院校秋季招生咨询会举办，由省教育委员会主持，60 多所民办高等院校参会。自此后招生咨询会，形式固定，延续至今，对提升民办高校社会形象和影响力有很大帮助。1999 年 2 月 10 日，有 10 所民办院校被陕西省教育委员会授予荣誉称号"社会力量办学明星学校"，其中包括西安欧亚培训学院。

1996 年以来，陕西省民办高校受市场竞争的影响，遵循优胜劣汰的规则，呈现出数减质升的趋势。如：1997 年有 61 所，1998 年有 62 所，1999 年只有 47 所，是历史上数量最少的一次。而与此同时，民办高等院校招生规模、在校学生人数、办学投入、固定财产、师资队伍及学校建筑的占地面积等方面的数据均在上升。在校学生的数量从 1997 年到 1999 年三年间一直都是处于增长的趋势，分别是 4.3 万人、5.82 万人、7.99 万人；固定资产及其他财产从 1997 年到 1999 年三年期间也呈现增长的趋势，依次是 1.8 亿元、2.99 亿元、3.1 亿元；教师职工的数量从 1997 年到 1999 年期间同样一直在增长，依次是 4667 人、6268 人、7500 人；学校的建筑物占地面积这三年也是一直在扩大，依次是 52 万平方米，78 万平方米，121.6 万平方米（见表 1-1）。

表 1-1 1984—1999 年陕西民办高校基本情况

发展阶段		1984—1995		1996—1999
代表年份		1984	1993	1998
学校数	合计	1	101	62
	国家学历	1	1	1
	高教学历	—	—	26
	高教自考	—	100	35
在校生数	合计	300	26400	58293
	国家学历	300	6000	1000
	高教学历	—	—	21000
	高教自考	—	20400	36293
固定资产(亿元)		0.01	0.20	2.99
教职工数	合计	50	2358	6268
	专职	30	198	1157
	兼职	—	1550	3566
	行政	20	610	1545
占地面积(亩)		30	640	2383
建筑面积(万平方米)		0.30	14	78
图书(万册)		3	32	110

3. 实施学历教育专科阶段(2000—2004 年)

我们将此前的我国民办高等教育的发展过程看成两个不同的阶段,这两个阶段的教学形式都是高等教育招生考试制度下的产物，也就是为自学考试服务的机构。2000年开始，国家允许民办院校开展学历教育，真正意义上的民办高等院校出现了，重要体现就是其获得国家计划内统一招生的资格，标志着陕西省民办高等院校的突破性进展，也预示着全国民办高等院校进步新的发展机遇期。

2000年，关于大专级别的高职院校设置问题，中央决定，通过教育部授予设置权。除了公安类、医药类、师范类的专科院校继续由教育部直接授予批准外，其他类的高职院校的设置，经过所在省份人民政府的审核与批准，送到教育部备案即可。这种由地方政府审核批准，教育部备案的专科院校审批模式，使陕西成为全国首个如此设置民办高等院校的省份而处于领先地位，对陕西民办高等教育具有里程碑意义，全省民办院校开始获得了学历教育资格。

2000年1月，陕西省政府下发了《关于进一步办好民办高等教育的决定》。5月24日，陕西省人民政府批准成立了4所民办高等院校，分别是西京大学、西安欧亚学院、西安翻译学院、西安外事学院。四所院校名称中没有“技术”或“培训”等字眼，有的甚至直接冠名为大学。后来4所学校名称中加了“职业”二字①，但不影响大格局，体现了陕西省人民政府对民办高等教育的大力支持。自此，上述4所院校完成了升级换代，开始实行学历教育。9月15日，陕西省教育委员会下发了《〈陕西省社会力量办学条例〉实施细则（试行）》。2001年12月7日，时任中共中央政治局常务委员、国务院副总理李岚清视察西安翻译职业学院，体现了中央和地方对民办高等教育的重视和对民办高等院校的支持。

①即为西安翻译职业学院、西安外事职业学院、西安欧亚职业学院和西京职业学院。

2002 年 6—7 月份，陕西省政府批准成立 5 所高等院校即是证明。[①]

回顾 2000—2002 年，三年间，陕西省民办高等院校的数量没有变化，一直是 66 所，但在校学生数逐年增长：从 2000 年 10.7 万人增长到 2002 年 18.8 万人；固定资产及其他财产也有了一定增长：2000 年 9.87 亿元，2002 年 26.7 亿元；教职员工的数量同比增长：2000 年 9322 人增加到 2002 年的 11240 人；校园建筑面积大幅增加：2000 年 145.02 万平方米，2002 年 371.4 万平方米。[②] 陕西民办高等教育已经处在一个新的高度，民办院校办学管理日趋规模化、规范化、科学化，办学水平全国领先，从而对全国其他地区民办教育具有示范引领作用（见表 1-2）。

2003 年 4 月，经教育部的批准，西安培华女子大学，从专科院校升格本科院校，并更名为西安培华学院。这次“专升本”为陕西省其他民办院校注入了新动力，带来了新契机。2003—2011 年，陕西省先后批准成立了 18 所本科高职类院校。[③] 如此强劲的发展势头，全国罕见。2004 年 12 月 1 日，陕西省十届人大常委会第十五次会议审核通过了《陕西省民办教育促进条例》，2005 年 1 月 1 日开始执行该文件，全省的民办高等教育工作得到进一步促进发展。

---

①2002 年 6 月 21 日，陕西省政府同意设立西安思源职业学院、陕西服装艺术职业学院、西安高新科技职业学院、陕西国际商贸职业学院四所。7 月 4 日，设立西安三资职业学院为民办高职院校。

②李维民. 陕西民办高等教育 60 年回顾与展望[J].民办教育研究，2009，(6)：3.

③2003 年 4 月 9 日，省政府同意设立陕西电子信息职业技术学院、西安科技商贸职业学院等 2 所民办高职院校。2004 年批准成立了西安汽车科技职业学院、西安海棠职业学院、西安东方亚太职业学院。2005 年又批准成立了陕西电子科技职业学院、陕西烹饪旅游职业学院。2008 年经教育部批准，同意成立西安医学高等专科学校（筹），2009 年正式设立。

表 1-2　2000—2004 年陕西民办高校基本情况①

代表年份		2000	2001	2002	2003	2004
学校数	合计	66	66	66	55	51
	本科院校	—	—	—	—	1
	高职院校	5	5	5	12	14
	自考助学机构	—	33	21	33	36
在校生数(万人)		10.75	13.7	18.8	20.6	22.1
教职工数(万人)		0.93	1.08	1.12	1.93	2.07
占地面积(万亩)		—	0.99	—	1.1	1.52
建筑面积(万平方米)		145.02	238.6	371.4	422.6	485.8
固定资产(亿元)		9.87	15.3	26.7	35.75	47.1
实训设备总值(亿元)		4.09	5.53	5.81	6.23	6.65
图书(万册)纸质	纸质	430	633	689	721	790
	电子	—	—	—	—	—

陕西省民办高校在开办之初是比较混乱的，之后逐渐趋向标准化、规范化和科学化。民办高等教育在政府的科学引导和规范管理下，整体基础建设、土地征收、器材设备、图书资料、实验室建设、教学楼建设、公寓住宿、学校管理等方面，都得到了快速发展和提升，加上生源数量和质量均稳中有升，毕业生就业状况良好。使民办高等院校的冲破束缚，发展快速，呈现出良好势头，开始平等的和公办高等教育展开竞争。

①根据 2000—2004 年《陕西教育事业统计年鉴》测算。

4. 实施学历教育本科阶段(2005—2010 年)

2005 年陕西省被教育部批准成专科院校升格到普通本科院校的学校有 4 所:西安外事学院、西安翻译学院、西京学院和西安欧亚学院。① 这样的院校升格规模和速度,有力地推动了民办高校整体“专升本”进程。至此,陕西省民办本科院校数量达到 5 所,当时全国共 25 所,陕西省占了 1/5,数量居全国第一。2008 年,陕西国际商贸学院,西安思源学院二校升格为本科院校。② 陕西省的民办本科院校数量已经达到 7 所,全国 43 所,比重仍居全国首位。这一阶段 7 所院校的转型升级,基本奠定了陕西省民办教育未来的格局。

陕西民办院校之所以能够顺利升格,主要原因,首先是教育部的积极鼓励与支持;其次是地方政府和教育行政管理部门努力争取;最后是民办高校自身的努力。2008 年 12 月 26 日召开了

①2003 年教育部批准成立的西安培华学院成为我省第一所民办本科高校。2004 年 7 月,省政府再次向教育部提出四校升本申请。当时国家七部委已发文停止受理高职院校专升本的审批和备案。教育部从扶持民办高等教育发展和支持西部大开发的战略高度,同意对 2004 年以前申请的 30 余所民办高校进行初审、再审,最终于 2005 年同意 16 所民办高职院校升格为民办本科院校。其中 3 月 9 日,教育部以教发函〔2005〕25 号、教发函〔2005〕26 号文件致函陕西省人民政府,同意在西安欧亚职业学院的基础上建立西安欧亚学院、在西京职业学院的基础上建立西京学院,同时撤销西安欧亚职业学院和西京职业学院的建制。3 月 22 日、5 月 16 日又分别以教发函〔2005〕42 号、教发函〔2005〕69 号文件致函陕西省人民政府,同意在西安外事职业学院的基础上建立西安外事学院,同意在西安翻译职业学院的基础上建立西安翻译学院,同时撤销西安外事职业学院西安翻译职业学院的建制。

②见陕政函〔2008〕59 号、60 号文件。2007 年教育部又一轮评审民办本科院校升本工作,陕西没有停步,继续在申请设置民办本科院校的道路上前进。当年陕西省初步审核了 4 所民办高职院校升本,后经严格按教育部的设置标准对照,将其中一所高职院校淘汰,而将其他 3 所高职院校上报教育部。经教育部初审、评审,2008 年同意西安思源学院、陕西国际商贸学院升格为本科院校。陕西服装艺术职业学院因材料失实而失去升格机会。

纪念大会，回顾30年来陕西省民办高等教育的发展，总结发展过程中的办学经验，对陕西省民办教育的继续发展有着重要意义。

2009年是陕西省民办高等教育继续蓬勃发展的一年。陕西民办高等教育坚持科学发展观，以促进学校持续健康发展为第一要务，积极贯彻有关法律法规。通过努力，在继续扩大规模、完善法人治理结构、优化办学条件的同时，更多地在提高办学层次、提高管理水平和提高教学质量等方面加大工作力度，实现陕西民办高等教育的新飞跃。5所民办本科院校和4所独立学院首次列入二本院校招生，并顺利完成招生计划，为优化民办高校生源质量创造了条件。西安翻译学院等4所民办本科院校经省学位办批准具有学士学位授予权，为本科毕业生的学位授予工作提供了便利，也进一步提升了民办高校的办学层次。2009年，经教育部批准建立的西安医学高等专科学校（筹）经教育部再次考核正式批准建立。为了促进陕西省民办高等教育质量的提高，2009年政府拨100万元专款用于奖励民办高等教育。同年，根据民办高校师资队伍建设水平，拟批准5所民办本科院校可以自主评定教师中级职称，并对教师资格证的发放实行备案制，以利于进一步促进民办高校专任教师队伍的建设。全国及省内各主流媒体对陕西省民办高等教育及各民办高校的评论性报道日益增多，产生了很大的正面影响。截至2010年底，陕西有民办高校18所，其中本科院校7所，高职院校11所，在校生19.66万人；高等教育机构23所，在校生7.37万人。全省民办高等教育在校生合计34.48万人。

这个时期，陕西民办高等教育已经从迅速扩张向平稳壮大转变，从追求规模效益向注重办学质量转变，从趋同化、同质化竞争向多样化、特色化竞争转变，从粗放型管理向现代大学制度转变

(见表 1-3)。

表 1-3　2005—2010 年陕西民办高校基本情况①

代表年份		2005	2006	2007	2008	2009	2010
学校	合计	45	41	37	37	41	41
	本科院校数	5	5	5	7	7	7
	高职院校数	12	12	12	10	11	10
	自考助学机构	28	24	20	20	23	23
在校生数(万人)		22.37	22.52	23.7	26.24	25.9	27.03
教职工数(万人)		2.17	1.99	1.95	1.96	2.01	2.07
占地面积(万亩)		1.68	1.73	1.65	2.11	2.11	2.12
建筑面积(万平方米)		514.69	606.97	541	606.3	614.1	635.3
固定资产(亿元)		48.43	61.50	68.7	64	65.17	73.76
实训设备总值(亿元)		6.72	7.55	8.49	9.86	10.3	11.7
图书(万册)	纸质	933	1057	1263	1283	1367	147.2
	电子	637	868.7	903	1030		

5. 实施硕士研究生教育阶段(2011 年至今)

2010 年,教育部颁布了《国家中长期教育改革和发展规划纲要(2010—2020 年)》。《纲要》中提出了很多促进民办教育向前发展的表述:"民办教育是教育事业发展的重要增长点和促进教育改革的重要力量","大力支持民办教育"等。《纲要》明确提出:"对具备学士、硕士和博士学位授予单位条件的民办学校,按规定程序予以审批。"2011 年 8 月,国务院学位办为民办院校的

①根据 2005—2010 年《陕西者教育事业统计年鉴》测算。

发展又提出一项辅助措施:"服务国家特殊需求人才培养项目"的申报,民办高等院校都可以申报此项目。该项目作为试点工作,主要是为了具有学士学位授予资格的院校能够培养硕士专业学位的研究生。全国范围内有5所院校获得批准,陕西省的西京学院就是其中的一所。民办高等院校第一次取得了培养研究生的教学资格,这是陕西省民办高等院校办学层次提高新标志。长期以来公办高等院校、科学研究院所专门培养研究生的局面被打破。这种突破对我国高等教育格局及民办高等院校发展都有重大促进作用和现实意义。①

回顾此前民办高等院校没有资格培养研究生的史实,主要原因有三:一是中国高等教育学位条例明确强调,新办的高等院校,计划申报硕士学位授权和博士学位授权资格,需要先做好专科本科的教育工作,在专本科办学水平达到一定层次后,经过教育机构的评定审核才具有资格。因当时民办院校发展时间短,层次低,故大多数民办院校不具备申请硕士和博士培养资格。二是我国的民办高等教育在本科教学层面上还存在着相当多的不足,比如,教学模式方面、课程设置方面、教师水平方面等,学校自身实力不够。三是教育主管部门针对民办院校的申请更高层次的学位授予资格的事,还没有提上议事日程。② 这次5所民办院校申报更高学位授予资格能获批,无疑是民办教育发展史上浓墨重彩的一笔。

中国的民办高等院校能够开展研究生培养,是教育界的一件

①民办高校首次开招硕士生领导高教改革方向[EB/OL].http://edu.qq. com/a/20111019/000071. htm.

②熊丙奇,民办高校研究生教育前途何在[EB/OL].http//news.ifeng.com/opinion/society/detail_2011_10/18/9935103_0.shtml.

大事。我国现在的民办院校的数量为700多所,在校学生数占全国高校总人数的19.4%。随着民办高等院校的办学规模和实力逐步增强,社会逐渐关注其如何提高办学水平和人才培育质量。为促使其标准化发展,教育部开始审核民办高等院校的办学水平,以此为参考,决定是否予以招收研究生资格。此举既可以促进民办高等院校扩大发展空间,又可帮助其摆脱单一发展模式,朝着规模化和优质化发展。民办高等院校能否与公办高校直接竞争,关键在于,民办高等院校是否展现出“鲶鱼效应”,能否在教育行政自主性、教育质量的高水平和教学特色以及教学带来社会作用,能否积极响应教育系统的体制改革和教育方式的改革,这有助于加快我国高等教育教学质量的全面提升,也有利于科教兴国战略的贯彻实施。[①]

现在任职于北京吉利大学专家咨询委员会的蒋国华,有过这样的评论:教育行政部门能够审核民办院校的硕士学位授予申报,并批准,是对30多年来,民办高等院校不断的努力的肯定。也是改革开放的新时期我国在教育事业上投入精力的回报。民办高校在这次申报成功以后,普遍受到鼓舞,全国的民办教育有了做好做强的坚定信心,将来博士学位的授予资格同样有可能被民办高等院校争取到。民办高校申硕的顺利进行的积极影响是划时代的,这既是政府和人民对民办教育的高度认可,也是政府为民办教育的发展指明方向的一举。民办高等院校的研究生教学资格是每5年重新评审一次的,实行动态管理机制。我国想要推动高校改革的步伐,就需要民办院校作为改革试点,因为公办院校改革的难度由于各方面因素的限制很难进行,所以民办高校

①郭文婧:民办高校研究生招生资格破冰意义非凡. 教育与职业[J]. 2012-02.01(88).[EB/OL]. http://edu.163.com/ll/1019/10/7GNKVHFN00294JBB. html.

已经成为我国高等教育事业中不可或缺的重要组成部分。①

二、我国民办高校思想政治教育的科学内涵和历史沿革

新中国成立60多年来，一代代优秀的大学生在把我国逐步建设成为一个富强、民主、文明、和谐、美丽的社会主义现代化国家的进程中发挥了举足轻重的作用。改革开放以来，民办高校思想政治教育走过了不平凡的发展道路。新时期条件下，民办高校思想政治教育要结合当前大学生的特点和国内外环境，抓住有利机遇，从容应对各种挑战，为大学生的全面成长提供思想保障。

（一）民办高校思想政治教育内涵界说

民办高校思想政治教育的内涵反映民办高校思想政治教育这一教育实践活动的本质属性。这一本质属性具有相对稳定性，但也随着民办高校思想政治教育社会环境的变化、任务、目标的变化而不断发展。前者体现为民办高校思想政治教育内涵的继承性，后者体现为民办高校思想政治教育内涵的创新性。

1. 民办高校思想政治教育的内涵

《现代汉语词典》对内涵的解释是："一个概念所反映的事物的本质属性的总和，也就是概念的内容。"按照这一定义，民办高校思想政治教育的内涵就是"民办高校思想政治教育"这一概念所反映的事物的本质属性的总和，即"民办高校思想政治教育"这一概念的内容。在实践中，民办高校思想政治教育主要是民办高校思想政治工作者利用一定的思想观念、政治观点、道德规范，对大学生施加有目的、有计划、有组织的影响，使他们形成符合中

①邓兴军.民办教育名分取得重要突破[N].北京:中青报,2011-10-18.

国特色社会主义所需要的思想品德的教育实践活动。因此,民办高校思想政治教育的基本内涵是指最能反映这一教育实践活动本质属性的主要内容。

2. 民办高校思想政治教育内涵的继承性

作为一个概念,民办高校思想政治教育的内涵也有着自身的变与不变。从不变的角度看,今天的民办高校思想政治教育是历史的传承,其基本内涵首先是对传统的继承。在党的历史上,重视思想政治教育是党的优良传统。民办高校思想政治教育形成了自身的丰富内涵,在继承传统的基础上,把历史证明过的科学思想纳入民办高校思想政治教育的现状中来,是民办高校思想政治教育自身发展的需要。在全国加强和改进民办高校思想政治教育工作会议上,胡锦涛指出:“要坚持继承优良传统与改进创新相结合,坚持党的思想政治工作的优良传统,积极探索新形势下高校思想政治教育工作的新途径新办法。”胡锦涛同志的讲话高屋建瓴,对高校思想政治教育继承传统、继往开来,具有很强的理论意义和现实意义。

在党的思想政治教育史上,曾先后针对当时的工作需要,提出过许多民办高校思想政治教育教学活动开展的方针原则和操作要求。毛泽东提出的“身体好,学习好,工作好”的“三好”要求;邓小平提出“有理想,有道德,有文化,有纪律”的“四有”标准;江泽民提出“坚持学习科学文化与加强思想修养的统一”,“坚持学习书本知识与投身社会实践的统一”,“坚持实现自身价值与服务祖国人民的统一”,“坚持树立远大理想与进行艰苦奋斗的统一”的“四个统一”的要求①;习近平指出,做好高校思想政

①张建伟.青年同志们,奋发努力啊——江泽民总书记关怀青年和青年工作纪实[N].人民日报,1998-06-21.

治工作，要因事而化、因时而进、因势而新，树立“四个自信”理念：都着眼于中国革命、建设和改革的具体实践与客观要求，为大学生成长成才指明了方向，设定了标杆。总体上，这些针对广大青年特别是大学生专门提出的标准和要求，是一脉相承的科学体系，从强调德、智、体协调发展，到强调理想、道德、文化、纪律兼备，再到强调求学和做人、知识和实践、个人和社会、理想和现实的统一，既体现了人才培养的目标，同时也包含了丰富的思想政治教育内容，揭示了民办高校思想政治教育的丰富内涵。

3. 民办高校思想政治教育内涵的创新性

创新是对传统作大胆的扬弃，重在创意、创建和创立。创新需要科学与人文的价值导向：求真、向善。求真，即贴近现实，追求真理；向善，即符合完美的人性，追求人类的终极关怀，体现符合多数人意向的道德情感，它是一种价值承诺，是教育信念确立的基础和前提。

针对教育，包括思想政治教育的保守性、封闭性，邓小平提出了“教育要面向现代化、面向世界、面向未来”的主张，还提出了培养“有理想，有道德，有文化，有纪律”的社会主义新人的目标，为克服思想政治教育的功能性危机，推动思想政治教育实现创新指明了方向。同时，当代社会迅速发展的情况，同过去时代已有很大不同，现在绝不是过去的再现，未来更不是现在和过去的翻版，教育的重任是要为一个未知的世界培养人。因此，在现代社会条件下，思想政治教育的生命线作用、先导性作用，应当合理地被理解和作为创新功能进行发展和发挥。这种发展和发挥的基础和需要，就是思想政治教育向未来领域的发展。思想政治教育只有发挥创新功能，即面向未来不断实现对自身的超越，并不断促进人们实现超越，才能真正把握未来，拥有未来，并“形成未来社会的一个主要因素”。否则,面向未来就是一句空话。新世纪以来,在继承和发展毛泽东、邓小平、江泽民有关重要论述的基础上,胡锦涛在《致中国青年群英会的信》中对全国青年提出了“四个新一代”的要求,鼓励广大青年努力成为“理想远大、信念坚定的新一代,品德高尚、意志顽强的新一代,视野开阔、知识丰富的新一代,开拓进取、艰苦创业的新一代”。习近平总书记在2017年全国高校思想政治工作会议上发表重要讲话,强调,高校思想政治工作关系高校培养什么样的人、如何培养人以及为谁培养人这个根本问题。要坚持把立德树人作为中心环节,把思想政治工作贯穿教育教学全过程,实现全程育人、全方位育人,努力开创我国高等教育事业发展新局面。指明思想政治教育的目标,强调其重要性,为当代青年的健康成长指明了方向和途径,也为民办高校思想政治教育提出了新的更高的要求。在培育“中国特色社会主义合格建设者和可靠接班人”过程中,民办高校思想政治教育必须要在实践中实现创新。

长期以来,我国民办高校思想政治教育较多地侧重政治教育,而对思想政治教育作为一个系统工程缺乏足够的认识和把握,同时对思想政治教育内容的划分也不够清晰和准确。在中央召开的全国加强和改进民办高校思想政治教育工作会议上,胡锦涛同志结合大学生成长成才的素质要求,结合社会主义人才培养的目标,提出民办高校思想政治教育的基本内容:民办高校思想政治教育要以理想信念教育为核心,深入进行正确的世界观、人生观、价值观教育;以爱国主义教育为重点,深入进行民族精神教育;以基本道德规范为基础,深入进行公民道德教育;以大学生全面发展为目标,深入进行素质教育。这一论断科学而全面地界定了民办高校思想政治教育的内涵,构建起了一个既有核心又有重点，既有基础又有目标的思想政治教育内容体系。在这个内容体系中，“三观”教育、民族精神教育、公民道德教育和素质教育有机统一，思想教育、政治教育、道德教育和心理健康教育紧密结合，个人、集体和社会相互承接，层次分明，重点突出，目标清晰，任务明确，使高校思想政治教育的内容更加完备、充实和科学，从而为培养造就德智体美全面发展的社会主义合格建设者和可靠接班人提供了保障和基础。

4. 高校思想政治教育的领域拓展

近年来，社会的发展对高校思想政治教育提出了新的要求。基于教育要面向现代化、面向世界、面向未来，也基于现代社会和学科领域的高度分化与综合相结合的发展趋势，高校思想政治教育的作用范围在扩大，高校思想政治教育在向新的领域拓展。

（1）高校思想政治教育向宏观领域的拓展。

①国内层面，即高校思想政治教育要面向社会主义现代化建设，把社会主义现代化建设作为政治方向，作为高校思想政治教育的主题。高校思想政治教育要向专业领域、市场经济、社会活动、管理服务等广泛渗透，使其深深植根于现代社会生活之中。在现代社会条件下，随着政治、经济和科学技术的发展，不断开辟出新的领域，环境问题、生态问题等新发展的领域和新涌现的问题，既广泛深刻地推动和影响着社会的进步，也折射出许多新问题的复杂性，青年大学生的理想信念、道德观念及价值观念教育引导亟须与现实相适应。由此创建出竞争伦理、科技伦理、环境伦理、网络伦理等新理念，以期与新领域拓展相匹配，起到促进作用。

②国际层面，即为了适应对外开放的需要，我们要培养大批面向世界的人才。面向世界的人才不仅要有参与世界范围竞争

的科学技术水平，也要有面对世界的思想理念、道德素养和心理素质。面对世界上各种文化价值观的冲击，更要有正确分析、鉴别、选择人生观、价值观的思想基础；投身于世界范围的经济、科技、人才竞争，更要有敢于竞争的勇气和自强不息的精神；生活在对外开放的环境和活动在各种场所，更要有健康的心理和文明风度。这些思想政治素质，比过去要求更高，也更全面。

（2）高校思想政治教育向未来领域的拓展。随着开放的扩大和改革的深化、科学技术的迅猛发展、物质文化生活水平的提高和竞争机制的广泛引入，既增加了社会的复杂程度，又加快了社会的变化频率。因此，现代社会对大学生来说，在其发展过程中总是既存在机遇，又存在风险。青年学生希望自己能抓住机遇，避免风险。他们更加关注发展的前景，更加注视未来领域的发展趋向。高校思想政治教育必须面向未来发展，探索适用未来领域的理论与方法，充分发挥其导向和引领作用，即以正确的思想指导大学生进行实践活动。因而高校思想政治教育应当具有前瞻性和预防性，要保证和促进大学生面向未来的顺利发展。高校思想政治教育当然不能代替大学生的预测与决策，但高校思想政治教育可以帮助大学生增强面向未来的意识，使之对未来发展趋势有一个清晰认识，学会抓住机遇，化解风险，避免偶然因素的干扰和冲击，增强预测与决策的主动性和自觉性。

同时，高校思想政治教育还要帮助大学生掌握科学的预测和决策方法，克服经验主义、盲目主义倾向，防止由于复杂因素的困扰而陷入宗教、迷信。因此，社会的发展和大学生的发展，既向高校思想政治教育提出了面向未来进行预测和决策的要求，也为其开展预测和决策创造了条件。正确的预测既是为了现在，更是为了未来，为了在预见的前景和目标之前采取正确的教育决策和引导,实现教育的科学化。现代高校思想政治教育一定要研究预测和决策的理论和方法,形成预测与决策的分支学科,为高校思想政治教育提供理论指导。

(3)高校思想政治教育向微观领域的拓展。高校思想政治教育的微观领域,就是指高校思想政治教育者与大学生的内心世界。宏观的客观世界同人们的主观的内心世界总是不可分割地联系在一起的。宏观世界的开放性、复杂性、易变性也会导致人们内心世界的开放、复杂与变动。因此,高校思想政治教育在向宏观领域发展的同时,也必须向微观领域发展。

人们心理活动具有更大的复杂性和潜隐性,它像一个“黑箱”,无法窥探,也难以敞开,只能通过深入研究,把握其发展变化的规律。在现代社会条件下,外部因素和社会信息不断增多,并且变化节奏加快,整个社会和人们的利益关系复杂程度增加,引起大学生的心理震荡,增加心理负荷,甚至导致一些人出现心理不平衡、心理障碍与心理疾病。因此,心理方面的问题十分突出地摆到了高校思想政治教育者面前。开展心理测试与心理分析,进行心理诊断与心理咨询,普及心理保健知识,提高心理素质,便成为高校思想政治教育的一项重要任务。

研究人们内心世界的问题,还有一个更重要的任务就是开发人力资源。每一个人都有一个复杂的内心世界,每一个人都有巨大的潜能。我们要把人们的潜能充分发挥出来,把人力资源充分开发出来,但是如果不掌握人们内心世界的发展变化规律,不能有效地把外在教育内化为人们的思想,就只能是一句空话。所以,我们要探索思想内化理论,掌握心理发展规律,就有必要建立具有中国特色的,高校思想政治教育心理学。

(二)民办高校思想政治教育的历史沿革

同其他学科一样,民办高校思想政治教育也有其自身发展的历史，认真学习和研究民办高校思想政治教育的历史，对于认识民办高校思想政治教育的本质和规律，继承和发扬其传统和经验，做好新形势下的民办高校思想政治教育都有着重要的意义。

1. 党的早期青年学生思想政治教育

党的早期青年学生思想政治教育，是指我党在整个新民主主义革命时期以大学生为主的青年学生思想政治工作。这个时期党的学生思想政治工作，掀起了广泛而持久的青年学生革命运动，在反帝反封建的斗争中发挥了重要的先锋作用、桥梁作用和后备军作用。党在革命根据地的青年学生思想政治工作，更为新民主主义革命胜利准备了思想、干部条件，也积累了比较系统的青年学生思想政治工作的初步经验。

(1)早期青年学生思想政治教育的产生和发展。建党初期和第一次国共合作时期我党的青年学生思想政治教育工作的重心是启蒙青年学生的民主爱国意识，宣传马克思主义。十月革命后，中国的先进知识分子首先在大学生中宣传马列主义，促成了以大学生为主体的反帝反封建的五四运动的爆发。五四运动的结果，使马列主义在全国范围内有了更加广泛的传播，为中国共产党的成立奠定了思想基础。

建党后，我党继续沿着青年思想政治教育路线，宣传马列主义，启发他们的思想觉悟，促使他们加入革命队伍。党在一些先进群体里面成立了党团组织，并从各地选派大批党、团员进校学习，培养党的骨干力量。党还举办了广州农民运动讲习所和中央农民运动讲习所，学员在毕业后成为领导农民运动的重要骨干力量。讲习所的课程教育内容、形式和方法，为以后我党青年学生思想政治教育提供了早期经验。

(2)大革命失败后至新中国建立前党在国民党统治区的青年学生思想政治工作。大革命失败后,许多进步青年学生没有被国民党反动派的血腥镇压所吓倒,积极参加了党在各地举行的暴动和起义。"九一八"事变后,广大青年学生在党的领导下纷纷投入抗日救亡运动,积极进行抗日宣传。在我党《八一宣言》和红军北上抗日鼓舞下,北平学生在党的领导下掀起了轰轰烈烈的"一二·九"运动,推动了抗日民族统一战线的建立,为迎接抗战做了充分准备。

从抗日战争到解放战争,党在国民党统治区的青年学生思想政治工作深入发展,推动了青年学生革命运动的高涨。抗战全面爆发后,一大批青年学生加入了抗战团体,积极从事抗战工作。许多青年学生踊跃参加八路军,奔向革命圣地延安。

抗战胜利后,青年学生在党的领导下,首先起来向国民党当局进行反甄审运动,争取读书权利。全面内战后,青年学生又在党的领导下开展了反蒋反美爱国运动和"反饥饿、反内战、反迫害"运动。新中国建立前夕,广大青年学生又根据党的指示,改变了斗争方式,积极准备"应变",保卫学校、工厂等设施,积极迎接新中国建立的到来。

从十年内战到全国解放,国民党统治区的学生一直在党的领导下坚持斗争,粉碎了反动统治者的政治图谋,成为全国大解放的第二条战线。

2. 革命根据地青年学生思想政治教育

1927 年,党在井冈山建立了革命根据地。在经历土地革命战争、抗日战争和解放战争后,革命根据地不断扩大和发展。党在革命根据地的青年学生思想政治教育也得到了充分的重视和发展,推动了新民主主义革命的胜利到来。

（1）土地革命战争时期苏区学校的青年学生思想政治教育。1927年，我党在井冈山开辟了第一个革命根据地，又称苏区。为革命事业需要，党在苏区依据农民运动讲习所的经验成立了一些干部培训学校，强调对学生进行思想政治教育。党的教育思想注重教育与劳动的紧密联系，通过课内外的活动，启发学生的阶级觉悟，培养学生为革命战争服务的能力。

（2）抗战时期和解放战争时期解放区学校的青年学生思想政治教育。抗战时期，我党在解放区"实行抗战教育政策，使教育为长期战争服务"①。抗战初期，一些根据地也积极开办干部训练班和学校，开设抗日课程，训练抗日干部。在各解放区还积极推广普及教育，恢复改造和发展小学、中学，在游击区实行游击式教学，这些学校都十分重视对学生进行政治思想教育。在课程设置上，第一是政治课，第二是军事课，第三是文化教育课，文化课也紧密结合抗日战争的需要，具有丰富的政治思想内容。

党对解放区高等学校学生思想政治工作十分重视。党中央和毛泽东同志为抗大等根据地高等学校，规定了"坚定正确的政治方向，艰苦朴素的工作作风，灵活机动的战略战术"的教育方针和"团结、紧张、严肃、活泼"的校训。在政治思想教育内容上，除了时事政策教学以外，着重讲授中国革命问题、近代革命史、民众运动和统一战线、辩证唯物论和历史唯物论。第二次国内革命战争时期，国民党统治区的进步青年冒险奔赴解放区学校学习，特别是京津等城市解放后，为解放全中国，我党更扩大了学校数量和学生数量。在原有的基础上，普通高等学校教育大大发展。党的青年学生思想政治教育，明确了以思想改造为中心任务，开

①毛泽东同志论教育工作.北京：人民教育出版社，1958：33.

设社会发展史、中国革命史、新民主主义、中国共产党等课程，并结合实际情况，开展各种类型的教育活动，以解决学生的各种思想问题。这些思想政治教育活动起到了很好的思想改造作用，大批学生踊跃参加解放战争，把革命进行到底。

这个时期的青年学生思想政治工作，是系统开展民办高校思想政治教育的开端。这个时期，青年学生思想政治教育的经验已经十分丰富，如政治教育与业务教育相结合的做法；采用学习、参观、访问、劳动等各种办法培养学生优良作风的做法；配合党的中心工作，结合各级学校教育特点，进行经常性思想教育的做法；等等。这些宝贵的历史经验在中外教育史上是前所未有的，也为解放后我国大学生思想政治工作的全面开展提供了良好的基础和条件。

3. 新中国成立后民办高校思想政治教育

新中国的成立，标志着民办高校思想政治教育进入全新的历史发展时期。在继承和发扬党的早期青年学生思想政治工作传统经验的基础上，创立了社会主义制度下我国高等学校思想政治工作的基本制度和工作体系，进一步摸索、完善了大学生思想政治工作的规律、特点和方式方法，取得了巨大的成绩，积累了丰富的经验。但由于“左”的错误的影响，特别是十年“文化大革命”的破坏，党的民办高校思想政治教育工作遭受了严重挫折，走了一段弯路。

从十一届三中全会到十一届六中全会的历史转折时期，民办高校思想政治教育在党的领导下有了新的发展，探求新时期民办高校思想政治教育的工作路线。在大学生中普遍进行了真理标准问题讨论和坚持四项基本原则教育，鼓舞了大学生解放思想、探求真理的热情，提高了他们的思想政治觉悟。这一时期也曾出现资产阶级自由化思想抬头的苗头，例如取消民办高校思想政治教育工作等。但总的来说，民办高校思想政治教育工作发展是比较健康的，也是有成效的。

从十一届六中全会到十二届六中全会，民办高校思想政治教育工作进入艰难探索阶段。改革开放使民办高校思想政治教育工作面临新情况、新问题。民办高校思想政治教育者在认真研究新情况、新问题的基础上，取得了一些卓有成效的进步。如在各类高等学校较普遍地开设共产主义思想品德课，高等学校建立德育教学研究机构，设立思想政治教育专业，培养专业化的民办高校思想政治教育工作者。但是，在面对如何解决改革开放形势下新问题，民办高校思想政治教育工作者一方面缺乏经验，另一方面指导思想意识淡漠。在大气候的影响下，民办高校思想政治教育显得软弱无力，资产阶级自由化一度泛滥，部分大学生思想产生困惑和混乱。

从十二届六中全会到新中国成立 40 周年前夕，是民办高校思想政治教育又遭受一次严重挫折，并最终得到纠正的时期。这个时期，高等学校中出现轻视思想政治工作的局面，致使资产阶级自由化思潮愈演愈烈。新的中央领导集体认真反思和总结，找出十年来思想政治工作失误的根本原因，提出了改进措施，青年学生思想政治工作的地位、作用、机构、队伍被重新肯定和加强，民办高校思想政治教育工作面临一个新的全面发展时期。

十三届四中全会以后，鉴于国内国际政治局势的变化，中央领导集体要求全党特别注意抓好四件大事，其中有两点就是认真加强思想政治教育和大力加强党的建设。中央领导集体开展了卓有成效的工作，思想战线出现新的转机，大学生思想政治工作得到加强。经过党的十四大、十五大，到十六大，以江泽民同志为核心的第三代中央领导集体，团结带领全党和全国各族人民，高举邓小平理论伟大旗帜，贯彻“三个代表”重要思想，坚定不移地沿着中国特色社会主义道路前进。在这种背景下，民办高校思想政治教育不断创新和发展。1993 年，中共中央组织部、中共中央宣传部、国家教育委员会发布了《关于新形势下加强和改进高等学校党的建设和思想政治工作的若干意见》，1994 年，中共中央发布了《关于进一步加强和改进学校德育工作的若干意见》。这些政策措施的贯彻实施，极大地促进了民办高校思想政治教育工作的开展。

从 1994 年《中共中央关于进一步加强和改进学校德育工作的若干意见》出台到 2004 年的十年间，民办高校思想政治工作取得了不小的成绩，积累了一定的经验。但是，民办高校思想政治教育工作面临的形势出现了新的变化。国际上政治多极化、经济全球化和信息网络化日益发展，敌对势力斗争日益尖锐复杂；国内改革开放的不断深化，我国社会经济发展模式、社会组织形式、利益二次分配方式等日趋多样，大学生面临着政治信仰、理想信念、价值取向等的极大考验，同时也给思想政治教育工作者带来了巨大考验。针对这些思想政治状况，中宣部、教育部和团中央组织了全面而深入的调查研究，认为民办高校思想政治教育应该注重针对性和实效性。

2004 年初，中央领导曾三次就大学生思想政治教育问题做出批示。8 月，中共中央国务院以 16 号文件形式专门下发《关于进一步加强和改进大学生思想政治教育的意见》（以下简称《意见》），阐述加强和改进大学生思想政治教育的指导思想、基本原则和主要任务，提出加强和改进大学生思想政治教育的主要渠道、主要途径和主要方法，强调加强和改进大学生思想政治教育的保障体系和措施。《意见》把大学生思想政治教育作为事关国家前途和命运的战略工程,作为推进现代化建设的基础工程,作为全面建成小康社会、实现中华民族伟大复兴的希望工程,具有里程碑意义。2005 年 1 月又相继召开全国民办高校党的建设工作会议和高校思想政治教育工作会议。中宣部、教育部、团中央等也先后提出具体贯彻意见,下发一系列的相关配套文件。

新时代面临新形势和新任务,尤其是十八大之后,党对高校意识形态工作高度重视,不断强化领导,科学引导,注重实践,实效显著。在对思想政治教育规律、教书育人规律和青年大学生成长规律科学认识的基础上,2016 年 12 月,党中央专门召开了全国高校思想政治教育工作会议,从高校思想政治教育工作重要性和必要性、目标任务、原则内容等方面,为中国特色社会主义大学发展指明了方向;回答了高校思想政治工作关系高校培养什么样的人、如何培养人以及为谁培养人这个根本问题;把思想政治教育同中国特色社会主义大学和国家富强民族复兴紧紧联系在一起,对进一步开创我国高等教育事业发展新局面有重要的实际意义。十九大报告,进一步强调党对意识形态工作的领导权,在意识形态决定文化前进方向和发展道路方面形成共识。着力推进马克思主义中国化、时代化、大众化,建设具有强大凝聚力和引领力的社会主义意识形态,使全体人民在理想信念、价值理念、道德观念上紧紧团结在一起。新时期中国高校思想政治教育工作的指导性意见,必将对民办高校思想政治工作起到促进作用,对青年大学生思想政治教育起到引领作用,定会开创高等教育事业发展新局面。

三、我国民办高校思想政治教育相关学科理论借鉴

(一)教育学

1. 借鉴教育学揭示教学规律的理论

教育学强调教育过程要遵循教学规律。教学规律是客观存在于教学过程中的不以主观意志为转移的本质规律。

(1)掌握知识和发展智力相统一的规律。学生掌握知识与发展智力、培养能力是辩证统一的,单纯抓知识的传授或只重能力发展都是片面的。民办高校思想政治教育在重视对受教育者进行马克思主义基本理论知识传授的同时,也需要着力进行共产主义理想和信仰的教育,使受教育者“真信、真懂、真爱”,真正有效地实现马克思主义的大众化。

(2)传授知识与思想教育相统一的规律。教师在教学过程中传授知识的同时,总是会对学生的思想感情、立场观点、意志性格、道德品质等方面施加一定的影响,使学生受到一定的品德和思想教育。同时,在教学过程中,教师的思想品质、言谈举止,也对学生发生感染、熏陶和潜移默化的教育影响。因此,教师应严谨治学,为人师表,思想政治教育者更应重视自身良好形象的塑造,注重言传身教,做到知行统一。

(3)教师主导作用和学生主体地位相结合的规律。在教和学的统一活动中,教师在教学过程中起主导作用,引导学生去认识和发展,学生是学习的主体。教师的主导作用和学生的主体地位是辩证统一的。高校思想政治教育中的教育者和受教育者的关系,也呈现出主导和主体的特点,它们二者的关系如何,直接影响到思想政治教育活动的效果。

2. 借鉴教育学论述教学方法的理论

教学方法是教师和学生为了实现共同的教学目标,完成共同

的教学任务，在教学过程中运用的方式与手段的总称，它既包括教师教授的方法，也包括在教师指导下学生的学习方法。教育学所论述的许多方法是行之有效的教育方法，非常值得高校思想政治教育借鉴。

（1）讲授法。讲授法是教师通过口头语言向学生描绘情境、叙述事实、解释概念、论证原理和阐明规律的教学方法。讲授法是教师使用最早的、应用最广的教学方法，其他教学方法的运用，几乎都需要同讲授法结合进行。高校思想政治教育者应重视自身口头讲授教育技巧和能力的素质培养，俗称“嘴皮子”功夫，以期获得良好的教育效果。

（2）参观法。参观法是根据教学目的和教学任务的要求，组织学生到一定的校外场所，使学生通过对实际事物和现象的观察、研究获得新知识的方法。参观是以大自然、大社会作为活教材，能打破课堂和教科书的束缚，使教学与实际生活、生产密切地联系起来，取得良好的教育效果。高校思想政治教育者要勤于研究学生的特点，借鉴参观法的开展特点，进行革命传统教育、正反典型教育、改革开放成果展等参观活动，使得思想政治教育活动的形式生动，教育富有成效。

（3）讨论法。讨论法是在教师指导下，由全班或小组围绕某一种中心问题通过发表各自意见和看法，共同研讨、相互启发、集思广益地进行学习的一种方法。民办高校思想政治教育者也应借鉴讨论法“以他人为镜”的宗旨来指导和丰富自身开展活动的形式，进行相关理论和现实的热点、难点、疑点等问题的讨论活动，引导教育对象在集体教育和相互探讨的过程中，完成更有成效的自我教育。

(二)伦理学

1. 借鉴伦理学关于道德人成长过程的论述

著名经济学家亚当·斯密认为,作为经济人,人当然具有自私自利的一面,但这种自私自利又不是纯粹的,人还富有同情心的一面,人也是道德人。伦理学关于道德人成长过程的理论,对于高校思想政治教育培养教育对象成为思想品德高尚的社会主义新人有深刻启示。

(1)道德人的形成。道德人的形成经历了漫长的过程。人类个体最初的道德表现,或者说个体道德的萌芽,是与主体的自我认知水平的发育相适应的。个体对道德追求的实现离不开个体内在的自觉性,然而,社会如提供适宜的条件将更有利于个体的道德觉醒。个体的道德觉醒达到一定的程度,道德人就形成并丰富完善到相应的层次和水平。高校思想政治教育在研究教育对象道德意识觉醒和达到社会所要求的道德水平方面,应遵循道德人形成的原理。

(2)道德的自律与他律。道德人的成长过程是持续的,持续中又有质的飞跃和突破,要经过从他律向自律的转变。自律就是道德主体用内化了的道德原则对自己的思想和行为的方向及方式进行自我约束和自我调节。自律是人真正实现道德的结果,自律的人就是道德的人,是一个有稳定和明确人格的人。道德人成长过程中自律与他律的关系,启示思想政治教育一定要重视引导教育对象自觉提高自身思想政治素质和品德水平,才能真正实现教育目的。

2. 借鉴伦理学关于道德教育的过程理论

(1)提高道德认识。人是理性的社会动物,人的行为是受自己特定的道德认识指导的。要使人们有社会主义和共产主义道德的理想人格,首先就必须使人们了解和把握社会主义和共产主义道德的原则、规范和义务,然后才能有明确的道德实践方向。

(2)陶冶道德情感。要培养人的道德人格和个性,必须从培养一个人健全的道德情感开始。有了某种道德认识,并不一定会有相应的道德情感。只有在现实生活中通过长期对大量善与恶的事例对比,让受教育者亲受感染,才能形成比较稳固的道德情感。

(3)锻炼道德意志。道德意志是道德人格形成的关键。如果没有坚强的道德意志,就不能在道德实践中克服困难,牺牲个人利益,战胜邪恶和私欲,把善和正义发扬光大,也就无从形成理想的道德人格和品质。

(4)确立道德信念。使受教育者确立道德信念,这是道德教育的中心环节。这个环节是以其他三个环节为基础的,只有识深、情笃、意果,才能形成坚定的道德信念。有了坚定的道德信念,也就是有了精神支柱,人们的道德人格才初步树立起来。

(5)养成道德习惯。道德教育的宗旨,一方面是使良善的道德转化为人们内在的道德信念,另一方面是使这种良善的道德信念通过具体的道德实践表现为外在的道德行为,并最终形成自我的一种道德习惯。养成道德习惯后,人们对于道德规范要求习惯于遵守,须臾不离,从心所欲而不逾矩。

(三)人才学

1. 借鉴人才学关于育才的理论

(1)个体人才成长发展的过程和规律。人才学研究指出,成才是人的发展到一定阶段的产物。个体人才成长的过程有其运行的阶段,一般可划分为内在素质优化阶段、外在活动质变阶段和社会承认阶段。

内在素质优化强调人才通过主观能动活动实现德、识、才、学、体五方面内在素质的有机统一;外在活动质变强调人才通过创造性劳动取得创造性劳动成果;社会承认是社会对成才者的素质和成果进行鉴定后予以肯定和承认的活动。成才主体的素质、成果通过社会承认,就标志着成才过程的结束,进入人才发展阶段,人才开始展示才能。经过若干次的社会承认,人才就会由初级人才上升到高级人才。

人才学研究还指出,个体人才成长是有规律可循的,大致概括为以下普遍性规律,一是有效地创造实践成才规律,二是顺势成才律,三是协调成才律,四是全面发展律,五是蓄积成才律。除此以外,个体人才成长还有一些特殊规律,如纵横成才律、扬长成才律、聚焦成才律等等。民办高校思想政治教育可通过借鉴个体人才成长过程及规律的理论,对大学生的成长过程和规律有更加科学的认识、分析和把握,以有效实现培育全面发展的社会主义新人的目标。

(2)人才的素质与开发理论。人才素质是指人才所具有的先天素质和后天品质的综合。人才素质区别于一般人的素质的核心在于人才素质的层次要求更高、潜在能量更大、可创造的预期财富更多。人才素质是由多要素组成的结构体系,包括生理素质系统和心理素质系统,其中心理素质系统又分为智能素质和非智能素质两个子系统。

智能素质系统由知识系统和能力系统等构成,非智能素质系统主要包括思想政治品德系统和心理品格系统两个子系统。人才素质的开发是在认识和掌握了人才素质的基本原理、结构与功能的基础上,进一步优化人才素质,促进人才健康成长,充分发挥人才素质功能,加强人才队伍建设的必要工作。民办高校思想政治教育可有效借鉴人才素质及开发理论，全面剖析大学生的素质构成，采用行之有效的方法，激发并引导大学生的素质提高。

(3)人才成长和发展的环境理论。人才的成长和发展与环境密不可分。马克思主义环境论探讨出人与环境的密切关系，使得人才成长环境也成为人才学探讨的重要话题。人才成长的环境是指人才在时空上赖以存在和发展的一切外部因素的总和。

根据不同的标准，人才成长的环境可分为物质环境和精神环境，可分为大环境、亚环境和小环境，可分为自然环境和社会环境，可分为历史环境和现实环境，可分为积极环境和消极环境，可分为国内环境和国际环境。其中，自然环境和社会环境是人才成长的两个重要环境，社会环境又分为宏观和微观环境，包括社会经济、政治、文化环境，还包括家庭、校园、单位、社区环境。人才成长的环境对人才成长有支撑、约束、塑造、激励等作用，同时人才又能够认识和改造自身成长的环境。人才成长环境理论的研究对民办高校思想政治教育环境论的系统研究，具有直接的借鉴作用。

(4)人才社会承认的方式。人才的社会承认，就是指在人才成长与发展过程中，社会对成才者的素质和成果进行肯定和认可的活动。社会承认在人才成长过程中是一个至关重要的环节，只有获得社会承认，潜人才才能转化为显人才，低层次人才才能转化为高层次人才。否则，人才便会被忽视以至埋没，人才的价值便难以实现。

人才的社会承认可以通过多种方式进行，主要的方式有传播式、认定式、颁奖式、规范性评判式和选举式承认等几种。在人才社会承认活动中，应努力认识社会承认各构成要素，推动社会承认的科学化。民办高校思想政治教育在研究自身教育活动价值时,也要通过评价社会对其教育对象的素质水平的承认程度来实现,在此角度思考,人才社会承认的研究成果对民办高校思想政治教育评估研究具有较大的借鉴意义。

2. 借鉴人才学关于用才的理论

(1)人才的识别、选拔和考核理论。正确地识别、选拔人才,并对人才进行考核,是人才管理过程中的重要环节,是科学使用人才的前提。人才识别又称人才鉴别,应坚持灵活多样、不拘一格的原则,人才识别的方法包括考试、考察、民意评选等。人才选拔是指按照一定的要求,在一定范围内,按照一定程序和方法选择优秀人才的过程。

人才选拔应坚持德才兼备、实践、竞争、公开公平、灵活性原则,选拔的方式包括考任制、选任制、委任制、招聘制、荐举制等。人才考核是指通过一定的考核方法和程序,对人才在工作中的表现进行全面了解和正确评定。人才考核包括对人才的德、能、勤、绩、识各方面的客观描述和人才优缺点的评价意见两部分。

(2)人才的使用原则。人才使用原则是在任用、配备和使用人才的过程中遵循的基本要求和准则。它主要包括宏观的党管人才原则、人才的配置使用与经济社会发展相协调的原则、人才的宏观调控与市场配置相结合的原则,也包括微观的用人单位任人唯贤、尊重信任、用养并重、扬长避短、激励、择优汰劣原则。人才学的用才理论,为民办高校思想政治教育队伍建设的理论和实践,提供了丰富的知识借鉴。

(四)心理学

1. 借鉴心理学关于心理活动过程的理论

心理学研究的对象是人的心理现象,心理现象是心理活动过程和个性心理的统一体。心理活动过程指人的心理活动发生、发展的过程,它由认识过程、情感过程和意志过程所构成,心理活动过程体现着人类心理活动的共同规律和一般特征。心理学注重认知、情感和意志训练相结合以形成完善的个性和品质,民办高校思想政治教育强调大学生思想品德素质培养的最基本的"晓之以理,动之以情,导之以行,持之以恒"的工作方法,正是建立在心理活动过程理论知识基础之上的。

(1)认识过程理论。认识过程是人对客观事物的不同程度、不同水平、不同层次、不同方面的认识过程,亦即是感性认识到理性认识的发展过程,包括感觉、知觉、记忆、思维和想象等。

(2)情感过程理论。人们在认识事物的时候不可能无动于衷,也不会淡薄无情,总会伴随着认识活动的进行而形成各种态度,产生相应的喜、怒、哀、乐、爱、恶等情绪情感体验,这种心理活动过程就是情感过程。

(3)意志过程理论。我们在与自然界相互作用的过程中,常常在认识的基础上,在情感的推动下,根据事物发生发展的规律性,自觉地确定目的、制订计划、调节行动、克服困难、实现目标,使客观事物向着符合我们需要的方向发展,这就是我们的意志过程。

2. 借鉴心理学关于个性心理形成与发展的理论

心理过程是人所共同具有的,但这些过程具体表现在各个人身上却存在差异,这些个体差异的表现称为个性心理,它是个体身上表现出的比较稳定的心理特征。"人心不同,各如其面。"充分说明了人的个性心理差异普遍存在。教育实践证明,深入研究并把握个性心理及其形成发展规律,对于因材施教,开发人的潜能具有重大意义。

个性心理的形成和发展是多因素交互影响的结果,是在遗传素质的基础上,在一定环境和教育条件的影响下,经过个体积极主动的社会实践活动而被塑造出来的。民办高校思想政治教育应充分重视心理学关于人的个性心理形成发展理论,了解影响大学生个性心理的各种因素,使得教育活动能产生较强的针对性和实效性。其中,遗传素质是个性心理形成和发展的物质基础;社会生活条件是个性心理形成和发展的决定性因素;教育在个性心理形成和发展中起主导作用;个体的社会实践活动和主观能动性,是个性心理形成和发展的内因。

(五)政治学

1. 借鉴政治学关于国家与政党的学说

国家和政党学说是政治学的主要内容,马克思主义的国家学说和政党理论是确定思想政治教育任务和内容的重要依据。

(1)国家的起源、本质、职能与消亡。马克思主义创始人全面地考察了国家的起源,深刻地揭示了国家的本质。国家是一个历史范畴,是经济发展到使社会分裂为阶级时产生的,它是阶级矛盾不可调和的产物和表现。国家的本质是经济上占统治地位的阶级进行统治的工具。国家具有对内职能和对外职能。国家的对内职能有政治职能、经济职能和社会职能,对外职能具有保卫国土不受侵犯的职能,同时也有进行国际交往,参与国际政治经济事务的职能。马克思主义认为国家不是永恒的,随着阶级的消灭,国家也不可避免地要消亡。国家消亡的经济基础是共产主义的高级阶段,国家的消亡是一个漫长的历史过程。

(2)政党的概念和分类。政党是代表一定阶级、阶层或集团的根本利益,由其中一部分最积极的分子组成,有共同的政治主张,采取共同的行动,为夺取和巩固政权而联合起来的有组织有纪律的政治组织。根据不同的标准,可将政党作不同的分类,常见的分类方式有以下四种:根据政党的阶级属性和阶级基础分为无产阶级政党和资产阶级政党;以政党是否掌握政权为标准,可分为执政党、反对党、在野党、参政党;以政党的法律地位为标准分为合法政党和非法政党;根据政党的活动范围分为国内政党和跨国政党联盟。

2. 借鉴政治学关于政治生活内容的理论

人是在具体的政治生活中来提高思想政治素质的,有关政治生活内容的理论有助思想政治教育学全面而深入地研究受教育者所处的政治生活环境,确定思想政治教育的内容,实现思想政治教育的任务。

(1)政治秩序和治理。政治秩序是指社会中人们依据基本的政治共识、政治与法律制度展开政治实践的一种状态。政治秩序在行动上体现为政治治理。政治治理既包括传统意义的维护政治秩序的统治行为,也包括实现经济社会发展目标的社会管理行动。

(2)政治参与和政治监督。参与是指公民通过一定的方式去直接或间接地影响政府的组成、运行和决策或与政府活动相关的公共政治生活的政治行为,是公民自下而上的政治行为。监督分为政治监督和社会监督。政治监督是指在政治管理过程中,为保证社会公共权力机关在所担负的职权的正当范围内和轨道上运行,而对其进行监视、检查、控制和纠偏的各种活动,其本质是以权力制约权力,其目的在于抵御权力的腐蚀性。社会监督是以国家机关以外的社会组织或公民为主体进行的监督,这种监督主体范围十分广泛,民主性比较突出,虽然不具有法律效力,但发挥着非常重要的作用。

第二章　民办高校思想政治教育的重要性分析

一、民办高校思想政治教育的本质和任务

（一）民办高校思想政治教育的本质

1. 民办高校思想政治教育的研究对象

任何一门独立的学科都有自己特定的研究对象。研究对象的确定是学科划分的重要依据，也是学科得以存在的支柱。作为思想政治教育的分支学科，民办高校思想政治教育也有自己特定的研究对象，即大学生群体及其思想、观点、立场的形成、发展与变化的规律和大学生思想政治工作的规律。它是通过对民办高校思想政治教育工作的历史和现状的研究，来揭示其本质和规律的。

民办高校思想政治教育的本质，指的是民办高校思想政治教育的根本性质、内在联系、基本特征和目的任务。本质是同类现象中一般的东西，事物的本质是通过现象从不同的方面表现出来的。只要对丰富多变的大学生群体及其思想政治教育工作的历史和现状加以研究，就能通过现象看到本质，而本质是可以被认

识的。

民办高校思想政治教育的规律，指的是民办高校思想政治教育过程中的本质的、必然的、内在的联系，是大学生思想活动规律和思想政治教育规律，及民办高校思想政治教育工作的基本方针、原则和方式、方法等，而规律是可以被掌握的。

民办高校思想政治教育的研究对象是大学生群体，大学生有复杂的思想感情，这种思想感情随着客观情况的变化而不断变化。社会、政治、经济等客观情况的变化规律能被人们所把握、认识，大学生思想活动的规律性也能够被人们所把握、认识。因此，思想政治教育必须根据影响大学生思想的客观情况变化规律，并遵循大学生思想活动规律去做，才能取得效果，并形成自身的规律性。我党在长期的高校思想政治教育实践中，已经认识了其规律性，形成了比较完整的好传统，建立了相对完整的民办高校思想政治教育工作体系，制定了较完备的工作方针、原则和方法，并将其运用学生思想政治教育工作的实践，发挥了很好的指导作用。

2. 研究民办高校思想政治教育的目的

思想政治教育工作是党的传家宝。为了做好新时期民办高校思想政治教育工作，就有必要继承和发扬党的思想政治教育工作的优良传统，探索新方法，总结新经验，解决新问题，使民办高校思想政治教育工作进一步实现科学化的要求，推动高等学校的社会主义精神文明建设，为社会主义现代化建设事业培养更多的合格的建设者和可靠的接班人，这就是我们研究学生思想政治教育工作的根本目的。具体体现在以下三个方面：

(1)探索民办高校思想政治教育工作的规律，掌握新时期民办高校思想政治教育工作的科学方法，提高民办高校思想政治教育工作的实际效果。民办高校思想政治教育工作的对象是大学生,其任务是转变大学生的思想观点和立场。要做好民办高校思想政治教育工作,就必须正确认识大学生思想演变的规律,有的放矢地去做工作,有针对性才有实效性。同时,民办高校思想政治教育工作是一门科学,应针对大学生出现的具体思想问题,采取科学的方法,才能达到预期目的。

(2)加强民办高校思想政治教育工作队伍建设,造就一批精通民办高校思想政治教育工作的能手和专家。新形势下,中央继续强调高校思想政治教育工作只能加强,不能削弱。而思想政治教育工作具有很强的政治性、政策性、科学性特点,因此,必须打造一支强有力的师资队伍,走专业化、职业化道路,确保党的意识形态教育落到实处。

民办高校思想政治教育工作队伍,从总体上来说是一支经过考验、值得信赖、大有前途的队伍。但是,由于种种原因,这支队伍在许多方面还不能适应新形势的要求,主要表现在马克思主义理论基础薄弱、文化水平偏低、从事学生思想政治教育工作者的专业背景差异大跨度大等。要提升民办高校思想政治教育层次,就必须加强其师资队伍建设,不断提高从业整体的思想政治水平和业务素质能力,力图造就一批骨干和专家,开创民办高校思想政治教育工作新局面。

(3)进一步加强和改善党对高等学校工作的领导。新形势下,加强党对高校的组织领导和意识形态引导,主要依托思想政治教育来实现的。现实要求思想政治教育适应新时期的需要,帮助党的各级组织和干部统一思想,提高认识,切实把加强思想政治教育列入重要议事日程,尽可能摆脱日常事务,集中主要精力,采取得力措施,力争良好效果。对民办高校而言,强化和改善党的领导,重视和加强思想政治教育工作更为重要。

(二)民办高校思想政治教育的任务

民办高校思想政治教育的根本目的,是培养学生成为德、智、体全面发展的社会主义建设的合格建设者和可靠接班人。2016年,习近平总书记在全国高校思想政治工作会议讲话强调,要坚持把立德树人作为中心环节,把思想政治工作贯穿教育教学全过程,实现全程育人、全方位育人。由此确定了民办高校思想政治教育工作的基本任务,也明确了要解决的问题和所要担负的责任。

概括地说,民办高校思想政治教育的基本任务,就是用共产主义思想体系教育学生,启发和提高他们的无产阶级思想觉悟,使他们树立正确的立场、观点,掌握正确的思想方法和工作方法,并在实践中提高他们对世界的认识和改造能力,把他们培养成为德、智、体全面发展的,又红又专的社会主义建设人才。

1. 用共产主义思想体系教育大学生,提高他们的思想政治觉悟

我国高等学校教育的社会主义性质,要求高等学校培养的人才必须具有社会主义思想觉悟,自觉自愿地为社会主义事业服务。因此,民办高校思想政治教育工作应该坚持用共产主义思想体系教育大学生,提高他们的社会主义、共产主义思想觉悟。系统的共产主义思想体系教育包括马克思主义基本理论教育,共产主义理想信念、道德教育,以爱国主义为核心的民族精神和以改革创新为核心的时代精神,社会主义权利义务观念和组织纪律观念,等等。其中最基本的任务是用马列主义、毛泽东思想、邓小平理论、“三个代表”重要思想、科学发展观和习近平新时代中国特色社会主义思想教育大学生,帮助他们掌握科学的世界观和人生

观,学会运用马克思主义的立场、观点、方法来认识、分析和解决问题。相对于公办高校来说,民办高校思想政治教育是一个塑造大学生灵魂的伟大工程。

高校思想政治教育工作从根本上就是青年大学生的工作。习总书记强调,就是要引导学生正确认识世界和中国发展大势,从我们党探索中国特色社会主义历史发展和伟大实践中,认识和把握人类社会发展的历史必然性,认识和把握中国特色社会主义的历史必然性,不断树立为共产主义远大理想和中国特色社会主义共同理想而奋斗的信念和信心;正确认识中国特色和国际比较,全面客观认识当代中国、看待外部世界;正确认识时代责任和历史使命,用中国梦激扬青春梦,为学生点亮理想的灯、照亮前行的路,激励学生自觉把个人的理想追求融入国家和民族的事业中,勇做走在时代前列的奋进者、开拓者。

2. 对大学生进行针对性思想教育,帮助他们健康成长

大学生身心发展尚未成熟,思想活跃,但辨别能力差,观察事物常常有片面性和表面性;他们不满足现状,渴望变革,急于施展才华,但往往又感情用事,以致动机和效果不能统一,遇到挫折后又感情脆弱、意识消沉。因此,针对大学生普遍关心和迫切要求解决的思想认识问题,从理论和实践的结合上作出有说服力的回答;针对大学生在日常学习、工作、生活中出现的思想问题,通过个别教育,加以解决。

对大学生进行针对性教育,主要有以下几个方面:一是解决不同时期学生中的倾向性问题,为完成党的任务铺平道路;二是解决通过一人一事反映出来的思想问题,“防患于未然”,把问题解决在局部,调动每一个学生的积极性;三是注意做好后进学生的转化工作和失足学生的帮教工作,使后进向先进转化,失足者

得到挽救;四是及时协调学生之间,学生与教师、学校之间的关系,妥善处理各种矛盾,保持学校安定团结的政治局面,等等。

通过及时的针对性思想教育,解答大学生的思想疑问,抵制错误思想的影响,培养他们正确认识、处理问题的能力,提高他们正确选择行为方式的能力,帮助他们战胜各种困难,激发他们学习、工作、生活的积极性和创造性,促进他们思想觉悟的提高,使他们成长为德、智、体诸方面全面发展的社会主义建设人才。

3. 组织和协调各方教育力量,推动精神文明建设,构建和谐校园

改革开放以来,随着我国高等教育大众化进程,民办高校力量不断整合变化,客观上要求其注重规模、结构、质量和效益等方面综合协调发展。片面追求规模、忽视教育质量提高的问题依然存在,而且严重影响和制约着高等教育的发展。同时,市场经济条件下,尤其是民办高校既要关注高校办学的社会效益,更要关注经济效益。如何组织和协调各种教育力量,推动精神文明建设,构建和谐校园,成为一个重要问题。

推动精神文明建设、构建和谐校园是促进学校事业全面协调发展的现实需要。学校是建设社会主义精神文明的重要阵地,社会主义精神文明建设是学校的长期任务。因此,构建和谐校园、推动学校精神文明建设的发展,就是民办高校思想政治教育工作的主要任务之一。而通过和谐校园构建和精神文明发展,可以促进学校物质文明、精神文明和制度文明的共同进步,为实现人的自由全面发展做出应有的贡献。

民办高校推动精神文明建设、构建和谐校园的目的和任务,是适应社会主义现代化建设的需要,培养有理想、有道德、有文化、有纪律的社会主义新人,为提高整个中华民族的思想道德水

平和科学文化素质做出贡献。而这一目的和任务的完成，最根本的是要依靠思想政治教育工作。

(1)中心环节。民办高校思想政治教育工作是学校推动精神文明建设、构建和谐校园的中心环节。一方面，民办高校思想政治教育工作是学校推动精神文明建设、构建和谐校园的重要手段和根本途径。无论是思想道德建设，还是教育科学文化建设，都不能离开思想政治教育工作。因为社会主义文化和社会主义、共产主义思想意识不可能在学生中自发产生和发展，而是要通过对党的理论、方针、政策宣传教育，引导大学生自我认同、自愿接受，自觉践行。

另一方面，党的思想政治教育工作能促进大学生思想品德健康发展和文化知识水平不断提高，指引着学校社会主义精神文明建设的发展方向。民办高校由于学生群体独特性，思想政治教育工作重要性更为凸显。通过经常性针对性进行思想政治教育，不断提高他们思想认识、政治觉悟和道德素质，调动其学习主动性积极性，帮助他们全面发展，成长成才。

(2)统筹全局。民办高校思想政治教育工作在促进大学生全面发展、培养社会主义人才、推动精神文明建设、构建和谐校园的过程中起着统筹全局的作用。它可以通过调动、组织和协调校内外的各方力量，形成合力，推动学校精神文明建设和构建和谐校园任务的完成。主要表现在以下五个方面：

一是从办学思想和领导体制上，确定学校思想政治教育工作在学校整个工作中的地位和作用，为全面贯彻党的教育方针提供了前提条件。

二是发挥学校行政管理部门的管理和教育的双重职能，要求各部门将管理业务工作和思想政治教育工作相结合，实现教书育人、管理育人、服务育人,实现政治与业务的统一、德育与智育的渗透、管理与教育的结合,更好地发挥广大教职员工在学生思想政治教育工作中的作用。

三是将思想政治教育纳入学校教育工作计划,统筹安排,充分发挥学校各教育和教学环节的作用,调动各方面力量,形成对学生进行思想政治教育的完备体系,以利于对大学生开展精神文明教育。

四是通过协调学校教育、家庭教育和社会教育的关系,统一各方面的教育内容、教育任务和要求,使学校、家庭、社会多方面教育力量方向一致,形成合力,增强力量,提高效果。

五是通过加强和改进党的领导,加强和改善民办高校思想政治教育工作的科学管理,使之不断地科学化、系统化、规范化,更有利地发挥其保证作用,推动学校精神文明建设不断发展。使一切有利于学校事业进步的愿望得到尊重、才能得到发挥、工作得到支持、成果得到肯定,不断增强校园活力,实现校园组织要素和谐、环境的和谐、人际关系和谐,最终形成学生自我教育、家庭教育、社会教育和学校教育总体和谐环境氛围。

4. 保证学校的社会主义办学方向和培养目标的实现

高等学校的根本任务是培养德、智、体全面发展的社会主义事业的建设者和接班人。现在和今后一二十年高等学校培养出来的学生,他们的思想道德和科学文化素质如何,直接关系到21世纪中国的面貌,关系到我国社会主义现代化建设事业目标能否顺利实现。因此,保证学校坚持社会主义办学方向和培养目标的实现,是民办高校思想政治教育工作的首要任务。

我国教育事业是人民的事业,是党和国家伟大事业的有机组成部分。新中国成立以来我国教育事业有了很大的发展,我党制定了社会主义的教育方针，明确了学校教育的目的，为我国学校确立了社会主义方向。民办高校思想政治教育工作的重要任务之一，就是保证党的教育方针的实施和社会主义办学方向，实现人才培养目标。完成这一任务，就要在学校的各项教育工作中，坚持进行共产主义思想体系教育，为大学生形成良好的思想政治品德奠定理论基础，并以此统一思想，协调行动，解决他们的思想问题和实际问题，调动其学习、生活、工作的积极性和创造性，促进他们德、智、体全面发展，成为有理想、有道德、有文化、有纪律的社会主义建设人才。

二、民办高校思想政治教育的地位与作用

（一）民办高校思想政治教育的战略地位

在建设中国特色社会主义伟大事业中，思想政治教育具有重要战略地位。只有充分认识并予以把握，民办高校思想政治教育才能始终如一地被加强和重视，充分发挥在中国特色社会主义建设中的巨大作用。认识和把握其战略地位可以从以下三个方面入手。

1. 思想政治教育的战略地位由社会的经济基础决定并为其服务

民办高校思想政治教育作为一种社会上层建筑，与社会经济基础、政治制度和文化价值观有着内在的本质联系。因此，必须依据马克思主义唯物史观，将民办高校思想政治教育视作社会结构的必要组成部分，才能有科学的认识。

民办高校思想政治教育为经济基础所决定。经济基础的决定作用主要体现在民办高校思想政治教育的内容上。从我国思想政治教育的发展史来看，民办高校思想政治教育内容的几经变

革都与当时的社会经济发展有着本质联系。当前,我国正处于中国特色社会主义经济建设的攻坚阶段,思想认识还不够统一,甚至还存在错误认识。这就需要高等院校思想政治教育工作者不断深入、认真研究,制定相应思想政治教育内容,推动新时代中国特色社会主义思想深入人心,深化马克思主义理论研究和建设,加快构建中国特色哲学社会科学,引领大学生在理想信念、价值理念、道德观念上紧紧团结在一起。

民办高校思想政治教育作为社会上层建筑必然地能够反作用于社会发展这一经济基础,在中国特色社会主义经济建设中发挥其引领作用、激励作用。同时,还能与其他社会上层建筑发挥内在联系,产生一种合力,共同为经济基础服务。

2. 民办高校思想政治教育是社会主义精神文明建设的基础工程

对思想政治教育战略地位的认识还必须从精神文明的结构关系把握。社会主义精神文明,由文化和思想两大内容构成,二者之间的辩证关系可以从两个方面来认识:

第一,一定的思想内容必须通过一定的文化形式表现出来;而一定的文化形式,必然包含一定的思想内容。它们之间既相互区别又相互渗透。一定社会精神文明的成果,既是这个社会教育科学文化建设的成果,又是这个社会思想道德建设的结晶。因此,精神文明建设理所当然地包括文化建设和思想道德建设两个方面。民办高校通过高校思想政治教育,为社会培养出一大批具备较高道德素质的人才,落实了思想道德建设任务,促进了精神文明建设工程。

第二,民办高校思想道德建设决定科学文化发展的性质和方向,科学文化发展则是思想道德建设的重要条件,二者相互制约,相互促进。一方面,思想道德建设是社会主义精神文明的核心内容,它决定着社会主义精神文明的性质和发展方向。另一方面,教育科学文化建设是人们思想道德形成的智力基础,是提高人们思想道德水平的必要条件。

由于思想道德建设决定着社会主义精神文明的性质和发展方向,贯穿于精神文明的一切领域,因而在精神文明建设中它必然处于主导的、基础的地位。思想政治教育是思想道德建设的重要组成部分,是社会主义精神文明建设的一项主导性的基础工程。

3. 思想政治教育是中国共产党的传家宝

马克思主义的思想政治教育是党的传家宝,它在党的事业中居于极其重要的地位,发挥了巨大的作用,是党的工作的一条重要战线。

从我国革命战争和社会主义建设的发展历程及思想政治战线发挥的巨大作用来看,可以得到明确的结论:没有强有力的马克思主义的思想政治工作,就没有大规模的工农运动,就不可能取得新民主主义革命的胜利,就不可能取得社会主义革命和建设事业的不断胜利。毛泽东指出:“人民解放军建立了自己的强有力的革命的政治工作,这是我们战胜敌人的重大因素。”[①]他还强调:“掌握思想教育,是团结全党进行伟大政治斗争的中心环节。如果这个任务不解决,党的一切政治任务是不能完成的。”[②]邓小平也指出:“过去我们党无论怎样弱小,无论遇到什么困难,一直有强大的战斗力,因为我们有马克思主义和共产主义的信念。有了共同的理想,也就有了铁的纪律。无论过去、现在和将来,这都

①②毛泽东. 毛泽东选集:合订本.北京:人民出版社,1964:1144,995.

是我们的真正优势。”[③]党的这种优势同党的思想政治教育密不可分。重视对党员、干部和非党群众的思想政治教育，勤于和善于做思想政治工作，是我党的一大特色，一大优势，一大传统。从历史实践的角度，我们也同样能够看到，思想政治工作战略地位的客观必然性。

（二）民办高校思想政治教育的作用

民办高校思想政治教育的作用是高校思想政治教育本质和规律的集中表现。认识民办高校思想政治教育的作用，目的在于自觉地发挥其作用，也有利于更精准地把握其本质和规律，其作用主要体现在以下六方面。

1. 育人作用

《高等教育法》第 31 条：“高等学校应当以培养人才为中心。”大学之本，在于育人。育人功能也是民办高校思想政治教育最重要的功能，是通过提高大学生思想政治素质的过程来实现的，育人作用主要有以下表现：

（1）培养大学生良好的政治素质。大学生的政治素质包括理想、信念、立场、方向、责任感、鉴别力、分析解决政治问题的能力等。政治素质是当代大学生素质的核心，是大学生个人信仰和价值取向的基础，也是大学生调节个人与社会之间的关系，保证其正确发展方向的中心环节。在政治素质中，理想和信念是最基本的，它对大学生的人生起着支配作用。通过思想政治教育对大学生进行理想信念引导，树立科学人生三观，努力为实现中华民族伟大复兴的中国梦而奋斗。

（2）培养大学生良好的思想素质。思想素质是大学生成为

---

③邓小平. 邓小平文选：第三卷［M］.北京：人民出版社，1993：144.

中国特色社会主义建设者和接班人的灵魂和基础。大学生思想素质主要包括世界观、人生观和价值观等方面的内容。在大学生中贯彻“四个意识”教育、积极开展党员“两学一做”和团员“一学一做”学习教育活动,推荐马克思主义理论中国化大众化,培养其集体意识、道德意识、爱国精神等,通过思想政治教育工作,不断提高大学生思想觉悟、道德水准、文明素养。

(3)培养大学生良好的道德素质。这里所讲的道德素质是指大学生根据我国社会的道德准则和规范进行修养,在处理个人与他人、与社会的关系中,所表现出来的稳定的个性品质,是大学生道德意识和道德行为的统一。良好的道德素质是大学生适应社会的基本要求,是大学生自我发展和自我完善的需要,是大学生成为社会主义事业人才的动力,是大学生成长为社会合格公民的基本条件之一,是大学生的立身之本。通过思想政治工作,深化道德素质教育,强化社会公德、职业道德、家庭美德、个人品德教育,不断提高大学生道德水准。

(4)培养大学生良好的法纪素质。法纪,即法律和纪律的简称。大学生法纪素质是一个内涵丰富的综合性概念,涉及大学生的法纪信仰、意识、知识、情感、心态及行为等方面。民办高校学生群体总体素质不高,法纪意识淡漠。因而在其群众中开展法律基础教育和纪律条例学习显得尤为重要,通过法律纪律知识学习、案例观摩及模拟法庭等方式,不断其强化社会责任意识和规则意识,提高其群体的法纪素质,引导其做懂法守纪的好学生。

同时,民办高校思想政治教育还有助于培养大学生科学的思维方式。大学生在认识和把握自己、他人、社会和自然的过程中,在认识和把握客观世界和主观世界的过程中,始终贯穿着思维方式的作用。因此,形成科学的思维方式,用科学的立场、观点和方法去认识与改造世界，显得十分重要。科学的思维方式主要是要求按马克思主义哲学思维方式、道德思维方式、法律思维方式去认识与改造世界。帮助大学生掌握科学的思维方式，可以最大程度地开发大学生的智能潜力，提升大学生的人格品质，使大学生去实现应有的人生价值。

另外，其育人作用还体现在大学生审美素质和心理素质的养成，以及促进大学生智能的开发和学业的完成等方面，这里就不展开论述了。

2. 导向作用

导向作用，是指运用启发、动员、教育、监督、批评等方式，把大学生的思想和行为引导到符合社会发展要求的正确方向上来。民办高校思想政治教育工作要达到教育引导大学生健康成长成才的预期目标，在以教师为主导，学生为主体的基础上，应结合民办高校学生群体实际，注重群体特点，相信群体力量，讲究教育引导方法，掌握教育规律，发挥好导向作用。思想政治教育的导向具有如下特点：

一是明确性。我国高校思想政治教育，旗帜鲜明地坚持以马克思列宁主义、毛泽东思想、邓小平理论、“三个代表”重要思想、科学发展观、习近平新时代中国特色社会主义思想为指导思想，这是我们进行思想政治教育的理论依据，也是实践之所需。通过教育启发，把青年大学生对共同理想和共同事业理解、认同和践行统一起来，从而保证大学生健康成长和社会主义建设事业的顺利进行。

二是多样性。是指导向内容、方式方法的多样性。民办高校思想政治教育的导向功能要得以充分发挥，就要研究大学生群体的特殊性和不同院校、专业、年级、个体和不同环境下的差异性，在导向内容、方式方法上要讲究多样化。其导向作用主要表现为目标导向、价值导向和行为导向。

(1)目标导向。这里讲的目标导向,其含义有三:

第一,指民办高校思想政治教育紧紧围绕党的中心任务,积极宣传、解释党和国家在某一历史时期或社会发展阶段的纲领、路线、方针和政策,宣传和解释大学生德育培养目标与任务,以促使大学生对其理解与认同,并努力实践,扩大影响,产生良好的导向效果。

第二,民办高校思想政治教育要依据党和国家的奋斗目标和大学生的思想实际,明确工作要求。这种工作要求是思想政治教育所追求的直接目标,而这种目标又是为实现党和国家的中心任务或奋斗目标服务的。例如,党的十八大提出了党和国家今后一段时期的奋斗目标,而民办高校思想政治教育工作必须自觉主动服务于这一目标,同时在总目标统摄下确定其具体目标。民办高校思想政治教育目标导向的内容主题鲜明,内容丰富。首先是就党的奋斗目标以及在不同历史时期的中心任务;其次是就本校的发展目标等,从而对大学生进行目标引导。

第三,就大学生德育培养目标对大学生进行目标导向。民办高校思想政治教育目标导向应当讲究有效性。要做到有效,就要正确处理好以下关系:

一是要使社会目标和大学生利益相结合。目标导向要有效,关键在于目标本身是否具有吸引力和感召力,是否符合大学生的根本利益和长远利益,是否正确处理长远利益和眼前利益之间的关系。民办高校思想政治教育目标导向有一个通过目标导向改变大学生思想和行为的问题,也有一个大学生能否顺应这种改变的问题。如果大学生没有认识到这种关系或认识不到位,在具体导向过程中,大学生的思想情绪就会出现“拗劲”“抵触”的现象,大学生就会产生“不顺应”。其实，导向过程中的“改变”和“顺应”不一定是对立的，是可以通过实践实现统一的。高校思想政治的目标导向如果能够尊重大学生对利益的自发追求，充分利用大学生的自发性，并注意将其转化为自觉性，使民办高校思想政治教育目标的实现与大学生利益的满足成为同向同行，那么，这样的目标导向就不仅是民办高校思想政治教育的自发行为，而且会成为广大大学生的自觉行为。

二是要注重目标成功的概率。民办高校思想政治教育目标导向的有效性，基于它所宣传的目标经过大学生的努力能够实现的程度。如果目标实现的可能性较小，它对大学生的吸引力就会小；相反，它就会激励大学生为之奋斗。

（2）价值导向。价值，一般是指客体对主体需要的满足或客体对主体所具有的意义。这里所说的价值，是指民办高校思想政治教育的内容作用于大学生所产生的作用与意义。价值导向的主要依据和主要内容是社会意识形态，而作为在一个社会中占统治地位的意识形态来说，它的内容是多方面的，如政治意识形态、道德意识形态、法律意识形态等等。在今天，民办高校思想政治教育的价值导向的主要内容是社会主义核心价值体系。

社会主义核心价值体系的基本内容包括以下四个方面：

①坚持马克思主义指导思想。马克思主义是我们立党立国的根本指导思想。在我国社会主义核心价值体系建设中，马克思主义为我们提供了正确的世界观和方法论，提供了正确认识世界和改造世界的强大思想武器。只有坚持马克思主义的立场、观点和方法，才能正确认识经济社会发展的规律，正确认识社会思想意识中的主流与支流，才能在错综复杂的社会现象中看清本质、明确方向。教育大学生坚持马克思主义，更要教育大学生坚持发

展着的马克思主义。只有坚持用马克思主义中国化的最新成果教育武装大学生，才能充分发挥其认识世界和改造世界的强大作用。

②确立中国特色社会主义共同理想。这一理想是中华民族奋力前行的向导。这个共同理想，集中代表了现阶段工人、农民、知识分子和其他劳动者、建设者、爱国者的利益和愿望，具有很强的广泛性和包容性。这个共同理想，是联系国家、民族与大学生个人重要纽带，有利于调动大学生的积极性并共同为之奋斗。

③弘扬以爱国主义为核心的民族精神和以改革创新为核心的时代精神。以爱国主义为核心的团结统一、爱好和平、勤劳勇敢、自强不息的民族精神和以改革创新为核心的解放思想、实事求是、与时俱进、勇于创新、知难而进、一往无前、艰苦奋斗、务求实效、淡泊名利、无私奉献的时代精神是中华民族赖以生存和发展的精神支撑。在全面建设富强、民主、文明、和谐、美丽社会主义强国和推进中国特色社会主义伟大事业的进程中，民办高校思想政治教育就是要把民族精神和时代精神深深熔铸在大学生的灵魂之中。

④树立社会主义荣辱观。荣辱观是世界观、人生观、价值观的重要内容。树立正确的荣辱观是形成良好社会风气的重要基础。只有分清荣辱，明辨善恶美丑，大学生才能形成正确的价值判断，才能形成良好的道德品质。以“八荣八耻”为主要内容的社会主义荣辱观，明确了当代大学生最基本的价值取向和行为准则。

社会主义核心价值体系是引领当代大学生健康成长成才的根本指针，它为当代大学生加强自身修养、锤炼优良品质、成长为德智体美全面发展的社会主义事业的合格建设者和可靠接班人指明了努力方向,提供了发展动力,明确了基本途径。当代大学生只有自觉学习和践行社会主义核心价值体系,才能健康地成长为社会主义"四有"新人。

社会主义核心价值是社会主义价值的核心部分,因此,民办高校思想政治教育还应教育引导大学生自觉学习和践行社会主义的其他方面的价值要求。在价值导向的过程中,既要防止不分轻重缓急,"眉毛胡子一把抓"的现象发生,也要防止只进行社会主义核心价值导向而忽视甚至放弃其他社会主义价值的导向的现象。

民办高校思想政治教育的价值导向,是通过一系列的途径或方式来实现,主要有:一是理论研究,二是舆论宣传,三是理论教育,四是思想政治教育实践。

实践中,要处理好教育者和受教育者的价值取向有机统一关系。一方面,民办高校思想政治教育的价值导向是明确的一元的,这是由社会主义社会意识形态的性质所决定的。另一方面,作为教育对象的大学生,其价值取向可能是模糊的多元的。现代社会的信息传播途径的多样性,思想影响源的广泛性,大学生对外部信息的选择和摄取的自主性和主观性,都会影响到大学生的价值取向。在这样的情况下,可能发生思想政治教育价值导向的要求不为大学生所接受的问题,于是教育资源就有可能遭到浪费,价值导向的社会成本就会增加。为此,民办高校思想政治教育的价值导向必须注重解决教育者和受教育者的价值取向有机统一,通过不断的改革创新达到紧密联系,互相促进的状态。

(3)行为导向。行为导向,是指通过先进楷模或榜样来引导大学生成长进步。树立榜样的本质之一是确立一种人格范式,而这种榜样人格又通过一系列行为模式来表现。榜样的力量是无穷的，具有极大的感染力和说服力。因此，他们能够为大学生提供可以仿效的行为和动力，能对大学生施加很好的人格影响。

榜样可以是群体性的，也可以是个体性的；可以是历史的，也可以是现实的；可以是大学生群体的，也可以是其他群体的。例如，“感动中国人物”，道德模范、时代楷模等等，都对大学生产生深刻的行为导向作用。

民办高校思想政治教育的行为导向，陕西多以革命先烈、英雄模范人物以及大学生中的先进人物、好人好事作为榜样来进行行为引导教育，大致分为人格导向、行为方式导向和行为导向三类。

①人格导向。人格导向是指榜样的人格魅力所具有的吸引力和对大学生的感召力。人格导向能对大学生施加长久的影响，尤其是当大学生通过学习榜样并将榜样的人格精神内化为个人的意识和行为动机时，这种人格因素就会长期影响大学生的思想和行为，并且转化为大学生个体的人格因素。

②行为方式导向。行为方式导向是指能引导大学生个体仿效的行为方式。行为方式有正确与错误之分，适当与不适当之分。正确的行为方式是一系列整合好了的行为，这种整合好了的系列行为不是单个的、孤立的行为，而是一种习惯性行为。例如上课，有的大学生守时观念很强，从不迟到，即使有特殊情况不能按时到课，也会及时请假或如实说明正当理由。可见这种正确的行为方式是一个人良好个性品质的外在表现。在社会生活中，大学生面对外部环境的复杂情况，会产生不同的行为反应，其中有些反应是正确的或恰当的，有些则是错误的或不恰当的。当外部的那些受到社会褒扬的、对大学生能施加积极影响的正确行为方式发生后，这样的行为方式就能够成为大学生学习的榜样，成为

正确导向的重要内容。

③行为导向。行为导向是指能引导大学生产生某个良好行为的行为，如不随地吐痰、不讲粗话脏话、拾金不昧等行为。培养大学生从点滴小事做起，对产生良好的行为习惯是十分重要的，因而它是行为方式导向的基础。大学生只有经常地、反复地操练某种正确行为，久而久之，这种行为才可能成为大学生个体的正确行为方式的一部分，成为大学生的一种良好行为习惯。在良好行为习惯的基础上，大学生个体才会形成良好的品德，成为大学生个体的高尚人格因素。

一个人凭一时的兴趣或激情冲动做一点好事，这只是个别的良好行为，只有长久甚至一辈子坚持只做好事不做坏事，才是优良的品德。因此，如果仅仅满足于产生个别的良好行为，那是不够的，良好行为只有提升为行为方式，才能形成大学生个体的良好品德。

应当指出，对榜样的宣传一定要实事求是，要注意克服和防止“高、大、全”的现象，反对任意拔高榜样；对榜样宣传要注意适应范围，反对不从实际情况出发的生搬硬套。

3. 保证作用

保证，一是指担保，如保证完成某一任务；二是指起决定作用或作为担保的事物；三是指法律上的“担保”。高校思想政治教育的保证，是指前两种含义。

“思想政治工作是经济工作和其他一切工作的生命线。”这个论断是在认真总结思想政治工作经验教训的基础上提出来的，是对思想政治工作重要地位和保证功能的形象概括，对大学工作以及意识形态工作同样具有长远的指导意义。

民办高校思想政治教育的保证作用主要表现在以下几个

方面：

(1)是党的路线、方针、政策得以在大学生中贯彻落实的可靠保证。党的路线、方针、政策在大学生中的贯彻落实，主要是指党的路线、方针、政策要为大学生所知晓、理解、拥护、坚持。民办高校思想政治教育在这方面的保证作用是通过如下途径去实现的：

一是通过思想政治理论课的教学教育。大学生思想政治理论课中的马克思主义基本原理概论、毛泽东思想与中国特色社会主义理论体系概论、中国近现代史纲要、思想道德修养、法律基础、形势与政策，都能为大学生了解、理解、拥护党的路线、方针、政策提供保证。

二是通过日常思想政治教育工作，例如举办主题报告会、宣讲会、个别交谈、政治学习等形式来宣传党的路线、方针、政策。

三是通过各种信息传播媒介，例如通过学校报纸、广播、电视台、网站及微媒向大学生宣传党的路线、方针、政策。

(2)是促使大学生自觉遵守学校的规章制度的可靠保证。没有规矩不成方圆。为了保证大学生完成好学业，保证大学有正常的秩序，保证大学生的成人成才，大学必须建立和完善各项规章制度。例如，课堂纪律、教学楼制度、考试制度、科研制度、宿舍制度、学籍管理制度等等。学校规章制度既是对大学生权利的保障，也是对大学生行为的一种约束。只有当其正确认识到这种外在约束的价值意义之后，大学生才会自觉地去遵守这些制度。虽然因违反规章制度受到处分是一种教育，但是，要使大学生从内心认同和自觉遵守这些规章制度，还必须通过思想政治教育。这种教育一方面能使大学生认识到学校规章制度的价值，另一方面能对违反者起到疏导的作用。

(3)是促进大学和大学生精神文明建设的可靠保证。精神文明建设,是我国大学的重要特征。民办高校思想政治教育是精神文明建设的重要组成部分。它既是我国大学精神文明建设中的一个重要目标,又是坚持社会主义办学方向,培养合格人才的一项政治保证。

民办高校思想政治教育能促进大学校园文化建设和大学生的思想道德建设。加强思想政治教育是大学生精神文明建设的核心内容和根本条件。它不仅是大学生思想道德建设的基本途径,而且也是大学校园文化建设的强大动力和必要条件。大学校园文化建设自身是难以决定其性质、方向的,只有加强了包括大学生思想道德建设在内的大学精神文明建设,才能决定大学校园文化建设的性质和方向,进而推动着整个大学精神文明建设的发展。

校风以及和谐人际关系的建设是大学生精神文明建设的重要组成部分。持续加强民办高校思想政治教育,是形成、保持和发展良好校风,建立和维护和谐人际关系的根本途径。

(4)是把大学生培育成为"四有"新人的可靠保证。大学精神文明建设的根本任务是把大学生培育成有理想、有道德、有文化、有纪律的社会主义新人,使大学生具备社会主义建设事业所需要的思想政治素质和科学文化素质。完成这一根本任务,需要大学和社会各方都要做好工作,民办高校面对独特的青年群体,也肩负着思想政治教育重要责任。通过思想政治教育帮助大学生提高辨别是非和抵抗侵蚀的能力。思想领域没有真空。大学生的头脑,正确的东西不去占领,错误的东西就必然会去占领。我们应该清醒地看到,腐朽、错误、落后的思想对大学生的影响、侵蚀是客观存在的。在改革开放和复杂多变的社会条件下,一些西方的意识形态、价值观念和生活方式也会随之渗入，凭借所谓的高科技自媒体等渠道和方式，以无限复制再现的形式影响着大学生群体。在这种情况下，民办高校思想政治教育的任何削弱，都意味着腐朽、错误、落后思想对大学生影响的增强，都可能导致大学生思想政治素质的退化和沦丧。只有通过加强民办高校思想政治教育，帮助大学生提高辨别能力，增强拒腐能力，为其克服不正确的思想提供保证。

4. 凝聚作用

凝聚，本意指气体变浓或凝结。此处的凝聚，是指通过思想政治教育，把从表面上看是分散的、千差万别的大学生个体凝聚成为一个有机的整体。凝聚的目的，是把大学生团结起来，从而实现民办高校思想政治教育的目的。

民办高校思想政治教育的凝聚过程，是凝聚力产生以及这种力的持续运行的过程。这种力的产生和运行，是多种因素相互作用的结果。民办高校思想政治教育的凝聚力静态构成要素，主要有共同理想、马克思主义理论、爱国主义、中国共产党的正确领导、纪律等五个方面。当我们把这些要素与民办高校思想政治教育实践有机结合时，这些静态要素就会转化为凝聚大学生的动态要素，起到凝结人心，汇聚力量的作用。

(1)靠共同理想教育凝聚。邓小平指出："我们这么大一个国家，怎样才能团结起来、组织起来呢？一靠理想，二靠纪律。"在现阶段，建设中国特色社会主义，实现中华民族的伟大复兴的中国梦，就是我国各族人民的共同理想。这一共同理想反映了我国社会发展的客观规律，符合我国亿万人民的意志和愿望。

大力加强共同理想教育，把共同理想融入和渗透到大学生的头脑中去，使之成为大学生的精神支柱，使大学生围绕共同的价值准绳与党和人民一道做“向心运动”，使他们在目标一致、利益一致的基础上，共同自觉地为建设中国特色社会主义和振兴中华而努力学习、修身和工作。

同时，每所大学都要注意从实际出发，按照共同理想的要求，及时提出并大力宣传自己的具体目标，教育大学生自觉地把自己的日常学习、生活与高层次的价值目标联系起来，通过实践获得归属感和荣誉感，增强集体意识，从而对集体和社会产生强烈的使命感和责任感，产生强大的凝聚力和战斗力。这样，共同理想就成了一种强有力的“黏合剂”，使大学生超脱低层次的狭隘眼界，获得精神动力，团结一致为共同理想而努力奋斗。

（2）靠马克思主义理论教育凝聚。马克思主义，特别是中国化了的马克思主义，是中国特色社会主义的理论基础和行动指南。我国大学之所以能够用马克思主义培育出社会主义的建设者和接班人，是因为马克思主义始终坚持解放思想、实事求是、与时俱进、求真务实，坚持辩证唯物主义和历史唯物主义，紧密结合新的时代条件和实践要求，以全新的视野深化对共产党执政规律、社会主义建设规律、人类社会发展规律的认识，进行艰辛理论探索，取得重大理论创新成果。历史和现实都证明，要把中国特色社会主义事业推向前进，就必须马克思主义理论为指导教育。

用马克思主义理论武装大学生，塑造大学生的思想品格，增强其历史使命感和社会责任感，团结青年大学生，凝聚其智慧与力量，为夺取新时代中国特色社会主义伟大胜利和实现中华民族伟大复兴的中国梦而凝结力量。

（3）靠爱国主义教育凝聚。爱国主义具有巨大的凝聚力和向心力。爱国主义教育也是思想政治教育核心主题之一。相比公办高校而言，民办高校办学体制和大学生群体价值观念多元化倾向更明显，因此，在民办高校和其学生群体中进行爱国主义教育其意义更为重大。对大学生进行形式多样和内涵丰富的爱国主义教育，可以提高大学生的民族自尊心、自豪感、自信心，培养大学生的爱国热情，增强大学生的凝聚力。引导大学生自觉把个人的利益、命运、学业与祖国的命运结合起来，把爱国主义体现在自己的具体学业中，落实到日常的行动上，做到有报国之志，爱国之情，效国之行。

（4）靠中国共产党的正确领导凝聚。中国共产党是中国特色社会主义建设事业的坚强领导核心，她对大学生能够产生强大的吸引力。这种吸引力，是靠正确的路线、方针、政策贯彻执行，靠从严治党，靠党组织的战斗堡垒作用和党员的先锋模范作用的发挥，靠反腐廉政纯洁的党的组织，靠对国家政治、经济活动、文化建设等方面的正确组织领导，靠强有力的思想政治教育工作来实现的，实践证明也是可靠可行的。

（5）靠纪律教育凝聚。纪律是在一定社会条件下形成的，一种集体成员必须遵守的规章、条例的总和，是要求人们在集体生活中遵守秩序、执行命令和履行职责的一种行为规则。大学生的纪律是大学生在校的行为准则。一般来说，大学生纪律有三种基本作用：

一是外在的约束作用。大学纪律明确告诉大学生哪些行为是禁止的，哪些行为是倡导的，从而对大学生的行为产生外在的约束。

二是内在的约束作用。当大学生知晓了纪律的规定之后但并不认同时，这种纪律还只是一种外在的约束。通过教育启发使其懂得了遵守这些纪律的意义之后，这种纪律就会成为大学生自觉的内在约束。

三是具有明确的导向作用。这种导向首先是纪律的价值导向，通过纪律教育能使大学生认识到纪律的价值意义。其次是行为导向，通过纪律教育和执行，明确告诉大学生哪些行为是必须为的，哪些行为是不能为的；必须为的行为会得到肯定的积极的评价，不应为的行为会得到否定的评价，甚至会受到纪律处分；对违纪大学生进行惩罚，使违纪学生受到违纪教育，并预防有违纪意图的学生违纪。

5. 调节作用

调节，本义是指在数量上或程度上加以调整、节制，使之合乎要求。这里所讲的调节是对本义的引申。

针对民办大学生群体结构和特点，思想政治教育重视其调节作用的发挥，通过民主、说服、调解、斡旋、沟通、咨询、评价等多种方式，对大学生心理、情绪、人际关系和利益等方面进行调节，从而达到提高大学生的思想觉悟、建立新型的人际关系的目的，以促进和谐校园建设。

大学生的思想状态总是在不断运动、发展变化，变化有两种可能趋势：一是向正确的、积极的、进步的方面变化；二是向错误的、消极的、落后的方面变化。这就要求高校思想政治教育者必须及时了解大学生思想的变化并及时加以调节：推进第一种变化，抑制第二种变化，并尽可能使第二种变化减低到最小程度。民办高校依据学生特点，思想政治教育调节的途径主要有如下方面。

(1)心理调适。大学生的任何一种活动都伴随有心理现象，其思想问题与心理因素紧密相关。例如，大学生中发生的自卑、抑郁、恐怖、强迫、焦虑、悲观、敏感、多疑、幻想、浮躁、厌世、偏执、逆反、疑病等等，这些心理问题与大学生的某些思想问题紧密相关。因此,教育部曾多次发文,要求民办高校在对大学生进行思想政治教育时,要及时了解大学生心理活动的规律和特点,开展好心理健康教育。运用心理调适方法(例如心理咨询法、消极情绪调节法、身体锻炼调节法、角色换位法等),有效地解决大学生的思想问题,帮助大学生克服心理障碍,增进心理健康。

(2)情绪调控。情绪是大学生心理的一个重要方面。情绪的力量以及人们尝试着对情绪进行的调节和控制,是日常生活中常见的现象,也是日常生活中不可或缺的一部分。

大学阶段是人生的第二个“心理断乳期”,是一个非常关注自我、注重个性表达、情绪体验丰富、情绪波动起伏较大的时期。大学生的情绪可分为基本情绪(如快乐、惊奇、愤怒、悲伤、恐惧、厌恶、兴趣、羞涩羞愧、蔑视、内疚等)和复合情绪(多种基本情绪的混合体,如抑郁等),或者积极情绪和消极情绪。

由于大学生在学习、工作、生活中,经常会遇到这样或那样的矛盾、困难和挫折,例如学习与勤工俭学的矛盾、学习与工作的矛盾、经济困难、与家庭的矛盾、恋爱挫折、学习挫折、人际关系冲突等,都可能会引起他们消极情绪的产生。这种消极情绪如果得不到缓解、消除,就可能给社会、给他人和自己带来不良的甚至是严重的后果。

民办高校大学生独生子女多、家庭经济状况好、个人中心主义突出、自尊心强、自私、倔强、固执甚至偏执,实践能力差,抗压心理脆弱等,这有待于发挥思想政治教育的调节作用,主要是调控其消极情绪。可以通过化解矛盾、疏通思想、分析原因、转移注意力、重定目标、体育锻炼等方法来使情绪得到稳定、宣泄、转移和升华,使大学生的情绪得到调控。

(3)人际关系调节。大学生的人际关系,是指大学生个体在与他人的交往中所形成的人际关系,它从微观层面上反映大学生人际关系的状态、影响和作用。大学生人际关系应该建立在平等尊重、互爱互信和互助协作的基础上。

民办高校针对特殊的大学生群体,加强思想政治教育,对于其建立和谐融洽的人际关系有很大帮助作用。融洽和谐的人际关系对大学生个体的学习、生活、工作、成长和群体的发展,都具有不可忽视的作用,主要表现在:一是能沟通人际联系,促进人际交往,增进相互理解,增强个体价值感和力量感;二是能消除冲突,化解矛盾,促进集体和谐发展。大学生在所结成的人际关系中,有时会因这样或那样的问题发生矛盾以至冲突。这些矛盾如果处理不好,就有可能激化。民办高校思想政治教育的日常工作之一就是要做好这方面的调节处理,引导大学生与他人、与某些相关单位和部门化解矛盾,消除冲突,遵循人际关系的处理原则,为建设和谐寝室、和谐校园以及和谐社会发挥出应有的作用。

(4)利益调节。大学生利益关系可分为宏观利益关系和微观利益关系。大学生与国家、民族、社会、人民形成的利益关系是宏观利益关系,这种利益关系是整体性的、全局性的、根本性的。大学生与他人、寝室、班级、院系、学校、家庭所形成的具体利益关系是微观利益关系。

大学生在这些利益关系中,矛盾冲突的发生往往是不可避免的。这些利益矛盾的表现是多种多样的,从矛盾主体来看,存在着以下几种:一是大学生个体之间的利益矛盾;二是大学生群体内部以及群体之间的利益矛盾;三是大学生个体与群体之间的利益矛盾;四是大学生个体、群体与学校、社会、国家之间的利益矛盾。

解决大学生的利益矛盾,从根本上说,必须靠我国社会生产力的充分发展和民主政治建设的不断深入,需要对利益分配格局和政策不断调整完善,需要对各种资源配置做合理安排,形成合理的利益分配机制和格局,并且随着利益矛盾的发展变化,及时调整政策和利益格局。但是,解决大学生的利益矛盾仅仅依靠这些手段是不够的,还需要大学内部的体制、政策调节和思想政治教育的“软性”调节。

根据上述对利益关系的划分,民办高校思想政治教育的利益调节可相应分为宏观调节和微观调节。宏观意义上的调节是指通过对大学生进行思想政治教育,使大学生能按照社会主义集体主义的原则正确处理好与国家、民族、社会和人民利益的关系。但是,高校思想政治教育中的利益调节更多的是微观调节。尤其是由于民办高校办学主体、办学理念、价值观念及分配机制和公办高校差异较大,因此,最大程度的发挥思想政治教育的调节功能,起到一定程度的协调作用具有重要的现实意义。

①使大学生利益关系的双方有利益表达的机会,增进相互间的沟通和理解。例如,在学生评优、违规处理、成绩评价、课程选修、宿舍管理等方面都存在一个双方利益表达的机会问题。利益关系的双方有各自的利益要求,并且希望有表达的机会,得到有关方面的承认和重视。民办高校利用灵活变化的思想政治教育途径和方式,让双方把各自的利益要求表达出来,增进相互间的认识和了解,既能明确自己的利益所在,又能了解对方的利益要求;既不能够忽视对方的利益要求,也不能把自己的利益任意放大。这样可以使利益协调具备一定的基础,有助于矛盾的缓和及解决。

②帮助大学生利益关系的双方克服认识和心理偏差,不断进

行自我调整。在现实生活中,利益关系双方往往从自己的角度审视自己的利益和对利益的追求,并且通常以自己一方的利益得失作为评判依据(或标准)去评价对方的是非曲直。这就难免会产生认识偏差和心理偏差。民办高校思想政治教育通过沟通、说服、宣传等方式,引导双方进行换位思考,使大学生利益关系的双方能够在不同程度上超越本位的利益,克服一些狭隘心理和模糊认识,使利益矛盾得到缓和最终解决。

③及时了解和掌握大学生利益关系的双方的思想和情绪,为修订、完善正在实施的政策和制定新的政策提供客观的依据。另外,要关心大学生关注的热点问题和焦点难题,对于大学生中的弱者和遭遇特殊困难的,要给予特殊照顾,给予必要的资助、捐助和援助;要多为大学生办实事,尽量满足他们合理的利益诉求;要教育大学生树立正确的利益观念,正确处理国家、集体、个人三者之间的利益关系。

6. 转化作用

思想政治教育的转化是指教育者通过多种方式,积极帮助大学生改变原有的思想观念,把大学生的思想观念引导、转变到正确的轨道上来。

转化是一个过程,是一个在外力的作用下,使大学生思想中的正确成分由矛盾的次要方面转变为矛盾的主要方面的过程,是内外因素共同作用的结果。在这个过程中,教育者正确的施教以及环境的影响是转化的外因,大学生个体对教育者施教的态度和开展的自我思想斗争是转化的内因。只有在外因内因的相互作用下,大学生的错误思想才有可能得以转化,模糊的认识才能得以明确,思想觉悟水平才能得以提升,思想政治素质才能得以提高。因此,为了不断提高大学生的思想觉悟,教育者应该积极帮助和引导大学生积极地开展思想斗争。

大学生思想认识的转变,大体可以分为三个阶段:一是认知转化,二是态度的转化,三是行为的转化。

转化过程是教育者责任、能力、水平的体现过程。转化是一种耐心细致的工作,是一个从量变到质变的过程,不能操之过急,更不能强行转化。转化要讲究方式、方法和手段,要讲究转化的艺术。

此外,大学生思想行为的转化,往往不是一次就能完成的,转化的时间可能会比较长,可能会出现反复,教育者要有爱心、耐心和责任心,要做细致的工作,不能因为出现反复就对转化丧失信心。

三、民办高校思想政治教育的原则与指导方针

(一)民办高校思想政治教育的基本原则

民办高校思想政治教育的原则是高校思想政治教育必须遵循的基本准则,是党的思想政治教育过程与本质联系的反映,是党的思想政治教育经验的概括和总结。只有在实践中坚持思想政治教育诸原则,才能使之充满活力并取得预期效果。

1. 方向性原则

思想政治教育是党的理论和实践工作的重要组成部分。它是以马克思主义理论教育人民,动员人们,为实现共产主义信仰和中国特色社会主义的共同理想努力的实践活动,具有鲜明的意识形态的方向性,其方向性是思想政治教育的一项基本原则。

(1)方向性原则的含义。所谓方向性原则,是指在高校思想政治教育活动中高举马列主义旗帜,坚持正确的政治方向,维护社会主义意识形态的主导地位,具有明确的政治方向。民办高校

思想政治教育是高等教育思想政治教育工作的主阵地之一，肩负着同样的社会责任。因此，民办高校思想政治教育工作者要把党现阶段的路线、方针、政策教育与马列主义基本理论结合起来，又要从我国当前社会发展实际和教育对象的思想实际出发，把对教育对象的日常工作、生活、学习、思想修养等方面的指导与实现社会主义现代化的理想教育结合起来。

方向性原则是民办高校思想政治教育本质的反映，也是思想政治教育政治性的集中体现。在建设中国特色社会主义过程中，思想政治教育要体现社会主义和共产主义的方向，必须与中国共产党的纲领和宗旨相一致，体现党的初心，充分发挥思想政治教育的主导作用，提高思想政治教育的效果。

（2）确立方向性原则的依据。

①方向性原则是由高校思想政治教育的政治性决定的。高校思想政治教育的服务对象是无产阶级和广大人民群众的根本利益，指导思想是马列主义和中国特色社会主义的理论体系，根本目的是传递无产阶级政党的政治意图、思想观念、道德规范，培养建设中国特色社会主义事业的接班人。它与其他社会学科相比带有强烈的意识形态倾向性，也是思想政治教育阶级性的根本体现。

②方向性原则是由思想政治教育功能决定的。高校思想政治教育工作是实现党的政治领导、思想领导的有力保证。民办高校思想政治教育通过在大学生群体中宣传和贯彻党的路线、方针、政策，为改革开放和社会主义政治、经济、文化建设提供强大的精神动力和思想保证，具有凝聚和保障的功能。如果不坚持方向性原则，坚持社会主义意识形态主体地位，方向性就会成为空话，所谓为社会主义现代化建设保驾护航也就无从谈起，思想政

治教育的功能更难以发挥。

(3)方向性原则的基本要求。

①要将方向性原则贯穿于思想政治教育的全过程。不仅要在一个个具体的思想政治教育活动中要坚持方向性原则,而且要贯穿在思想政治教育活动的全过程,要尽量将思想政治教育的方向性落实到经济工作、业务工作中去,使方向性体现在思想政治教育活动的方方面面,增强大学生的政治敏锐性,使大学生善于从政治上观察和处理问题,发挥党的政治优势,保证党的各项事业健康发展。

②坚持思想政治教育内容的方向性。高校思想政治教育要把马克思列宁主义、毛泽东思想、中国特色社会主义理论体系作为核心内容,特别是要坚持以中国特色社会主义理论体系武装大学生的头脑,树立社会主义核心价值观,努力实践科学发展观,促进社会主义事业发展。在大学生中,要进一步加强爱国主义、集体主义、社会主义教育的主旋律,努力培养和造就大批社会主义现代化建设的栋梁之才。

③坚持和维护社会主义意识形态的主导地位。在当今意识形态多元化背景下,西方资产阶级的意识形态的影响十分强大,时时刻刻地浸染人们的方方面面,对人们的生活习惯、行为方式产生了越来越大的影响。民办高校由于办学主体和学生群体的独特性,思想政治教育更应该高扬社会主义旗帜,坚持马克思主义理论的指导,坚持中国共产党的领导,坚持走中国特色社会主义的科学发展道路,牢固树立社会主义意识形态的主导地位。

2. 求实原则

(1)求实原则的含义。求实原则,是指高校思想政治教育始终坚持理论联系实际,一切从实际出发,实事求是的思想路线和原则。

所谓理论联系实际，包含两层含义：

第一，一定要了解民办高校现状，总结掌握思想政治教育经验，熟悉教育对象的成长规律。实践中将思想政治教育规律与实际相结合，不断的检验和发展理论，推进实践发展。

第二，一定要从实际出发，了解思想政治教育现状和学生群体特征，针对实际，实事求是，发现和解决问题。实践的发展离不开理论的指导，二者结合，相互促进。民办高校思想政治教育更应该坚持和发扬理论和实际相结合的原则和作风，反对理论和实际相脱离的“左”的和右的错误倾向。

(2)求实原则确立的依据。

①求实原则是辩证唯物主义认识论和方法论的体现。辩证唯物主义的认识论之中最重要的一条原则就是坚持从实际出发。辩证唯物主义认为客观世界是客观实在的，有自身独特的运行规律。人们要实现自己的目的，必须科学把握其中的规律。求实原则反映了在思想政治教育中要根据教育对象、环境的关系和思想行为的变化需求为条件，运用科学的方法解决实际问题，达到思想政治工作目的。

②求实原则是正反两方面的经验教训的总结。思想政治教育的实践证明，要解决教育对象的思想问题，必须坚持求实原则。思想政治工作之所以能够在革命战争年代成为我党克敌制胜的一大法宝，其中最重要的一个方法就是坚持求实原则。“文化大革命”期间，“四人帮”极大地破坏了思想政治教育的声誉，带来了不好的影响，致使思想政治教育效果一直受到影响。

③求实原则是党的优良传统作风和科学的工作方法。党历来强调理论和实践相结合，提出了系列新理论。实事求是是毛泽

东思想的精髓。邓小平理论从我国建设的实际出发,科学回答了中国特色社会主义理论中的许多问题。习近平新时代中国特色社会主义思想的提出,是党对新时代面临的问题和任务而提出的解决方略。所以,求实原则是坚持党的优良作风,切实解决新问题的根本要求。

同时,求实原则也是科学的工作方法。求实原则使主观和客观相符合,认识和实践相统一,使教育者能一切从思想政治教育的实际出发,发挥好教育者和受教育者的主观能动性,从而正确认识思想政治教育的规律,达到主观和客观的统一,是做好思想政治教育工作的基本条件,也是科学的工作方法的具体体现。

(3)求实原则的基本要求。

①自觉学习马克思主义理论。马列主义、毛泽东思想、中国特色社会主义理论体系是党认识世界、改造世界的强大思想武器,加强马克思主义理论的学习,有助于人们树立科学的世界观、人生观和价值观,抵制错误的思想和潮流。因此,要自觉加强马克思主义理论的学习。

②一切从实际出发。一切从实际出发就是要坚持主观与客观、主体与客体的统一,按照实际的真实情况,制定不同的工作目标和计划,选择恰当的方法。随着我国改革开放和市场经济的发展,教育对象思想的差异性和自主性逐渐增强,要求教育者要从现实出发,根据教育对象自身特点和所处的社会环境,及具体分析引发问题的各种因素,找出原因和内在机制,制定出符合实际的教育方案,帮助和指导教育对象提高认识,锻炼能力。

③按照正确解决问题的步骤来办事。为了在民办高校思想政治教育工作中坚持求实原则,就必须按照及时发现问题、切实弄清问题、正确解决问题的三个步骤来办事。

要做到及时发现问题，就要做到善于调查研究，准确观察和分析问题，正视矛盾。发现思想问题和实际问题贵在及时，这样就能掌握思想教育的主动权。

要做到切实弄清问题，是指发现存在的问题后，要善于分析、科学研判，抓住问题的核心，不为假象所蒙蔽。

要做到正确解决问题，是指在弄清实际问题后，运用相关理论，实事求是地解决问题。要综合处理问题，高校思想政治教育工作者要认识到思想问题往往是由实际问题产生的，而实际问题背后往往隐藏不同程度的思想问题。

3. 民主原则

在民办高校思想政治教育中，教育者和受教育者之间要发扬民主，平等交流，提高思想政治教育的实效，就需要遵循民主原则。

(1)民主原则的含义。民主原则，是指在高校思想政治教育中，尊重学生的主体性地位，尊重其人格和民主权利，创造条件让教育对象充分发表自己的意见并加以正确的引导。民主的实质是平等。高校思想政治教育中的民主就是教育者与受教育者双方在充分尊重对方的人格和民主权利的前提下，创造条件让双方充分表达自己的思想和意见，并在此基础上正确处理相关问题，共同完成民办高校思想政治教育的任务。

(2)民主原则确立的依据。

①它是由思想政治教育本质规律决定的。民办高校思想政治教育是塑造大学生崇高理想信念和优秀道德品质的活动，其本质是人的活动。民办高校学生群体构成比较复杂，同时其又作为思想政治教育活动的参与者，主观能动性强。教育者也必须使受教育者充分发挥其主观能动性，把思想政治教育的信息内化为个

体思想,外化为主体行动,才能达到思想政治教育的目的。

②它是由思想政治教育基本矛盾的性质决定的。在民办高校思想政治教育中,教育者所倡导的社会主流意识与受教育者思想观念之间的差异是思想政治教育的基本矛盾,主要表现为思想疑难问题,是属于人民内部的思想问题,是非的辨别问题,而非对抗性的政治问题。所以,在思想政治教育活动中,就只能采取摆事实、讲道理的说服教育的方法,采取批评与自我批评相结合的民主的方法,充分利用民主的方法发表正确意见,克服错误认识,是人们的认识规律所要求的,也是思想政治教育基本矛盾的性质决定的。

③它是党的长期思想政治教育活动的理论结晶和经验总结。民主原则是党长期以来实践活动的经验总结和理论结晶,它很好地体现了党的先进性和为人民服务的宗旨,努力调动受教育者的主观能动性,增强思想政治教育的效果。抗日战争时期,毛泽东指出:“必须教育担任政权工作的党员,克服他们不愿和不惯同党外人士合作的狭隘性,提倡民主作风。”[①]在《论联合政府》中他说:“对于我们,经常地检讨工作,在检讨中推广民主作风,不惧怕批评和自我批评,实行‘知无不言,言无不尽’,‘言者无罪,闻者足戒’,‘有则改之,无则加勉’这些中国人民的有益的格言,正是抵抗各种政治灰尘和政治微生物侵蚀我们同志的思想和我们党的肌体的唯一有效的方法。”[②]毛泽东同志创造性地把这一原则运用于国家政权建设,运用于党的高校思想政治教育,创造了极为丰富的经验,对高校思想政治教育工作也有指导意义。

---

①抗日根据地的政权问题[M]//毛泽东选集:第二卷. 北京:人民出版社,1991:742.
②论联合政府[M]//毛泽东选集:第三卷. 北京:人民出版社,1991:1096.

(3)民主原则的基本要求。

①尊重、关心和理解人。尊重人,就是要尊重人民群众,尊重他们的主人翁地位,尊重他们的人格及宪法赋予的民主权利。从而充分调动、引导和提高群众对社会主义物质文明建设和精神文明建设的积极性、创造性。关心人,即要求教育者要多关注、爱护、帮助教育对象,在政治上关心人的成长,事业上关心人的进步,生活上关心人的疾苦,真心实意地为人民群众办好事、办实事,使人们重要感受到温暖。理解人,就是要理解教育对象的具体处境和个性,承认人在性格、兴趣等方面的差异,以心换心地教育。

②与严格要求相结合。一方面,坚持严格管理不能践踏人们的人格尊严、漠视人们的情感、无视人们实际需要,要把严格要求同尊重人、关心人、理解人有机统一起来,使民办高校思想政治教育处于升腾活跃的状态,以达到激发人们建设中国特色社会主义的巨大热情的目的;另一方面,要把尊重人、关心人、理解人与严格管理结合起来,讲尊重人、关心人、理解人,绝不是不讲原则、放松管理、取消批评,绝不是迁就不合理的要求或容忍不守纪律的行为、奉行"好人主义"。

总之,尊重人、关心人、理解人是相互联系、相互渗透的统一体,是党的思想政治教育的优良传统,也是思想政治教育民主原则的要求。它要求思想政治教育者必须以诚相待、以诚动人以理服人、以情感人,只有这样才能振奋人心、激发热情,从而使思想政治教育更富凝聚力和吸引力。

(二)民办高校思想政治教育的总指导方针

1. 总指导方针内涵

高校思想政治教育的总指导方针,即在马克思主义理论的指导下,为实现党和国家的教育目标服务的,党和国家的教育目标是民办高校思想政治教育目标的总要求。民办高校思想政治教育目标是根据党长期的思想政治教育的基本经验而形成的。总指导方针规定着高校思想政治教育的过程、途径和方式方法,是民办高校思想政治教育工作中必须遵循的。

民办高校思想政治教育作为思想政治工作的组成部分,以马克思列宁主义,毛泽东思想、邓小平理论、“三个代表”重要思想、科学发展观和习近平新时代中国特色社会主义思想为指导。深入贯彻党的十八、十九大精神,全面落实党的教育方针,紧密结合全面建成小康社会和实现中华民族伟大复兴的实际,高校思想政治教育以理想信念教育为核心,以爱国主义教育为重点,以思想道德建设为基础,以大学生全面发展为目标,解放思想、实事求是、与时俱进,坚持以人为本,贴近实际、贴近生活、贴近学生,努力提高思想政治教育的针对性和实效性,不断增强其凝聚力和战斗力,培养全面发展的社会主义合格建设者和可靠接班人。

毛泽东在《关于正确处理人民内部矛盾》中指出:“我们的教育方针,应该使受教育者在德育、智育、体育几个方面都得到发展,成为有社会主义觉悟的有文化的劳动者。”①党的十一届三中全会通过的《关于建国以来党的若干历史问题的决议》指出:“要加强和改善思想政治工作,用马克思主义世界观和共产主义道德教育人民和青年,坚持德智体全面发展,知识分子与工人农民相结合,脑力劳动与体力劳动相结合的教育方针。”②我国宪法也规

①关于正确处理人民内部矛盾[M]//毛泽东选集:第五卷. 北京:人民出版社,1977:383.

②关于建国以来党的若干历史问题的决议[M]. 北京:人民出版社,1983:34.

定:“国家培养青年、少年、儿童在品德、智力、体质方面全面发展。”①这些规定就是我国各级各类学校统一的教育目标,它反映了社会主义历史时期教育发展的基本规律,体现了社会主义制度对教育和人才的基本要求。

2. 总指导方针的依据

(1)由教育的社会主义性质决定。高等教育的目的是培养社会主义建设和事业发展的合格建设者和可靠接班人。因此,教育必须坚持社会主义性质,必须开展民办高校思想政治教育,并将其作为学校教育的重要内容之一,向青年学生宣传马克思列宁主义理论体系,深入贯彻党的十八大、十九大精神,全面落实党的教育方针,以立德树人为目标,以全面发展为方向塑造大学生。这是保证我国教育的社会主义性质和实现学校教育目标的基本条件,也是提高思想政治教育的针对性和实效性,增强吸引力和感染力的有效途径,更是培养社会主义合格建设者和可靠接班人的基本保证。

(2)由现阶段教育的战略地位决定。中国特色的社会主义建设和事业发展必须把教育和人才问题放在突出的战略位置。百年大计,教育是根本;四化大业,人才是关键。要培养和造就社会主义合格建设者和可靠接班人,使之成为各条战线的骨干力量,必须加强党对思想政治教育的领导,强化马克思主义意识形态教育,以确保教育为伟大事业服务的方向和本质。

(3)是大学生德智体全面发展的客观要求。大学生德、智、体、美四个方面是统一整体,相互联系、相互促进、缺一不可的,而其中的德育则决定着我国大学所培养学生的政治方向和社会本

①中华人民共和国宪法[M].北京:人民出版社,1982:20.

质。并且,德育是智育、体育必要的思想基础,决定或影响着智育和体育的发展方向和发展水平。由于民办高校学生群体的特点,注重思想政治教育工作,既可以帮助大学生树立社会主义思想品德,又可以使其增加科学知识,加强体育锻炼的同时,引导形成正确审美观,实现全面发展。

3. 正确贯彻民办高校思想政治教育总的指导方针

(1)面向全体大学生做思想政治教育工作。我国教育目标是要培养成为社会主义合格建设者和可靠接班人。建设社会主义现代化强国,需要亿万能够从事各种各样劳动的后备力量和专门人才。民办高校肩负着同样的社会重任,要面向全体大学生开展思想政治教育,使他们每一个人都能安心学习,力求上进,全面发展,成为有社会主义觉悟的、有文化的社会主义建设者。

面向全体大学生做思想政治教育工作,保证每一个大学生都成为对社会有用的合格人才,是社会主义建设所需,也是大学生成长所需和家庭所望,对国家和社会负责的表现。民办高校注重面向全体大学生,重视做好每个大学生的思想政治教育工作,创造出适合大学生共性和个性特点的成长条件,力争把能力素质存在差异的大学生培养成为合格人才。在合格的前提下,鼓励大学生发展个性和社会需要的才能,使每一个大学生成为既符合社会要求又能发挥各自特长和聪明才智的合格建设者和可靠接班人。

(2)以思想政治教育工作促进大学生实现全面发展。党和国家的教育目标要求高等学校培养德、智、体诸方面全面发展的"四有"社会主义建设者。民办高校也担负着同样使命,面对独特的群体,开创性的开展思想政治教育工作,助力学生成长成才。

首先,民办高校思想政治教育能促进大学生的德育,使大学生提高思想认识和政治觉悟,具有坚定的政治方向和正确的世界观、人生观，形成共产主义的道德品质和高尚的文明行为。

其次，民办高校思想政治教育能够促进大学生的智育，给大学生以学习动力，明确学习方向，提高他们学习科学文化知识的目的性，增强他们克服困难的毅力和勇气。并且寓思想教育于知识教学之中，既能调动大学生学习的积极性，又能帮助大学生扎实掌握科学文化知识。

最后，民办高校思想政治教育也能促进大学生的体育。通过思想政治工作，教育和培养大学生以勇敢顽强、刻苦耐劳的品格。参加体育锻炼，在体育锻炼中，既增强体质，又增强其组织纪律观念和团队协作精神，带动德育、智育的新发展。

所以，在高等学校的全部教育工作中，必须不断强化和完善思想政治教育，形成长效机制，促进大学生全面发展。

(3)调动全部力量做民办高校思想政治教育。高等学校担负着培养社会主义建设合格人才的任务，要保证任务的实现，仅仅依靠专兼职教师是不够的，还必须得到党政高度重视，群团积极参入，形成合力，协调推荐。民办高校可以利用办学优势，高效调动全部资源和力量，组织协调各种教育因素，形成同向合力，使全员参与，全程育人落到实处，形成良好的舆论氛围，全面持久地提高大学生的思想政治觉悟，掌握为人民服务的本领，成为一代社会主义新人，实现党和国家的教育目标。

第三章　陕西省民办高校思想政治教育状况历史分析

一、陕西民办高校在全国的地位与影响

(一)陕西民办高等院校在全国的地位与影响

陕西省的民办高等教育一直是在曲折中前进的,从它的出现到如今,成绩不小,但争议不少。经过了30余年的发展,陕西省已经逐渐融入到国家高等教育大环境中,并发挥着不可替代的重要作用,在全国民办高等教育领域中占有重要地位,也为社会经济发展做出了重要贡献。

1. 陕西民办高校目前的社会地位

陕西省民办高等院校在很多方面的都贡献出了自己的力量,比如在高等教育体制的改革、社会资源的整合、高等教育需求上的供应等方面,都进行了开创性探索,积累了成功经验。

(1)推进了高等教育体系制度改革步伐,促成了民办学校新局面的形成。民办高等教育的出现,改变公办教育的格局,公办教育不再是唯一的教育形式。在公办教育"垄断"教育的前提下,学校体制不灵活、教学内容传统老旧、教学方法单一、教育人

事制度固化。民办高等教育的出现改变了过去只能依靠政府获得教育经费的状况，改变了毕业生工作包分配的状况，引入市场机制，带来了多方面变革。比如经费投资、管理体系、师资队伍、招生就业等方面的改变。陕西省民办高等教育是在改革开放的大环境下应运而生的，市场经济的客观需要；而公办教育是在计划经济条件下出现的，必然会受到影响，目前在某种程度上是竞争和互补的态势，甚至在某些方面被公办院校所借鉴，比如人才引进、教师聘任、后勤服务社会化、缴费入学、标准化公寓建设等，民办高等教育为公办教育提供了可资借鉴的成功案例，促进了教育事业的发展。

（2）对社会资源进行了整合，高等教育资源的增长量和储存量都有所增加。截至 2009 年，学校的数量较 25 年前有了 40 倍的增长量，教职工人数有了 420 倍的增长量，学生人数有了 1146 倍的增长量，学校的占地面积有了 1686 倍的增长量，校园建筑占地有了 3010 倍和固定资产及其他财产有了 9600 倍的增长，而且这些变化仍然处于动态上升趋势。民办高等院校的发展没有依靠国家的资金，主要是凭借自身努力和社会资源投入。历经 30 多年，既推动了我国教育事业的进步，也培养了人才、积累了财富，为社会经济的发展注入了新活力。

陕西民办高等院校的创立，从某种程度上是对社会资源的整合。许多共有或私有资源由于某些原因一直被闲置，经过整合以后，很多都被吸收和盘活。比如，西安翻译学院成立以前，学院所在地有 200 亩的土地和 6 万平方米建筑设施被闲置，这些资源属于西安国营第一钟表机械厂，学院成立以后就将这些资源成功盘活。西安欧亚学院成立前，学院所在地有 300 亩的土地和 2 万平方米建筑的资源闲置，学院成立后，有效整合了这些资源并加以利用。开办民办院校为国有企业的发展注入新鲜血液的同时,其本身也会受益其中,造就资源重组双赢的良好态势。这样的资源整合为区域社会经济文化发展带来生机和活力,陕西民办高校的成功就具有典型意义。

(3)推动了陕西高等教育大众化进程。目前,陕西民办高校在校学生总数约占全省高校30%,并呈上升趋势。陕西省民办高校在校学生数相比全省学生人数,分别为1998年3%,2003年17.2%,2010年31%[①],比当时全国平均毛入学率高出了3个百分点,陕西省在10年间将高等教育毛入学率提高14%,在全国范围内也是少有的。20世纪80年代,许多民办高等教育机构进行了高等教育自学自考教育,随后在全省范围内掀起了这样的办学潮,为很多没有能顺利进入公办高等院校的青年带来新的希望和动力。陕西省在1996年被国家批准能够在一些院校进行学历文凭考试,从2000年开始,学历教育在陕西省的民办高校逐渐迈开了步伐,学校的种类越来越全面,有高等教育自学助考、网络教育、本科、专科、高职等。民办院校的学校规模也越来越大,能够满足众多青年继续学习的需求。这种办学规模和层次不仅是对陕西有利,对全国青年而言也是有利的。现在陕西民办高等院校在校学生有很多生源是来自外省,在校生的34.4万人中,外省生源约占45%,可见陕西民办高等院校的发展不仅是陕西省教育史上的巨大进步,也有力地推动力了全国高等教育大众化进程。

(4)民办高校的发展为社会输送了大量的人才,也为陕西社会经济发展做出了贡献。陕西省18所民办高校10年间(2001—2010年),为社会输送了19.54万技术人才,同时也带动了社会的

---

①2010年陕西省教育事业发展统计公报[EB/OL].http://www.shaanxi.gov.cn/0/1/65/365/370/103131.

就业，包括知识分子、技术人员、下岗职工在内的2万人就业问题得到了解决。[①] 民办高校人才培养计划会紧跟市场动态和需要，并适时做出调整。尤其注重提升学生专业实践能力，因此在专业设置、课程安排、创业教育等方面都紧扣社会需求培养人才。如近10年来，西安高新区每年都会招聘大批民办院校毕业生，截至目前约有6000多人，分布于IT业、外包、生物医药等行业，许多优秀人才已成长为行业骨干和精英，为民办高校赢得了认可和荣誉。

（二）陕西民办高校在全国的影响力

陕西省是中国民办高等教育院校发展史上的重镇之一，其地位举足轻重。30多年来，陕西省民办高等院校在未获得国家教育资金支持的情况下，格局上实现了从无到有、由小到大的发展蜕变；规模上实现了由当初租赁校舍的培训机构，到现在自主建设校园、招聘师资力量和购买教学设施等升级，开始了民办教育的新里程。民办教育的教学性质也有所改变，当初只是自学考试、国家学历文凭考试的办学试点，现在是教育教学体系完备，且具有研究生培养资格的高等教育学校。目前，高等教育正面临着深化改革的形势，陕西省民办高等教育逐渐成为其中强劲的一支队伍，为促进我国高等教育的发展做出巨大贡献，在中国教育体系中有着不容小视的地位，被中国教育界称为“陕西现象”。

但是，近些年陕西省民办高等院校显赫地位在逐渐下降，其他省份民办高等教育发展态势迅猛。截止到2013年，全国有718

①党朝晖，郭妍.社会力量办学的集群效应——陕西民办教育发展状况调查[N].陕西日报，2011-08-26(7).

所民办高等院校,其中 292 所独立学院。[①] 广东 33 所,山东 26 所,福建 26 所,江苏 25 所,陕西 18 所。2002 年,陕西民办高等院校数量在全国排第二位,现在已经落到了第五位。虽然有 8 所是由陕西省独立设置的,数量全国第一,但是陕西民办教育的整体优势较之前有所减弱。事实表明,当粤、鲁、闽、苏、浙等省份的民办高校迅猛发展时,陕西民办高等教育正处在升格本科以后的瓶颈期,这一时期可能还要持续较长一段时间。

2010 年国务院第二次全国经济普查时获得的经济资料显示,陕西民办高校的发展水平依然处在全国教育界第一位,"中国民办大学社会贡献力研究"课题对此进行了分析。

1. 全国民办高等教育的快速发展离不开陕西省民办高校的促进带动作用

奋斗了 30 多年,陕西省民办高等院校取得的成绩是令人惊叹的,发展的速度是惊人的,被教育界誉为"陕西现象"的实质是一段艰苦的奋斗过程。陕西民办高等教育的能够站在中国高等民办教育的最前列,是由于其开办时间早、发展速度快、办学规模大,是陕西教育工作者的长远目光、坚持不懈、努力奋斗的结果。不能片面地只看到"陕西现象"的办学规模庞大,要体会其在开创时的勇气和智慧,是开创者们全身心投入到探索并发展民办教育的事业中,才有了今天大好局面。1980 年后,国家不再对民办高等教育投入资金,民办高校的开拓者们就自己租赁学校宿舍、开办自学助考机构、全国各地招生。20 年的艰苦奋斗,不仅将陕西民办教育推到了全国教育前列,而且积累了 164 亿的固定资

①教育部 2013 年全国教育事业发展统计公报[N].中国教育报,2014-07-05(02).

产。这种新的模式为陕西带来了全国最大的办学规模,也为全国其他省份提供了经验借鉴。因此,“陕西现象”在全国形成了巨大的影响力,促进着中国民办高等教育的进步与发展。

2. 陕西省民办高等教育的成功,为我国民办高等教育的理论提供更好更全的实践经验和理论基础

陕西民办教育发展之快吸引了学术界的注意力,使其成为研究的重要领域。如潘懋元教授,他深入到民办高校去调查采访,就民办教育当时的现状和发展写了很多论文和专著,这为后来民办院校的发展提供了很大的帮助。这些学者既从宏观角度思考民办教育,又抓住民办院校的微观机制,就民办高校在教育定位、人才培养、教学评定、水平考核等方面做了大量很有价值的研究。同时,民办高校也逐渐认识到理论指导的重要性,特别对于办学实践意义重大,于是很多院校成立教育研究所,对国家教育战略、方针政策到办学指导思想、理论实践作整体性研究,这为民办高校科学化和规范化提供了帮助。

3. 中国民办高等教育发展历程纷繁复杂,可以将陕西省民办高等院校发展作为我国教育发展的缩影

陕西民办高等教育能够领先于我国其他省份,是由于起步早,规模大。目前全国民办都到了蓬勃发展时期,陕西的发展势头就不能像当初那样迅猛,可以说是陕西民办教育的瓶颈时期。[①] 陕西民办高校 30 余年的经历,从某种程度上可以看成是中国教育发展的代表。换言之,陕西民办高等院校的发展瓶颈有一定普适意义,其他省份民办高等教育也有大致相同的经历。因此,陕西在发展民办高等教育的道路上所产生的经验,对全国都

①王庆如,司晓宏,民办高校发展面临的“高原现象”探析——以陕西民办普通高校为例[J].高等教育研究,2011,(11):48—55.

有借鉴意义。

近些年，陕西省政府已经开始关注民办高等教育发展深层问题。时任陕西省省长赵正永指出："民办教育走在了我国民办高等教育的前列，作为陕西省教育体系不足之处的弥补，形成了陕西省民办教育特色。'十二五'民办教育发展规划可以根据陕西省实际情况进行制定，民办院校要根据不同的办学定位对学校进行分类，对于省内一些已经达到标准的院校可以优先发展，以带动其他民办院校。"

经过充分的调研，2011 年 12 月陕西出台了《关于进一步支持和规范民办高等教育发展的意见》（陕政发〔2011〕78 号）。据此，2012 年 2 月省政府召开了关于民办高等教育发展座谈会。赵正永强调，陕西省改革开放取得的诸多成果中，民办教育的兴起与发展是不得不提的。陕西省政府在"十二五"期间为了支持民办院校的发展，每年都投入 3 亿元教育资金。秉持着积极鼓励、正确引导、大力支持、依法管理的原则，促进院校规范化，支持院校大胆探索，对于非营利性学校的开办要大力支持，鼓励民办教育工作者探索民办教育机构的混合制度，对于营利性的学校探索与创新也要积极引导，这样有利于制度健全、管理正轨、颇具特色的民办高等教育体系的形成。[①] 陕西省民办高等教育将在政府关注和帮助下，在其自身努力的基层上，迎来一个平稳快速的发展机遇期。

二、偏离生活是陕西民办高校大学生思想政治教育的突出问题

立足生活是教育的内在要求，思想政治教育也不例外。然而

①杜朋举.赵正永调研时强调让陕西民办教育这张名片更亮丽[N].陕西日报，2011-06-30(1).

在现实中思想政治教育却在不同程度上与学生生活发生了偏离。

(一)思想政治教育偏离生活的主要表现

在谈到20世纪儿童教育时,联合国教科文组织在《学会生存》报告中指出,儿童的人格被分裂成两个互不接触的世界,“在一个世界里儿童像脱离现实的傀儡一样,从事学习;而在另一个世界里,他们通过某种违背教育纪律的行为而获得自我满足”①。当前陕西民办高校大学生思想政治教育在一定程度上也出现了类似的现象:一方面,教育者在偏离现实生活的基础上用规范与原则建立起了一个孤立的思想政治教育世界,生活气息不足。在这个世界中,多数学生只是迫于学校的制度和学分的要求,被动学习,甚至只是装装样子,对于教育内容并没有真正接受与认可。另一方面,在真实的生活世界中,学生们依然按照自己的观念态度和行为准则行事。这样的思想政治教育并不能从根本上使学生养成良好的思想态度和道德情感,反而造就了一些言行不一的“伪君子”。具体来说,思想政治教育偏离生活表现在以下三个方面:

1. 教育目的过于理想化

偏离生活的思想政治教育,在目的设置上体现为一种过于理想化的偏向,过于注重方向性,缺乏具体性和层次性,陷入了片面强调长远目的、忽视现实性,片面强调社会目的、忽视个体性,片面强调统一目的、忽视差异性的误区之中,未能体现学生的生活状态和发展需求。这种教育在一定程度上存在“假、大、空”的弊端,甚至异化为一个唱高调的“形象工程”,导致了与学生生活偏离,丧失了真实性和感召力。

---

①联合国教科文组织国际教育发展委员会.学会生存[M].上海:上海译文出版社,1989:28.

(1)忽视生活的现实性,片面强调长远目标。生活具有现实性,即个体的行为和思想并不是凭空产生的,而是会受到其现阶段的生活状态和生活水平等各种现实因素的影响和制约的。然而思想政治教育却忽视了生活的现实性,用理想主义的思维构建了一套在当前不可能实现的长远教育目标,而且缺乏对长远教育目的的层次分解和逐步引导。事实证明这种教育目的不仅跨越了当前生活中最普遍、最基本的要求,而且也排斥了生活中的现实可能性和人们的合理需求,就像可望而不可即的海市蜃楼一样,由于缺乏扎实的根基而成为虚幻的事物,不仅使学生感到遥不可及,产生心理上的落差感和挫败感,而且对学生的成长发展也在一定程度上缺乏现实指导,使学生只知道理想化的标准是什么,却不知道怎样处理现实中的问题。

(2)忽视生活的个体性,片面强调社会目的。生活具有个体性,即生活首先是属于个体的,是通过学习者个体积极参与来完成的。对于个体来说,他们的生活与他们的成长是密切相关的,是他们人生最直接的体现。目前学者们将思想政治教育界定为"社会或社会群体用一定的思想观念、政治观点、道德规范,对其成员施加有目的、有计划、有组织的影响,使他们形成符合一定社会所要求的思想品德的社会实践活动"①。可见,当前我国大学生思想政治教育过于注重其外在的工具性价值。即重视社会发展,单一强调思想政治教育的政治功能、社会功能,反而忽视了学生个体生活的完善与提升,对大学生个体的生活价值强调不够,使思想政治教育的个人价值湮没在社会价值之中,从而使学生个人的合理需求和正当利益受到压制,学生的自我实现和生活价值

①邱伟光,张耀灿,主编.思想政治教育学原理[M].北京:高等教育出版社,1999:4.

得不到应有的关怀。我们承认没有社会功能的思想政治教育是不合格的,但种种事实也清楚地表明,在压抑个人价值的情形下其社会功能亦是无法实现的,这种片面强调社会目的的思想政治教育会使学生形成这样一种认识,即思想政治教育再重要,也是党和政府的事,与自己无关,一旦学生以这种心态来看待思想政治教育,它就自然地丧失了生命力,无法调动学生的积极性和创造性。

(3)忽视生活的差异性,片面强调统一目的。生活具有差异性,表现为每个人的生活都是与众不同的,可以说在世界上没有两个人的生活是完全相同的,每个人在生活中所能达到的目标也是不同的。然而思想政治教育却忽视了生活的差异性,一定程度上成为个体成长成才的障碍。

总之,思想政治教育在目的设置上偏离了学生的现实生活,试图建构一个理想王国,在这里,人与人之间没有差异,人人都没有物质欲求,也不在乎个人利益。殊不知,在这种教育目的的指引下教育只能走向一个不可实现的"乌托邦王国"。

2. 教育内容片面化

偏离生活的思想政治教育,在内容安排上表现为一种片面化的情形。当前大学生思想政治教育内容是比较丰富的,包括马克思主义基本理论、世界观、人生观、政治观、道德观和法制观等方面,但这些教育内容多是侧重系统的理论和原则,与生活的衔接不够紧密,导致思想政治教育的内容多呈现出滞后和僵化的状态,学生在教育过程中自然感受不到生活的新鲜气息。

(1)忽视生活的真实性,片面强调理论内容。生活具有真实性,即生活是实实在在的,是个体可感受、可体验的,任何教育只有充盈到生活中,才能真正触动学生的心灵。而思想政治教育却忽视了生活的真实性，遗忘了学生所过的是一种实实在在的生活，使思想政治教育的内容多局限于理论上的论述，对学生的真实生活指导不够。

目前，各民办高校主要是通过思想政治理论课对大学生进行思想政治教育的。根据国家颁布的方案，民办高校思想政治理论课主要是由马克思主义基本原理、中国近现代史纲要、毛泽东思想和中国特色社会主义理论体系概论、思想道德修养与法律基础这四门必修课构成。据调查，多数学生认为在这些课程中，思想道德修养与法律基础课的内容与他们的生活更为贴近，对于他们步入大学面临的一些困惑和人生的思考都有所涉及。相比之下，其他几门课程更为理论化、抽象化，对实际生活的指导性也差一些。这种过于理论化的教育内容，空洞乏味，与学生们的生活世界很少产生交集，因此无法调动学生的积极性，学生也很难从所接受的教育内容中找出与其自身生活所贴近的契合点，应用性不强。

(2)忽视生活的完整性，片面突出政治内容。生活具有整体性，是政治、经济、文化等各种因素整合在一起的结合体。然而长期以来，民办高校大学生思想政治教育忽视了生活的完整性，片面突出政治内容的灌输，往往将思想政治教育的内容缩减为政治意识形态的教育，用政治内容覆盖了生活的全部，导致了“泛政治化”的局面。我们承认，政治性是思想政治教育区别于其他教育的一个鲜明特色，培养学生树立正确的意识形态和政治立场也是国家得以长存的重要前提，政治教育理所当然是思想政治教育的重要内容，然而这并不意味着思想政治教育就完全等同于意识形态教育，因为生活中存在的问题并非都必须要上升到政治的高度才能解决，而且政治也不可能抛弃其他生活内容而独立存在，政治教育自然也不可能远离其他教育而取得实效。此外“对于当今社会而言,已不是阶级冲突而是纷繁复杂的生活事项成为社会冲突的第一导火线”①,政治已不再是生活领域的唯一内容,在这种情况下,如果把思想政治教育仅仅窄化为政治教育,就会偏离现实生活。在历史上,思想政治教育曾经成为政治的仆人、阶级斗争的工具,远离了其真实价值所在。这一点引起了教育界的反思甚至是改善,道德教育、生命教育、感恩教育、心理健康教育等教育内容也逐渐引入思想政治教育领域。但目前在实施过程中这种泛政治化倾向在一定程度上仍然存在,而且长期以来所形成的泛政治化影响在一定程度上还没有得到根本扭转,这就导致了民办高校大学生对思想政治教育产生了逆反心理和抵触情绪,将思想政治教育视为政治说教,将教育者戏称为“马列老太太”,在接受思想政治教育之前就为其贴上了“无用、虚假”的标签。

(3)忽视生活的全面性,片面宣传积极因素。生活具有全面性,在现实生活中既有积极的生活因素,也有消极的生活因素。而当前思想政治教育忽视了生活的全面性,其教育内容不能全面地体现社会生活的真实面貌。所开展的思想政治教育,更侧重体现生活中的积极因素,宣扬社会生活中的真善美,对于一些在现实生活中敏感的问题以及消极的事件等,往往不敢让学生们深入讨论,也不能及时有效地对学生的困惑进行回答,甚至有意回避,试图以此消除现实与教育的冲突,避免学生对教育内容产生质疑。然而,浏览民办高校的学生论坛,我们可以发现这样一个事实,即社会中发生的一些比较敏感的话题或者比较消极的事件,如邓玉娇案、杭州飙车案等都成为大学生们普遍关注的问题,并

①童金权,赵宏斌. 生活世界的遗忘与回归:一个会学的考察[J]. 人文杂志. 2006(4).

引发他们在论坛上展开讨论。可见，在教育中回避这些问题并不等于这些事件对学生的影响就不存在了。这种片面宣传积极因素，对于消极因素“堵而不疏”的思路，不仅使教育内容与真实的生活在一些范围内发生冲突，弱化了教育效果，而且也不利于培养大学生自身的分辨能力，最终将会导致大学生们在走出校园进入社会后，接触到的思想观念与其原有的不同甚至截然相反时，出现思想混乱和无所适从。

总之，思想政治教育在内容安排上偏离了学生的现实生活，导致他们“完全不能把在校外获得的经验完整地、自由地在校内利用，同时，他在日常生活中又不能应用在学校学习的东西”①。

3. 教育方法单一化

偏离生活的思想政治教育，在方法设计上表现为单一化，即过于注重系统性、逻辑性，缺乏体验性、感悟性，学科知识过重的状况尚未从根本上得到改变，单一讲授和单向“灌输”的情形也仍然存在。这种简单化的教育方法使得学生多是被动地接受抽象知识，很难做到“口服心也服”，而且这在一定程度上又加深了学生对思想政治教育的厌烦情绪。

(1)忽视生活的整体性，知性教育的状况尚未根本改变。生活具有整体性，是知、情、意、行并存的过程。长期以来，民办高校的大学生思想政治教育基本上是通过思想政治理论课开展的，并且这种集中的理论课学习几乎承载了全部的思想政治教育工作。在这种情形下，课堂教学又往往把思想政治教育等同于科学知识教育，像传授科学知识那样，将所倡导的思想观念、理想信念、价值取向以及道德规范等从真实生活中剥离出来，概括为抽象的概

①[美]约翰·杜威. 学习与社会·明日之学校[M]. 赵祥麟，任钟印，吴志宏，译. 北京：人民教育出版社，1994：61—62.

念和原则体系,通过逻辑分析、语言讲授这些简单的方式对学生进行教育,最后再通过书面考试、死记硬背来考查学生是否“知道”了这些理论观点,不仅使情感、意志、能力等非知识性的因素游离于教育之外,而且也使学生在真实生活中的实践能力受到忽视。这种课堂教学形式本身就与生活的整体性相背离,正如石中英教授所指出的:“我们的道德教育方法上的问题就出在按科学教育、技术教育的方式来进行道德教育,把道德与生活割裂开来,作为一种知识来教,作为一种技术来训练。”①在这种教育方法下,学生获得的必然只是关于思想政治素质和道德修养的观念,而不是真正的思想政治素质和道德修养。当然教育者们普遍认识到目前这种单一的讲授法确实无法满足学生的需要,同时也在积极探索其他的教育方法,但在具体实施过程中由于各种主客观条件的限制,单一讲授的状况尚未得到根本改变。

(2)忽视生活的互动性,单向“灌输”的情形尚未根本扭转。生活具有互动性,人们只有在相互交往中才能体验生活的真性情。偏离生活的思想政治教育在教育方法上忽视了生活的互动性,倾向单向“灌输”而漠视了主体间的交流。我们知道灌输理论是由列宁提出的,旨在说明先进的思想意识并不会在工人阶级中自发产生,需要对其进行宣传和教育。然而人们在对灌输的理解和运用中却与其本质发生了偏离,使得灌输演变为了“填鸭式”的教育方法,甚至将此作为“填鸭式”教育方法的缘由。具体来说,单向“灌输”主要表现为教育者秉承师道尊严,板起面孔开展教育,完全从自身的所思所想出发制定一些规范来限制学生,而不顾及学生们的接受能力和心理状态,俨然成为了教育过程中

①石中英.关于当代道德教育问题的讨论[J].教育研究.1996(7).

的绝对主宰者，学生则成为一个个等待被装满的“美德袋”，没有自主性和独立性，原本处于平等地位的师生之间也随之演变为单向的“命令—服从”关系，没有师生互动，没有情感交流，更没有教育感受的反馈。这种凌驾于生活之上的单向“灌输”式的教育方法无视学生们的情感世界和生活经验，在很大程度上制约了学生的自主性，使得学生们在面对教育者这种绝对权威时，或表现为被动的服从，或表现为对教育者乃至教育内容的不屑或挑衅。

总之，思想政治教育在方法设计上偏离了学生的现实生活，导致思想政治教育的效果大大降低，难以实现其应有的价值。

（二）思想政治教育偏离生活的原因分析

当前思想政治教育与学生的生活发生了偏离，以上我们列举了其在目标、内容和方法上存在的不符合生活特性的表现，这种状况使思想政治教育的信服力和实效性都不尽如人意。面对这些问题，我们应该清醒地认识到，“冰冻三尺，非一日之寒”，思想政治教育偏离生活的表现是长期积累的结果，因此我们有必要首先廓清形成这种状况的真正原因，以便对症下药。

1. 社会本位论的价值导向

在19世纪下半叶，针对个人发展与社会规范相背离而引发的种种矛盾，涂尔干等人提出了社会本位论，强调社会需要和社会价值的重要性，并继而确立了社会价值的主导地位。在社会本位论者看来，人实际上是因为生活在社会中才成为人，因此教育要根据社会需要来确定，个人只是教育加工的原料而已，他的发展必须从属于社会的发展，相应地教育的本质也就在于使教育者社会化，从而塑造“社会我”而不是“个体我”，即把受教育者培养成为符合社会需要、能够为社会做贡献的人，以此保障社会的稳定和发展，同时教育成效的衡量也相应地以其对社会的效益为依据。总之，社会本位论强调社会价值远远高于个人价值，是教育的唯一价值追求。

我们承认社会本位论具有一定的合理性，它以肯定人的社会属性为理论前提，有效地遏制了个人主义的泛滥，在培养社会责任感方面发挥了积极作用。然而这种思想在肯定了社会发展需要的同时却忽视了个人自身发展的需要，割裂了人的发展与社会发展的依赖关系，将人与社会的关系本末倒置，导致了教育对人自身的忽视，不利于调动学生的积极性和创造性。

中国作为社会主义国家，一直以来都提倡教育价值的社会性，思想政治教育更是以社会需要为价值取向，由此导致了思想政治教育过于强调社会价值，追求思想政治教育的社会功效，没有有效地关注学生个体的生活体验，从而忽视了教育在学生个人成长方面的价值。

2. 唯知识论的课程导向

由于历史和文化的原因，长期以来唯知识论的课程观在我国的教育体系中占据了主体地位。这种课程观的主要表现就是将教学完全等同于一个传授知识的过程，甚至简化为是对书本知识的机械记忆，似乎书本所呈现的知识就是课程学习的唯一对象。

唯知识论是科学主义思潮的产物。在 14 世纪，西方国家利用宗教来压抑和束缚人性的行为发展到了极端，于是一场提倡理性、弘扬科学以追求人性解放的运动应运而生，知识开始登上了历史舞台并发挥了重大的作用，长久以来被遮蔽的人的理性开始散发光辉，知识的重要性也进入学者们的研究领域。苏格拉底认为“美德即知识”，而且人们行为的善恶取决于所获取的知识是否正确，从而高度肯定了知识的作用。柏拉图也强调知识的支配作用，他认为，“无知的德性和仅仅依据教育、习惯、权威、正确意见的德性是一种盲目的摸索，它可能偶然找到正确的道路，但它这样做并不带有任何确实性。只有对善的科学知识能使人的意志正确、确实和稳固”①。我们也经常以此作为论证知识重要性的依据，殊不知我们在对他们的思想进行解读时偷换了知识的内涵，将原本内容丰富、通过思考自主获取的知识僵化为一些公式或定义，将知识的获取窄化为简单的记忆，并且夸大了知识的作用。于是我们在高扬知识的同时，却又走向了另一个极端，逐渐将知识的传授和掌握演化为教育的唯一目的，把书本上的间接知识当作促进和构成人的发展的最重要的甚至是唯一的因素，“不仅在知识教学中，而且在道德教育、情感教育和健康教育等方面也简单套用知识教学的模式，把教育限制在认知范式以内，并且以认知的范式为基础，把‘知道’等同于‘发展’”②。

当然知识在人性的解放过程中曾经发挥了至关重要的作用，其在当今时代的必要性也是毋庸置疑的，正如培根所说，“知识就是力量”。然而一旦将知识僵化，将知识的作用夸大化，新的问题就会随之产生。我们认为唯知识论的最致命问题就在于它在强调知识重要性的同时，遗忘了只有人才是知识的主宰者，导致教育过程中人的“不在场”，从而使鲜活生动的教育过程蜕变为静态的知识存在，人的价值被淹没在知识的汪洋里。

在唯知识论的课程导向下，思想政治教育也着眼于逻辑上的严密论证和演绎推理，强调知识的系统性和正确性，将知识作为学生品德修养和政治素养的根据和唯一尺度，却忽视了知识在生活中的具体运用以及情感、意志等其他因素的作用，使思想政治教育逐步蜕变为一种知识的学习和记忆训练，变成“公式化”“标

---

①包尔生. 伦理学体系[M]. 北京：中国社会科学出版社，1988：41.

②项贤明. 论教育与人的发展资源[J]. 中国教育学刊，1996(1).

准化”的抽象知识灌输,与生活发生了偏离。

3. 应试教育的人才导向

长期以来,中国所采用的教育模式是应试教育,它把考试作为唯一的教育目标,以考试分数来衡量学生水平,并以此作为选拔人才的依据。黑格尔曾经说过,“存在的就是合理的”。我们承认应试教育的产生和存在有其合理性和必然性,然而随着时代的变革,应试教育的弊端和狭隘性愈加明显。对此,以素质教育取代应试教育成为教育变革的主导方向。尽管如此,目前应试教育在我国仍然较为普遍。

在陕西民办高校里,尽管学生的工作能力、特长表现等被纳入了对学生的考评体系,学生个性发挥的空间相对之前来说也确实更为自由,但对各门功课的考核大多数还是通过考试来进行的,分数对于学生来说依然是非常重要的。对于那些自我要求严格的同学来说分数就成为他们的命根,分分必争。因为在大学里考试成绩在很大程度上与评选奖学金、评选优秀学生、参评保送研究生名额等挂钩;对于那些只求毕业的同学来说,“60 分万岁”成为他们的口号,因为成绩不合格就无法获得学分,也会对毕业产生不利影响。

此外,陕西民办高校的大学生们由于长期以来受到应试教育的影响,形成了学习只为获取分数的惯性思维,理所当然地将学习的目的等同于通过考试获得学分,而且在他们看来专业课成绩更为重要。因此,思想政治素质的培养便成为教育的真空地带。无论是教师还是学生对思想政治教育的重视都不够,学生们将大多数精力投入专业课程的学习中,对于思想政治理论课他们多是或者逃课或者用于学习专业课程,对于思想政治理论课他们只需考试之前突击背背教师划的重点就可以了,而教育者们对此也迫于无奈采取一种默认的态度，只要通过考试，获得学分，教师和学生的任务就算完成了。

在应试教育的人才导向下，学生逐渐沦为考试的机器和分数的奴隶，拼命学习，遗忘了生活中很多美好的部分，不再探求人生的意义和生活的价值。思想政治教育也演变成了一个简单的、死气沉沉的获取分数的过程，与学生的生活相偏离。

三、陕西民办高校大学生思想道德素质与行为能力失调问题

(一)陕西民办高校大学生道德素质与行为能力的失调状况

1. 道德素质的欠缺导致了人际交往的冲突

人类作为群居动物，因而离不开人际交往。良好的社会交往是个体心理正常发展、个性健全健康以及生活快乐幸福的必要前提。妥善处理好与同学、舍友、老师等的交往关系，也是高校大学生健康成长的重要标志和可靠保障。然而多项调查表明，民办高校大学生不同程度地存在着交往障碍。学生心理健康咨询中心相关资料显示，咨询者中有近64%的心理问题源于人际关系的不和谐、人际交往的不如意。人际交往困难已经成为困扰民办高校大学生的突出问题，成为研究的重要领域，对于解决现实问题有重要意义。

美国心理学家安德森曾将555个描述人的个性品质的形容词列成表格，让大学生按照喜欢程度由高到低将其排序。结果显示，评价最高的个性品质是“真诚”，紧随其后的几个形容词中，有6个与“真诚”有关，而评价最低的个性品质则是与“真诚”相反的形容词，如“说谎”“虚伪”“不诚实”等。心理学家黄希庭曾就我国民办高校大学生的班集体人际吸引问题进行过调查研究，

发现每个班集体中都有极少数的“人缘型学生”与“嫌弃型学生”。其中人缘型的学生具有较好的人际关系，他们具有共同的个性特征：关心他人、富有同情心、热爱班集体、工作认真负责、忠厚老实、热情开朗、喜爱交往、待人真诚等。①

以上两个调查研究表明，深受他人欢迎的品质主要有：真诚可靠、团结友善、关心他人、奉献集体等。而通过对心理咨询中存在交往障碍的学生进行深度调查和走访，研究者发现，这些学生大部分是独生子女，特殊的生活环境使得他们在人际交往中习惯于以自我为中心，很少考虑他人的立场和感受，交往过程中也缺乏与他人合作的观念和换位思考的能力。另外，市场经济竞争观念和利益关注，使得他们在人际交往中越来越多地考虑是否能得到实惠。即奉行人际交往的功利主义原则——对自己用处大的深交，用处小的浅交；当面对集体的利益时，也是首先权衡自己的实惠，毫无真诚和奉献可言。

真诚守信、团结友善、关心他人、奉献集体等这些成功交往的基本准则，恰恰也是道德的基本规范。道德规范产生于社会有序运行的需要，协调各种矛盾与冲突，保障社会有序运行是道德的社会功能。人离不开社会，个人的需要和价值只能在社会中实现，保障社会有序运行，无疑也有利于实现个体的个人需要与价值，这是道德的间接和最终目的。道德作为调节个人与社会关系的规范，其主要特点就在于要求个人做出必要的节制与自我约束。在人际交往中，一个不具备道德素养的人，只考虑自己，不考虑他人和集体，“不愿意履行‘应当’的义务，自然也就很难享有‘当然’的道德权利”②——很难获得良好的人际支持。相反，一

---

①王亚妮. 中学校长人际交往品质的研究[D]. 河南大学，2003：9.

②吕红霞，杨元正. 当代人际交往困惑的道德诉求[J]. 长白学刊，2002(3).

个具备良好道德素质的人,会在行为中自觉按照道德规范的要求真诚待人,团结友善,关心他人,自然便会有人际交往获得感,助力其成长成才。

2. 对道德素质的轻视影响了职业技能的提升

职业是个体获得生活来源的重要途径,又是个体实现社会化的主要形式。个体通过职业活动与社会、他人建立联系,通过职业活动张扬个性、体现自我尊严、实现自我价值。个体职业活动能力的强弱对于个体未来的发展有着极为重要的作用,尽管民办大学教育并非完全出于未来职业的需求,但是培养符合社会发展要求的现代职业人才也是大学教育的重要目标。

如今,社会已经向个人提出了更新、更高的职业要求。据了解,微软研究院的用人标准除了扎实的基础知识、足够的创造力、高昂的工作热情、良好的团队精神外,尤其看重人才的职业道德,所有应聘者必须经过严格的面试,以考核他们是否具有正直、诚信、可靠等道德素养。中国莆田信息产业集团公司人力资源部副总经理刘建军曾说道:"对于人才,我们比较看重他们的实践能力,但更看重他们的职业道德。"联想人力资源部负责人鲁灵敏直言:"人才要先学会做人。人才与企业发展最关键的结合点在于企业要有良好的用人战略,而人才要有良好的道德品质。"①可见,即便是技术型的科研单位在挑选人才时,也不仅限于考察应聘者的专业技能,而是特别关注应聘者的职业道德状况。各大用人单位对于应聘者道德素质的强调一方面说明道德素质对人才发展的根本作用;另一方面则说明,目前人才资源中存在道德素质欠缺的状况,而且这种欠缺已经为个人和用人单位带来了负面影响。

---

①李国涛. 我国大学生职业道德教育的现状、问题与对策[D]. 济南:山东师范大学教育学院,2005:16.

陕西某民办高校"陕西民办高校大学生就业问题研究"课题组在省内不同用人单位进行了调查问卷,结果显示,用人单位认为民办高校大学生最欠缺的是"敬业精神"。民办高校大学生的职业评价标准中最看重的则是"经济收入高""能发挥个人才能",而满足社会需要则位居最后。[①] 对调查结果进行全面分析发现:大学生在从业动机方面,片面关注岗位所能提供的工资待遇、工作地点等;在敬业精神方面,奉献意识明显弱化,处处考虑个人得失,择业时不讲诚信,轻易违约;而在实际工作中,缺乏基本的敬业精神,拈轻怕重,频繁跳槽。大学毕业生的道德素质状况不仅为社会的整体道德风尚、就业环境带来了冲击,也成为大学生个人成长和职业进步的障碍。据《中国青年报》报道,重庆某公司在当年度 7 月共招聘了 21 名大学生。令人惊讶的是,在随后的 3 个多月时间里,其中的 20 名学生因责任心不强、缺乏爱岗敬业意识等被公司辞退,仅留用了 1 名女大专生,原因在于该生工作责任心强、爱岗敬业、工作勤奋、职业道德素质过关。这样的报道近年来随处可见。

多种新闻媒体报道,揭露出的陕西民办高校大学生职业道德素质状况不是空穴来风,而是大学阶段道德素质状况的惯性反应。通过走访调查我们发现,目前陕西民办高校学生的道德状况不容乐观,考试作弊现象屡禁不止;在求职竞争中,简历作假已成为部分大学生不以为然的行为。对于助学贷款,部分民办高校大学生努力争取,但却拒不履行或拖延还贷义务。随着经济建设快速发展,竞争的观念越来越深入人心,陕西民办高校大学生的竞争意识也从学业的竞争发展到就业竞争、工作竞争。然而民办高

---

①杜玉昌. 职业道德教育的难点与对策[J]. 中国培训,2002(5).

校大学生在竞争意识增强的同时，将竞争扭曲片面化了，于是频频出现不顾道德修养片面追求竞争实力的现象。陕西民办高校大学生在职业道德、诚信意识方面的欠缺给用人单位带来了极大的负面影响，导致他们在招聘时不得不谨小慎微，在入职后不得不严格考察。这一方面极大冲击了整个社会的道德风貌，另一方面也严重阻碍了个人职业的进步与发展。

3. 对个体私德的忽视弱化了自我管理的效果

青年学生进入大学就标志着进入了成人阶段。成人的自觉就在于能够按照社会发展的要求来安排自己的学习和生活实践。自我管理、自我教育应成为大学阶段生活和学习的主要方式。因此，自我管理能力应成为民办高校大学生必备的技能和不可或缺的素质。高校大学生自我管理能力包括：时间管理能力、目标管理能力、金钱管理能力和品德修养管理能力等。陕西民办高校大学生的自我管理应以这样的目标为努力的方向：自觉协调社会的发展目标和民办高校的教育目标，主动协调个人学习生活的内外因素，以期实现有效的自我学习和生活管理，最终提高自身的综合素质，适应社会发展的要求。

然而目前，民办高校大学生在自我管理的许多方面都存在问题，表现在以下方面：学习行为无自律，依赖教育管理；时间利用缺乏安排，无所事事；金钱使用无度，不懂节约；个人行为修养更是背离道德规范，如部分民办高校大学生在进入大学以后，不把主要精力放在学习上，而“把宝贵的时间和精力浪费在睡觉、逛街、打扑克、打麻将、谈恋爱、下馆子、看电影、逛歌厅、炒股票、做买卖等”①方面，临到期末考试，便抄笔记，抱佛脚，甚至不惜考试

①张良东. 当代民办高校大学生道德素质存在问题及其对策[D]. 西安：陕西师范大学教育学院，2002.

作弊。有学者对陕西民办高校的学风状况进行调查，结果显示，当前民办高校学风状况令人担忧，而考试作弊是影响学风的最主要不良因素。[①] 陕西民办高校大学生中挥霍浪费现象也十分严重，据调查，部分学生视勤俭节约为小气吝啬，在消费上互相攀比，借钱消费，超前消费，更有甚者假冒学校名义伪造缴费通知单骗取家长钱财。除此以外，民办大学校园"课桌文化""墙壁文化""厕所文化"泛滥，公共场所长明灯、长流水、污言秽语屡见不鲜，部分学生甚至不懂得最起码的文明礼貌，课堂上吃零食讲话毫无顾忌。

当代民办高校大学生在学习管理和时间管理等方面严重缺乏自律，这种自我管理能力的欠缺直接导致学习行为的偏差和时间管理等方面的不合理。民办高校大学生在自我管理各个方面暴露出的问题源于个人私德方面的缺失。"私德"内在地要求"真诚""自觉"和"超越"。"真诚"即依靠内心的信念而非功利性的目的做出道德的选择并付诸实践的品质；"自觉"即个体做出某种道德选择不是外在强加，而是内在的、自觉的和自省的品质；"超越"即锤炼私德不以功利为目的，只为追求人格完善和至上道德理想的品质。如前所言，陕西民办高校大学生日常行为偏差的根本原因在于个人私德的欠缺，因为，无论是日常行为还是紧急状况，指导人们行动的主要是内在的、内化的人格和良心，即私德的因素。从上述罗列的现象中很容易看出，目前部分民办高校大学生的行为已经偏离了德性的尺度而为私欲和功利性的目的所驱使。当一个人的私欲膨胀到不受德性支配，仅有功利化的目的时，便不能随时节制、随时检点、随时自省，更不能在生活的

---

①胡礼祥，应飚. 大学生考试作弊情况调查分析及对策[J]. 人大复印资料高等教育，2001(1).

细小方面严格要求自己，从而必然导致其自我管理能力的全面弱化。

（二）陕西民办高校大学生道德素质与行为能力失调状况的原因分析

1. 社会的负面影响

社会主义市场经济体制的建立，有利于推动社会主义现代化建设以及陕西民办高校大学生竞争观念、创新观念、时间观念、效益观念和独立人格的培养，这是必须被肯定的主流；但是，也不能忽视其负面效应对大学生造成的不良影响。

(1)激烈的社会竞争扭曲了人才选拔的标准。改革开放以来，社会主义市场经济体制在我国逐渐确立，效率是市场发展，社会进步的原动力。列宁指出，社会主义的本质特征就是能创造比资本主义更高的劳动生产率。所以，加速经济发展，提高经济发展效率是社会主义的本质要求。对效率的强调使得竞争成为市场经济的重要行为法则。优胜劣汰，适者生存的竞争，有力地刺激了人们竞相追求高效率，形成了推动经济发展强大而持久的力量。因此，在社会主义市场经济条件下，竞争意识和效率意识是人们必须具备的基本素养，竞争与效率成了市场经济的代名词。

市场经济的运行机制培养了人们强烈的竞争意识、效率意识和自主意识。每位社会成员都在自己生活的领域运用和实践着这些理念，大大激发了人们的创造力。随着社会经济的快速发展，效率观念深入到社会生活的各个领域。为了赢得最高效率和取得竞争优势，市场主体之间竭尽全力进行着激烈而全面的竞争。社会主义市场经济的竞争应该是兼顾公平，以广泛合作为基础，共同富裕为目标的竞争。只有这种良性的竞争才能提供一个较为宽松的社会环境，促进经济的持续发展。这种良性科学的竞争内在地要求参与竞争的市场活动主体是具备过硬的专业素质和较高道德品行的德才兼备的人才。然而高速前进的社会节奏以及优胜劣汰的激烈竞争，使得社会的人才选拔标准在悄无声息地发生逆转。能否带来效益，能否创造高额的价值成为了用人单位的首选考虑甚至默许标准。本应作为“市场准入”门槛的道德修养被弱化甚至被取缔，不规则的市场逐利行为便悄然滋长，市场主体弄虚作假、唯利是图的现象时有发生。同时，不道德的市场行为主体不但未受到及时的惩罚，而且还获得了更多的经济利益和社会声望。这样一来，隐形的具有社会调节功能的道德素养被无形忽略，德才兼备的人才标准在竞争的洪流中被冲刷为重才轻德的片面标准。

大学阶段是人生观世界观的建构阶段，也是未来生活的准备阶段。虽然在民办高校大学校园中，重德、博学、尚美的理念依然被高扬和崇尚，然而作为社会的重要组成部分，社会的人才选拔标准如同风向标一样时刻牵引着高校的培养方向和学子们的成长方向。这样一种重才轻德的用人标准必然会导致大学生在自我设计和自我规划时，弱化和忽视个人道德素质的锤炼，从而导致民办高校校园里只学习专业技能课而逃避思想道德修养课、考试作弊、简历造假等现象频繁发生。

(2)片面的利益关注导致了道德观念的弱化。利益是人们维持自身生存与发展所必需的物质因素和精神因素的总和，利益需求是人们的客观需求。道德是维持良好人际秩序的基本规范，也是人们的基本需求。道德与利益的关系，是伦理学中最基本的问题，义利之辩已有千年之久。中国社会长期以来存在着“言义则为德性高尚的君子，言利则为缺乏德性的小人”的思维定式，这样的思维方式一直沿袭至党的十二届三中全会。党的十二届三中全会通过的《关于经济体制改革的决定》第一次明确指出，中国的社会主义经济是以公有制为基础的有计划的商品经济，这从根本上承认了“求利”的合法性，不仅使企业和其他生产团体自主权得以加强，也为个人利益、集体利益的谋取提供了制度支持和现实条件。从此，追求利益成为了合法且合道德的行为。人们对物质利益的追求就像一匹被关押了很久的野马，在所受的精神羁绊和制度约束被打破之后产生出了巨大的能量。纵观改革前后的变化，这种“求利”的合法化，使得人们的积极性和创造性得到了最大限度的发挥，创造出了巨大的经济效益和社会财富，人们的生活得到了极大的改善。然而，“野马”在冲破牢笼时也是需要驾驭和控制的，道德是最有效的控制。优胜劣汰的压力以及利益最大化的诱惑促使人们竭尽全力地创造利润，争取利益，以保持自身的竞争优势。而在社会经济高速发展的同时，人们的求利行为渐渐脱离了道德的控制和驾驭——高额利润的诱惑催生了一部分不道德的市场行为；物质利益原则被无限泛化，社会中出现了一切向钱看的拜金主义倾向；市场经济的交换观念也无端渗透到了家庭生活和政治生活，催生了权力腐败以及违背家庭伦理等现象。

无论是重义轻利的道义论，还是重利轻义的功利论都只是片面强调了义或利，将二者割裂了开来。事实上，利益与道德是不可分割的。首先，道德作为一种社会意识，始终都是特定利益关系和利益要求的反映，“‘思想，一旦离开‘利益’，就一定会使自己出丑”①；其次，道德的实现离不开利益，因为创造和增加社会

①马克思，恩格斯. 马克思恩格斯文集：第1卷[M]. 北京：人民出版社，2009：286.

利益的总量,改善人民的物质生活,是实现道德生活的根本途径;最后,利益必须接受道德的规范,如果获得利益的方式以及利益的最终分配不能接受道德的规范,这样的利益不仅不能增进人民的福祉,还会影响社会利益的再创造,妨碍社会的发展。目前,违背道德良心只为追求高额利润等不道德市场行为频繁出现,这类现象已经严重影响到了人们的正常生活,导致了社会道德风貌的不断恶化,任其发展将会导致大众对社会失去信心与信任,进而阻碍社会的全面进步与发展。

(3)过分的个体突显导致了公德意识的式微。市场经济价值规律和优胜劣汰的原则大大增强了人们的参与意识、竞争意识、自主意识和创造力,人们的个性得到了尽情释放和张扬,个人的权利、利益和尊严得到了充分的尊重和确认,人们的主体意识和自主精神尤为强烈。毫无疑问,市场经济为自己培养了成千上万具有独立意识和自主意识的市场主体。

改革开放和社会主义市场经济建设大大增强了人们的自主意识,这是历史的进步。但是市场经济以个人利益和团体利益为直接追求,容易使部分人在强调自我的同时,不自觉地跌入"以自我为中心"的圈子,一味崇尚自我,片面夸大自我,认为个人利益是唯一的现实利益,他人利益应服从于个人利益。因而他们在思想观念上信奉"人不为己,天诛地灭",在日常行为中只考虑自身的利益而忽视他人的需求。因其对自我和私利的过分关注,在实际生活中他们更会为了自我不惜礼义廉耻,如为泄私愤乱刻乱画、拥抱亲吻旁若无人,甚至出现损公肥私、损人利己等违背公德的行为。公德是为了维护正常的公共生活而必须遵守的最简单、最基本的道德规范,是道德的最低层次。社会公共生活与人们的日常生活并无严格的界限,整个社会公共生活就是由无数个体的日常生活组成的，当人们的生活内容不断扩展涉及他人时便成了社会生活的内容，而当个人的行为妨碍到他人或社会的利益时便违反了社会公德。个体在日常行为中不懂得克制自己而过度强调自我利益、自我中心，必然导致公益受损，公德式微。

2. 教育的消极倾向

在个体的成长过程中，学校教育是十分重要的外部因素，一个人的知识、能力和素质主要是在学校中习得的。如今，无论是人才市场的招聘要求，还是考研考博的必考科目，无不显示出社会正在日益关注当代大学生的素质尤其是道德素质，然而我国目前的教育现状却不能满足社会对这一素质的要求。

(1)知性德育与素质培养的脱节。培养和提高受教育者的综合素质是素质教育的目的和重要内容。道德素质是人最基本的素质，理应成为教育活动优先培养的目标。然而由于科学主义的倾向以及激烈的社会竞争，现代教育"专心致志于向学生传授'何以为生'的知识和本领，在教人去追逐、认识、掌握、发展这个外部物质世界的同时，放弃了对学生进行'为何而生'的教育"①。这种严重背离素质培养方向的教育在不断提高受教育者对社会、集体和自身有用性的同时，不同程度地忽视了对受教育者的生命关怀，从而排斥了真正的德育。而专门的、科学的德育正在蜕变为与知识教育无差别的教育，因而被学者称为"知性德育"。知性德育就是将认知能力与思维能力的培养作为唯一目标的教育模式。道德教育应该包括道德知识、道德规范教育、价值和信念教育三个层次。然而在知性德育的操作模式下，德育等同于有组织、有计划的道德知识教育、道德规范说教和道德理论灌输。如

①高德胜. 知性德育及其超越——现代德育困境研究[M]. 北京：教育科学出版社，2001：106.

此一来,学校德育便只是“用教材装满学生的头脑,完全不关心学生的判断能力以及德性和良心如何”①,呈现出德育课程知识化,教学方法灌输化,考核方式记忆化的特征。

首先,教育内容不合理。众所周知,政治理论课是马克思主义理论教育的主要课程,也是马克思主义理论教育的有效依托。然而学校的教育正在显露出教育主题课程化的倾向,如心理教育重要就开设心理教育课,环境教育重要就开设环境教育课,课程知识本身取代了课程知识的道德意义成为了教育的唯一目标。因此,课程无限扩展,而学生在这些课程里获得的不是沉甸甸的生活智慧,而只是与心理、环境相关的知识和概念,这些空泛知识与概念的记忆难以有效地支撑受教育者的道德素养。这种缺乏素质培养的知识化的教育不等于真正的德育,它属于知识教育的一部分,是一门为了应付考试、争取考分的课程,无法满足受教育者处理具体、日常的生活伦理问题的需要。

其次,方式方法不合理。灌输式教学是实施知识化德育课程最简便易行的方式,如今最为普遍采用的是讲授、讲解和讨论,这三种方式的主要意图在于向学生说明具体的道德规范、道德原则是什么。学生所要做的就是将老师所讲的内容记忆下来,以应付现行的考试。这种居高临下、单向灌输的教学方式,一方面无视学生的需要和兴趣,另一方面与现实的社会生活无关。教学形式呆板、教学内容陈旧,这样的德育课难免让学生失去兴趣,甚至反感。

最后,道德素质评价机制不合理。目前高校主要依据道德知识的考核分数评定学生的思想品德状况。考核的重点是受教育

①[日]池田大作,[德]狄尔鲍拉夫.走向21世纪的人与人之间哲学——寻求新的人性.北京:北京大学出版社,1992:227.

者对教学内容的记忆程度,通过考核得到检验的只是受教育者的记忆力,而受教育者自身所持的道德观念是否有所变化,内在的素质是否得以提升,行为是否会因为所受的教育而有所改变等都不在考核关注之列。这种考核方法不能真实反映学生的思想道德面貌,也不利于他们道德意识的发展和道德修养的提高。因为,道德认知是道德行为的基础,但是道德并非纯粹的知识系统,而是具有实践导向的价值体系,只有通过道德实践才能巩固道德认知,最终形成道德信念和行为习惯。

(2)教育者道德素质的欠缺。教师是学生的直接影响者,教师劳动的重要特点就是行为举止的示范性。英国教育家洛克强调,做导师的人应当具有良好的修养,随时随地都有适当的举止和礼貌。因为“教师的世界观,他的品行,他的生活,他对每一现象的态度都这样或那样地影响着全体学生”①。可见,教师的品行本身就是一种无声的教育,对学生道德素质的形成有着极大的影响。良好的教师素质能对学生起到耳濡目染的积极作用,相反则会给学生道德素质的形成带来消极影响。

毋庸置疑,目前陕西民办高校教师的整体素质在同行业中位居前列,大部分民办高校教师都能以身作则,言行垂范。“师者,教之以事,而喻诸德”(《荀子·儒效》),“教以事”与“喻诸德”是统一的,可见,所有的教育者都应是道德教育者。然而现在一部分教育者却脱离了这种内在要求,仅“教之以事”而不“喻诸德”,甚至为了“事”而损害“德”。杜威讲过,教师“不能有两套伦理原则,一套是为校内生活的,一套是为校外生活的。因为行为是一

①[苏]米·依·加里宁. 论共产主义教育和教学[M]. 北京:人民教育出版社,1981:168.

致的,所以行为的原则是一致的"①。然而现在部分教育者却有两套原则,一套为学生,一套为自己。他们将自己的伦理原则与受教育者的伦理原则割裂开来,要求学生做到的,自己可以不做到。如陶行知所说"他们和学生是两个阶级,在两个世界活着"②,当这两个世界不能和平相处时,牺牲的往往是学生的、道德的世界。如,部分教师课间课后言行二致、表里不一,甚至假公济私,收受学生的贿赂;更有少数教师著作等身、声名显赫,却学术抄袭、生活腐败;另有部分兼职教师在时间或精力上不能得到保证,有的甚至将工作视作一种差事,应付了事,缺乏认真负责的工作态度;一定比例的教辅老师并非通过竞争渠道挑选出的德才过关的人员,而是通过裙带拉关系走后门进入大学的门槛。这一系列的现象不仅会直接损害教师的崇高形象,而且会严重降低民办高校德育的效果,更会给学生留下道德素质与个人成就呈反相关关系的印象,致使他们片面重视专业技能的提升而忽视自身道德素质的锤炼。有学者曾尖锐地指出,"道德教育不够好是因为教育不够道德",教育者对道德的违反就是教育"不够道德"的主要表现。孔子云:"其身正,不令而行;其身不正,虽令不从。"学校的所有教师都应不断提升自身素质,树立自身形象,只有使人格魅力与其他教育因素形成一股强大的教育合力,才能达到理想的教育效果。

(3)道德素质培育机制的不足。在我国长期的革命历程中,气吞山河的群众运动是革命成功的重要力量,运动是那个时代惯用的斗争方式和教育方式。新中国成立以后,中国共产党曾经力

①[美]约翰·杜威.学校与社会——明日之学校[M].北京:人民教育出版社,1994:14.

②陶行知.中国教育改造[M].北京:东方出版社,1996:67.

图通过一系列轰轰烈烈的教育运动,将政治感召、外部舆论监督结合成巨大的教育威力。如“文化大革命”时期,“以阶级斗争为纲”,“教育必须为无产阶级政治服务,必须同生产劳动相结合”及“又红又专”,“组织学生学习四史、参加社会主义运动,上山下乡参加劳动”成为当时主要的德育形式。[①] 对阶级斗争和政治主导性的过分强调,使得当时的德育渐渐服从并服务于运动的需要,走上了泛政治化的道路,德育课逐步变相为“语录课、运动课、批判课”。有学者指出:“新中国成立以后,学校德育的变革注意结合社会政治斗争,这是当时社会政治斗争形势使然。在当时起了较明显的作用。”[②]毫无疑问,运动化、“政治挂帅”的德育模式在特殊的历史条件下为国家和社会培养了一大批政治过硬、适应时代需求的人才。随着社会主要矛盾的转移,社会的人才标准发生了根本变化,然而政治化、运动化的培养模式以其强大的惯性依然对德育实践产生着影响。比如,德育目标和内容或多或少从属于政治形势的需要,德育内容的落实通常采用声势浩大的“学习班”、众人齐聚的“报告会”等形式。这样一种政治化、运动化的形式往往只追求轰动一时的场面效应,实实在在的内容传递则被场面的恢宏所代替了,精神内涵的消化更是随着运动的结束而结束。长此以往,“德育”便被“窄化”为政治教育甚至是政治运动。这种无视社会变化、受教育者接受状况以及道德素质形成和发展规律的德育,不仅严重影响了德育功能的发挥,也渐渐失去了人们的信任和自身的地位。

---

①黄光书. 价值观念变迁中的中国德育改革[M]. 南京:凤凰出版传媒集团,2008:22.

②孙少平. 新中国德育50年[M]. 福州:福建教育出版社,2002:128.

3. 个体的错误定位

（1）分数竞争的思维惯性。在当前的教育环境下，受应试教育考核方式和内容的局限，考试分数成为衡量学生学业水平的主要标准，故高分数成为了学生的主要追求。进入大学以后，分数竞争的激烈程度较之中学明显减弱，但各类推优评先仍将成绩作为基本参考指标，直至就业竞聘考试分数依然被作为首要的参考因素。十多年的分数竞争经历和复杂的社会现象使得他们形成思维惯性：高分数才是硬道理，好品德不过是可有可无的点缀。民办高校的学生在高考的当年就是因为分数相对较低而备受折磨，内心影响深刻。这种思想观念使得大学生在校期间继续加强分数竞争能力的自我培养，忙碌于英语、计算机、专业课程等高分数的取得，致力于各种技能的提升即“真本事”的获得，完全不注重专业以外的课程学习，更不注重人文素养的养成、审美能力的培养以及人格境界的提升，这些缺失却是个体全面发展不可或缺的重要方面。因而，片面关注高分数和竞争实力，松懈自身修为的错误观念和做法必然造成他们在以人为本、德才兼顾的竞争中频频遭遇挫折。

（2）学优则成的成才观念。当前在校大学生大多来自独生子女家庭，民办高校比例更高，传统中国家庭望子成龙、望女成凤的观念使得他们一出生就背负了几代人的期望与关注。他们一出生便成为家族的宠儿，家长们为了让他们出人头地，想尽办法让其上各种兴趣班、提高班、冲刺班，上最好的小学、初中、高中，最后考上理想的大学，而这一切的取得都是优异的学业成绩换来的。进入大学以后，各种以学业成绩为基础的能力考评和荣誉评选更是接踵而至，这种几乎没有喘息余地的学业比拼，铸就了部分大学生错误的思想观念：最终能否取胜在于学习是否优秀，不在于思想道德是否高尚。十二年基础教育培植的竞争意识、凭借个人实力而获胜的成长经验以及民办高校考评机制对学业情况的潜在偏重会激励他们继续依靠学业、实力追求成功,至于道德意识和道德规范则成了无关痛痒的次要问题。这种观念毫无疑问会给大学生的成长成才带来严重的消极影响,民办高校受其影响更甚。

(3)专业决定的发展意识。尽管我国的高等教育已经由精英教育走向了大众教育,全国平均高考录取比例已接近70%,然而初高中优质教育资源激烈的竞争现实、基础教育中应试教育的教育方法以及家庭教育培养出的奋斗意识,误导了部分大学生的课程意识:认为专业课才是正课,是决定就业和未来的关键课程,思想政治理论课是副课,是无关紧要的次要课程。现实中,无论是意识层面还是实践层面,专门的系统的德育课程均在渐渐被专业课程所挤占。这种错误的观念和现实现象,在一些专业课老师有意无意的默认下,更加强化了学生的意识。日益严峻的就业形势也使得民办高校德才兼备的人才培养目标渐渐缩水为“找个好工作”的现实追求。这种对专业课程高度关注及对思想道德课极端漠视的倾向,必然导致部分民办高校大学生在日常生活中缺失道德关怀和行为自律,甚至善恶不分、随心所欲。他们在有人监督的情况下能够运用道德规范自己的言行,而监督一旦不存在,便暴露出缺乏道德修养的真实自我。社会上近年来频繁出现的民办高校大学生文化水平越高、道德文明水平反而越低,民办高校大学生高智能犯罪以及大学生自杀和他杀等现象就是这一问题的集中反映。

问题的发现及其分析,都只是为解决问题做准备。大学生是未来社会的主体,是社会主义事业的重要建设者,他们道德素质与行为能力失调的状况不仅会影响到高校的道德面貌，更会带动整个社会的道德风气。因而，在失调的现状描述及原因分析之后，必须尝试探索“崇德尚能”德育模式的构建，以促进大学生群体道德素质与行为能力的协调发展，这对陕西民办高校更具有实际意义。

四、陕西民办高校整体性视角下的困境

立足整体性视角，可以清晰地发现当前陕西民办高校大学生思想政治教育存在的突出问题，如教育主体功能没有充分发挥，尚存在严重局限；教育对象素质并没有得到全面发展，尚存在片面发展问题；教育过程各环节没有形成联动，尚存在孤立脱节现象。上述问题由来已久，且构成了当前民办高校大学生思想政治教育的现实困境，只有深挖这些问题的根源，予以彻底地解决，才能从根本上提高陕西民办高校大学生思想政治教育的实效。

（一）大学生思想政治教育主体功能发挥的局限性

思想政治教育主体在教育过程中起着不可或缺的重要引导作用，思想政治知识和品德规范需要教育主体进行传授，教育对象的主观能动性需要教育主体予以调动，教育对象道德和人格发展需要教育主体塑造。因此，思想政治教育主体功能的发挥直接关系到思政教育实效性的实现，然而在现实中民办高校大学生思想政治教育中，教育主体在知识传授、人格塑造、道德影响等方面功能的发挥存在严重局限性，值得深思和探究。

1. 教育主体知识传授片面

知识传授是思想政治教育主体的主要职能之一，也是进行思想政治教育的基本条件和途径。思想政治教育中所包含的哲学

思想、价值理念、政治倾向、道德准则及精神观念等，必须通过系统的教学活动传授给受教育者，否则思想政治教育将成为无源之水；思想政治教育知识必须覆盖教育主体的各方面和各环节，否则思想政治教育将陷于孤立的局面。但反观现实中的民办高校思想政治教育，教育主体对知识的传授存在突出的片面性，主要表现在以下两方面。

第一，教育主体片面重视知识传授。在现实民办高校思想政治教育过程中，一些教育者将思想政治教育仅仅看作是对思想政治知识和道德规范知识的传授，往往对思想政治教育知识不做任何分析评判，不带任何价值倾向地一般性地传授，对思想政治教育知识体系中具有先进性和精神感召力的内容视而不见，或只是点到即止。在这种情况下，思想政治教育成了一个个需要诵记的知识点，这些知识点与现实相脱离，与产生这些内容所从属的知识体系相脱节。教育主体所谓的知识传授也变成了缺乏思想内核，空洞无味的唠叨。苏联著名教育家苏霍姆林斯基曾指出："无论课堂上所学的教材具有多么充实的政治思想和道德思想，但学生在掌握知识的过程中总是把认识的目的放在第一位：知道它、学会它、记熟它。而且教师也是全力以赴地追求这一点。这个目的越是被置于首要地位，它就越是有力地占据了学生的内在力量，而思想也就越来越远地退居次要地位，从而把知识转化为信念的有效系数就越来越低。在学生很少思考，很少分析事实、现象和规律性的实质的地方，这个有效系数是最低的。"①教育主体只片面注重知识的传递，不但对受教育者起不到良好的引导作用，反而会引起受教育者对思想政治教育的反感。

①傅统先，张文郁. 教育哲学[M]. 济南：山东教育出版社，1986：169.

第二,教育主体孤立地进行知识传授。受教育者在大学时代会受到多方面知识的教育,作为有机整体构成部分的各类知识,均是有助于教育对象形成良好思想道德品质的基础和资源。现在的民办高校大学生思想政治教育中,教育主体往往将思想政治教育知识传授与其他学科知识传授孤立开来,在专门的思想政治理论课上,只讲授思想政治理论课的知识点;在其他课程教学中,只是单纯进行学科知识教育,而没有充分利用各学科丰富的知识内容进行思想政治教育。这样就导致思想政治教育知识传授与整个大学阶段知识体系的疏离,陷入了"孤立无援"的困境。培根曾指出:"史鉴使人明智,诗歌使人巧慧,数学使人精细,博物使人深沉,伦理之学使人庄重,逻辑与修辞使人善辩。'学问变化气质',不仅如此,精神上的缺陷没有一种是不能由相当的学问来补救的:就如同肉体上各种的病患都有适当的运动来治疗似的。"①教育主体不能企求仅仅借助思想道德专业知识推进民办高校大学生思想政治教育实践。思想政治教育要注意自觉吸纳先进的科学文化知识和思想理论成果来丰富自己的教育内容体系,而不是要将大学生思想政治教育变为某类知识的专业化的传授。

2. 教育主体人格塑造肤浅

研究表明,思想政治教育主体在大学生形成健康人格的过程中扮演着重要角色,教育主体不仅是思想道德知识的传授者,同时也是大学生健康人格的塑造者。但就目前的情况来看,教育主体在大学生人格塑造的广度、深度及水平方面都与社会发展的要求和大学生自身成长的需求相差较远,在对大学生人格塑造方面

①[英]培根. 培根论人生[M]. 北京:光明日报出版社,2006:200.

暴露出肤浅性和低效性。

第一,教育主体没有充分重视民办高校大学生人格的培养。受传统应试教育思想的影响,大部分教育主体仍以单一模式的考试作为评价学生的唯一标准,由于人格塑造的长期性、不易考量性、反复性等特征,人格塑造成果无法直接与教育主体的业绩考核挂钩,导致教育主体对人格塑造职能的忽视和淡漠。另外,部分教育主体主要采用理论教育和口头教育的方式对受教育者进行人格培育,通过实践活动等进行的教育少之又少,使得有关学生人格塑造的教学活动流于形式,内容空洞,脱离实际。虽然许多学校相继提出了“感恩教育”“励志教育”“诚信教育”等有关大学生人格塑造的响亮口号,但在实际操作方面却大打折扣,将其简单地依托于心理咨询中心,划归为心理健康教育,并没有真正建构出完整的思想政治教育人格培育系统。

第二,教育主体忽视对受教育者个性人格的塑造。人的个性发展是人的全面发展的基本目标和重要内容,是人全面发展的个体化体现。而在现实的思想政治教育过程中,教育主体往往过分强调社会道德要求对个体行为品质的认同,而忽略个性心理的需要与建构。一方面,很多教育主体在引导大学生进行人格修养时,往往只是铸造共性,只是按社会需要的统一模式生产“标准件”,以培养学生的意识形态观念、政治理想、道德规范为重点,倾向于塑造服从型和奉献型等“高大全”千篇一律的人格形象,导致人格塑造的程式化和简单化。在这个过程中,教育主体忽视受教育者个性人格发展的个体性需求,没有充分发掘受教育者良好的个性潜质,没有针对学生不同身心特点和发展阶段开展个性化、渐次性的人格造工作。受教育者的差异是具体的、现实的,如果忽略这些差异性,使用单一的教育方式就达不到预期的目的。

另一方面，教育主体在人格塑造过程中往往求全责备，要求受教育者尽善尽美，而没有引导受教育者在自己力所能及的范围内，对自己负责，关心自己，教育自己，没有充分发挥教育对象自我人格塑造的主体性作用。

3. 教育主体道德影响乏力

教育主体作为教育活动的主导者，在与具有能动性的教育对象相互作用的实践中，往往满足于将一定社会道德要求传授给教育对象，没有意识到：学生从教师的品格和行为中学到的东西比教师所教的东西更多更重要。教育主体的道德活动会被教育对象所审视，并予以效仿或拒斥，可见教育主体的道德品质对受教育者思想道德素质的形成和发展具有很大的影响。但在整体性视角透视下，教育主体道德影响正陷于乏力的困境。

第一，教育主体道德影响意识不足。主体意识是教育主体关于自身的自觉、明晰的认识，包括教育主体对于自身在整个思想政治教育活动中所具有的主体地位、主导性作用和所担负的具体使命，以及自身活动对于教育对象所具有的现实与长远意义的全面而深刻的认知。在实际的教育活动中，教育主体的道德影响意识不足，导致教育主体往往忽视自身道德品质、道德行为对教育对象产生的无形的、潜在的也是持久的、深刻的教育影响，而只是出于职业要求而例行公事地开展教学活动；教育者往往放松对自己的要求，不能做到时刻自警自策、独善其身、以身作则，发挥自己的榜样作用；教育者往往不能自觉对照有效开展道德影响活动所要求的应然素质，缺乏反省和自我完善的强大动力；教育者往往对教育活动的道德目标没有清醒认识，致使道德影响停留在自发的盲目的水平。强烈的道德影响意识，是制约教育活动成败的重要因素，道德影响意识不足，就会导致教育主体的教育活动失去道德影响力和感召力。

第二,教育主体个性道德渗透能力不足。教育主体不是一个教育传输机器,而是具有个性化道德和思想的现实的人。教育主体所实施的任何道德教育要求,都必然会被其自身过滤、加工甚至改造,而后变成一种道德输出,转化为对学生的道德影响。个性道德是教育主体的主体性在教育过程中的集中表现,它体现了教育主体道德影响的风格、艺术和特质,没有个性道德的教育不是真正的教育。事实证明,教育者的道德示范越是多样化,学生社会角色学习越具有选择性。假如所有的教育者都是一副面孔、一套方式、一种程序,不仅易使学生个性发展单调化,也会给学生造成脱离社会真实生活的印象。教育主体个性化道德形象的塑造是富有创造性、艺术性的过程,既需要一定的道德素质,又需要较高的德育能力。在当前的大学生思想政治教育中,教育主体个性道德意识不强,个性道德渗透能力不足,导致教育主体对受教育者的道德影响仅仅停留在复述社会要求的层面,缺乏主体自身的阐释和个性化引导,导致教育主体道德影响的乏力。

(二)陕西民办高校大学生思想政治教育对象素质发展的片面性

促进大学生的全面发展是大学生思想政治教育的目标,素质是大学生全面发展的核心所在,只有素质的整体性提升,才能真正实现民办高校大学生的全面发展。以整体性视角透视当前陕西民办高校大学生思想政治教育,教育对象素质发展还存在片面性,主要表现在教育对象道德认知与道德行为不协调,学业水平与实践能力不匹配,思想品质与心理素质不均衡。

1. 教育对象道德认知与道德行为不协调

对于陕西民办高校大学生道德认知与道德行为的不协调性,

一方面体现为较高道德认知水平与较低道德实践水平的矛盾，另一方面在道德标准上存在对他人高要求对自己低要求的矛盾心理。

一方面，当代大学生从小学阶段到大学阶段，一直受到不同形式的正面教育，基本上形成了正确的道德认知，民办高校大学生思维活跃价值多元，对其而言道德认知不是一味地盲从和迷信权威，而是对自己接触的知识经过理性的思考沉淀而成的，具有较高的道德认知水平。绝大部分大学生有明确的道德辨别力，知道什么是对的，该做什么，什么是错的，不该做什么。然而大学生的道德实践水平又较低，思想上认同的道德规范常常不能转变为道德行为，行为上没有表现出与其道德认知水平相一致的道德实践水平。比如，民办高校大学生都知道诚信在现代社会的重要性，但在大学考试中抄袭作弊的无诚信现象却屡屡发生；都崇尚先公后私的集体精神，但在个人利益与集体利益不一致或发生冲突时，又往往在实际上表现出“先私后公”，甚至“损公利私”的行为。

另一方面，民办高校大学生对他人、对社会有较高的道德行为要求与期望，他们对现实中的各种不道德现象表现出种种不满，希望他人都能践行道德义务，但在自己面对道德行为选择时往往又会选择放弃道德行为。比如，都认同在公共场所要遵守公共道德，会对别人不遵守公德的行为进行谴责，但自己在公共场所却我行我素，不顾他人感受的行为随处可见。这些现象都反映了民办高校大学生素质上明显的缺陷，即“知”与“行”的脱节。

2. 教育对象学业水平与道德能力不匹配

教育对象学业水平与道德能力不匹配主要表现在，大学生虽然有较好的思想道德学习成绩，但在面对具体道德情境、道德问题时，却往往感到迷惘和困惑，做不出有效的道德判断和积极的道德行为。此现象在陕西民办高校中较严重。

大学是知识的殿堂，学习专业知识及其他科学文化知识是大学生的本职任务。教育对象通过思想政治理论课系统的知识性学习，往往掌握了相关的思想道德理论方面的基本知识和基本原则。加之学校主要采用考试的方式对学生学习状况进行考察，思想道德被作为知识被学生迅速接受，从学业水平上达到了考评要求。

但如同知识丰富不等同于智能发展水平卓越一样，较高的学业水平也不代表会有较高的思想道德素质，关键还需要较强的主体能力促使其有效转化。与较高的学业水平相比，大学生存在道德认识能力不足，道德内化能力低下和道德决策能力弱势的现象。首先，教育对象道德认识能力不足。掌握思想道德理论知识点并不等于形成道德认识，因为它只是对知识的了解，却没有形成系统思想道德观念和理念，没有形成道德分析判断能力。其次，教育对象道德内化能力低下。掌握知识点只是知道“是什么”的问题，如果没有内化能力，那么受教育者与外部世界建立的只能是一种被动的反映与被反映关系，难以产生强烈的动机，迸发深厚的情感，主动进行道德活动。最后，教育对象道德决策能力缺乏。道德决策能力是形成道德行为的直接基础，这种能力的缺乏会导致受教育者错误分析问题，难以做出明确判断，也就直接阻碍由知到行的转化。

3. 教育对象思想品质与心理素质不均衡

思想品质是一个人意识水平、思维活动、行为作风所显示出的思想、道德、修养等基本状况，具体表现为一个人的世界观、人生观、道德观、政治观等。通过长期爱国主义、集体主义、社会主义教育和系统的思想道德理论知识学习，多数大学生树立了正确的世界观、人生观、政治观等。面对处于大变革时代的社会背景，他们具有坚定的政治立场，能够认同党的基本路线和中国特色社会主义道路；能在科学世界观和正确人生观指导下，不断更新思想观念，树立反映时代要求的价值观念、信息观念、法治观念、创新观念等新观念。能够通过科学文化知识的学习，树立正确的思维方式，具有较高的认识世界的能力。

心理素质是指人的各种心理品质的综合状况，主要包括认知、情感、意志、信念等因素。心理素质是人的整体素质的重要组成部分，它直接关系到大学生能否适应社会、具备良好人际关系、形成健全的人格。近年来，许多有关大学生心理健康状况的调查资料显示，当代大学生心理矛盾日渐增多，由此引发的心理问题也日渐突出。比如，面对环境的变化和来自社会、家庭的压力，容易出现迷茫、焦虑、抑郁等心理障碍；对生活期望值过高，意志力薄弱，耐挫力差；性格孤僻或过于自负，缺乏沟通、互助和分享意识，不能很好地与他人建立良好的人际关系等。这些都是缺乏积极而健康的心理素质的表现，也在不同程度上影响着思想道德素质的形成和发展。

当代大学生往往在具有理性色彩的思想品质上具有较高水平，而与之相应的具有感性色彩的内在心理素质却出现短板现象，民办高校学生尤甚。较高的理性思想品质水平与不足的心理素质水平的不均衡发展，使民办高校大学生在面对残酷的社会竞争、多元的文化价值环境时，在对社会、人生的认识上，表现出深刻与肤浅、客观与偏激、积极与消极等矛盾，才引发了诸如品学兼优的大学生自杀和伤害他人等悲剧的出现。

(三)陕西省民办高校大学生思想政治教育过程各环节的孤立性

1. 片面强调育人要求,忽视受教育者自我发展的需要

民办高校大学生思想政治教育既是社会发展的要求,也是广大受教育者自我生存和发展的要求,而满足国家社会要求与满足受教育者自我发展是一个问题的两个方面。然而现实情况是,民办高校大学生思想政治教育过程,往往强调国家社会对大学生某些社会“共性”的一面,如群体性、整体性和统一性等,而忽视了其个体“个性”的发展,片面强调国家、社会要求的先天合理性。当然,思想政治教育适应社会发展要求是其内在规定性。但过分强调民办高校大学生对社会的绝对服从、高度认同和无私奉献,忽视甚至否定大学生个性发展和正当要求,就把国家社会要求和个人发展对立起来,将本该有生命力的社会变成“虚幻的群体”,导致学生对大学生思想政治教育产生应付甚至反感抵抗的心理。

片面强调国家、社会要求,忽视大学生个人发展需求,在大学生思想政治教育过程中具体表现为:在思想政治教育目标制定方面,过于强调培养整齐划一的“听话型”和“服从型”人格,忽视甚至抹杀了其群体差异性和独特性。过于强调大学生对国家、社会的有用价值,忽视其个体价值;片面强调大学生服从特定的社会规范和要求,忽视促进其个体个性自由发展的要求。仅仅看到大学生在实现党和国家特定历史阶段政治的、经济的、社会的发展目标中的作用,而没有充分将他们当作教育对象来促进大学生全面发展。在陕西民办高校思想政治教育内容上,一方面,片面强调对共产主义理论、党和国家政策、社会规范的传授,而忽视与每个阶段大学生自身发展相关的入学适应教育、心理健康教育、求职教育等内容;另一方面,过分强调教育内容与国家、社会目标要

求的一致性，用同一的理想化的社会标准来确定教育内容，用来要求和塑造每一个大学生，忽视了不同年龄段、不同年级、不同家庭背景的大学生在思想上的差异。在教育者与受教育者关系上，作为国家、社会要求“代言人”的教育者，被赋予了至高无上的权威，利用说教的方式向受教育者灌输国家社会要求，而将富有主体意识的受教育者置于绝对客体地位，无法调动大学生参与思想政治教育的主动性。重外部灌输，轻内在诱导，导致大学生不能真正理解知识的真正含义，而只是对其表面的诵记。使得思想品德规范不能内化为个体信念，导致“知而不信”，而个体信念又不足以外化及指导个体行为，导致“信而不行”。这就使思想政治教育无法真正地影响大学生的心灵世界，无法实质上提升其精神境界。

2. 过于强调解决思想问题，忽视受教育者现实问题的解决

将解决受教育者的思想问题与解决其实际问题相结合，才能提高思想政治教育的实效性。然而在现实的陕西民办高校思想政治教育中，教育者往往通过世界观、人生观、价值观等思想层面知识的教授，或通过组织以理想信念、爱国情感等为主题的校园活动，来加强对大学生的思想塑造，着眼于其思想问题的解决。但是，人的需求是多方面的，大学生在日常的学习、生活中往往也会遇到很多实际问题，思想政治教育在这些问题解决上的缺位，影响了大学生思想政治教育的实效性，陕西民办高校这种脱节情况更为明显。

第一，忽视经济问题的解决。作为社会人，人是有社会责任和社会属性的。同时，人也具其有自然属性，因而也有其物质需要。在陕西民办高校大学生思想政治教育的实际中，教育者往往没有用科学的眼光正确对待大学生的物质需求，也就忽视了其物质需求，没有利用必要的物质刺激措施来激励和引导大学生将其

内在需要转化为积极进取的思想动机,通过解决实际问题进行思想政治教育的方式。另外,教育者往往忽视大学生因物质原因导致的各种问题,如部分贫困生不合群,或人际关系过于敏感,出现这样的情况有时并不是因为其性格或思想方面存在问题,而只是为经济所迫。这时如果不加分析,仅仅对其大谈世界观、人生观、价值观,而不帮助学生通过申请助学贷款或助学金等方式来解决其物质需要,思想政治教育就不会收到预期效果。

第二,忽视就业指导问题的解决。2009 年,教育部办公厅印发了相关文件,对各地民办高校开展就业思想政治教育提出了十个方面的具体要求,以促进就业难题的破解,解决大学生的实际问题。然而就 2010 年中国人力资源开发网和《大学生就业》杂志发布的《大学生就业现状及发展》的调查报告显示:大学生对陕西民办高校提供的就业指导,表示“很满意”的比例仅 1.2%,表示“满意”的比例也仅为 6.43%。相反,表示“不满意”和“很不满意”的比例达到了 29.4%和 13.51%。调查结果表明,陕西民办高校目前提供的就业指导还远没有满足学生的要求。思想政治教育在就业教育上的乏力,导致大学生在就业观上或多或少地存在着不适当的认识和行为;在知识层面缺乏对相应劳动与就业政策法规知识的了解,对人才市场状况认识较为模糊,在择业中难以做出正确的判断;从技能层面上,大学生不但缺乏职业生涯决策、求职技巧等基本的技能,而且缺乏进行社会沟通的常用技能。

第三,忽视心理问题的解决。现实社会转型期的背景下,在校大学生深受影响,面对越来越激烈的社会竞争、越来越快的生活节奏,使得许多民办高校大学生心态失衡,焦虑而浮躁,精神痛苦,有的甚至心理变态,做出极端行为,给社会和人生造成严重负面影响。据西安市卫生局 2010 年发布的数据显示,西安地区大学生抑郁患病率达23.66%，有严重心理问题的大学生比例呈逐年上升的趋势。另据有关学者对陕西16所民办高校的调查，因精神疾病休学、退学的人数分别占总因病休学、退学人数的37.9%和64.4%，精神疾病在不少民办高校中已成为大学生辍学的主要原因。这些大学生期待着得到精神上的宽抚，恢复心理平衡。在实际的民办高校大学生思想政治教育中，教育者往往忽视对大学生情绪、心理健康的关注，或者没有相关方面的知识和技能，不能很好地对学生出现的情绪问题和心理问题进行有效解决。这就使得学生在接受思想政治教育时不能保持良好的情绪状态或心理状态，使思想政治教育效果大打折扣。

3. 片面关注在校表现，对受教育者未来发展缺乏前瞻性引导

思想政治教育既有显性的、近期的效果，同时其潜在的、长远的效果也是大量客观存在的。当前陕西民办高校思想政治教育往往侧重关注学生在校期间学习成绩、纪律遵守方面的表现，而缺乏对受教育者未来步入社会所需的思想道德智慧和处世技巧的培育。

第一，思想道德智慧培养的离场。有效的思想政治教育应指向对教育对象思想道德智慧的培植，思想道德智慧是以思想道德知识系统、心理系统为基础，以思想道德能力系统为核心的有机统一体。思想道德智慧的培养，可以使民办高校大学生即使在没有教育者指导的情况下，也可以独自对思想道德情境进行分析和判断，并做出相应的思想道德行为。而在现实的思想政治教育工作中，从某种意义上说，所淡忘的恰恰是对教育对象思想道德智慧的培植和开发，教育者所关注的只是对思想道德知识的诵记，以思想政治理论考试成绩的高低评定思想素质的优劣；或是关注用所谓的思想道德规范约束学生，以培养听话的、守纪律的好学

生。这种关注点的失衡，导致思想政治教育被视作个体应该遵守的、用于自律的规范和条款，用来考察学生的在校表现，而不是被更多地视作助益于大学生个体生存和成长、个体全面发展的资源来更好地指导受教育者。思想道德智慧培养的离场，导致民办高校大学生在步入社会后，提升自身道德素养的自觉性不足，处理与应付人生、社会思想道德问题的能力匮乏。

第二，处世技巧方面的指导缺失。虽然当前社会与学校联系愈发紧密，但大学作为教书育人的特定场所，环境仍然较为单纯，与竞争激烈的社会还是有很大的差异。大学生在学校中学习的社会规范规则，往往只是对其知识性的习得，而没有真正内化为个人品质，当其步入社会后遇到一些社会"潜规则"，往往导致其不能理解或不知所措。由此而导致人际关系紧张，或心理落差过大造成心态的不平衡。现实的思想政治教育缺乏其在人生处世方面的正确引导和教育作用，而处世技巧往往是前人和他人的经验总结，富有哲理性，对于丰富人生智慧、正确处理人生中的种种问题，具有重要价值。因而思想政治教育在帮助民办高校大学生正确处理步入社会后遇到人生问题上引导乏力。

第四章　陕西省民办高校大学生思想政治教育现状分析

思想政治教育与民办高校大学生发展契合的过程，就是大学生思想政治教育实践的过程。

一、陕西民办高校大学生思想政治教育的主要经验与规律探讨

陕西民办高校大学生思想政治教育随着大学生群体的发展不断向前推进，特别是近几年来，各高校高度重视和关注大学生群体的发展，并不断加大对大学生发展的指导与支持力度，从而使大学生思想政治教育不断得以加强和改进，取得了一些经验，探索了一些规律。

(一)陕西民办高校大学生思想政治教育的主要经验

陕西民办高校由于思想认识和工作侧重点不同，各高校的大学生群体思想政治教育发展不均衡。总结和归纳民办高校大学生群体思想政治教育的一些经验做法，主要是从大学生群体思想政治教育显性方面来进行。具体地说，当前民办高校实施的大学生群体思想政治教育的主要做法有以下几个方面：

1. 以大学生组织建设为主阵地，推动大学生群体思想政治教育的系统性发展

目前，陕西大多数民办高校都建立了较为系统、完善的各级各类学生组织，包括大学生党团组织和群团组织等。这些学生组织具有鲜明的先进性和严密性等特点，是大学生群体的主体力量，发挥着主导作用，成为高校思想政治教育发挥其系统性作用的主阵地。这种系统性主要体现为：一是内容上的完整性。可以说大学生思想政治教育的所有内容，在学生组织建设中都可以得到体现。不仅如此，学生组织建设还突出了思想政治教育以理想信念教育为核心、以爱国主义教育为重点、以思想道德教育为基础这一根本特点和要求。二是时间上的连续性。每一个大学生从进校到毕业离校，都在一定的学生组织中生活和学习，通过学生组织接受思想政治教育贯穿了整个大学生活过程。三是影响上的彻底性。民办高校大学生个体参加任何一个大学生群体，其思想和行为都不可避免地会受到学生组织建设的影响。正是源于这种影响的彻底性，使大学生组织在大学生群体中处于基础和核心地位。陕西民办高校通过加强大学生组织建设来实施系统性的思想政治教育的主要途径有：

第一，加强民办高校大学生党的基层组织建设。主要是通过在大学生中建立党支部和党小组，并使其成为带动班级进步和开展思想政治教育的坚强堡垒。2003 年第十二次全国高校党建工作会议指出，努力实现高年级学生支部建在班上，形成“一年级有党员、二年级有党小组、三年级有党支部”的学生党建新格局。[1] 2004 年，《中共中央国务院关于进一步加强和改进大学生

①周济. 以“三个代表”重要思想为指导加强和改进在高校学生中发展党员工作[R]. 2003-10-28.

思想政治教育的意见》(中发〔2004〕16号)明确指出,要坚持把党支部建在班上,努力实现本科生班级"低年级有党员、高年级有党支部"的目标。2005年,中共中央办公厅转发《中共中央组织部 中共教育部党组 共青团中央关于加强和改进在大学生中发展党员工作和大学生党支部建设的意见》(中办发〔2005〕14号)更是明确要求:学生中正式党员达到3人以上的班级可以并应及时成立党支部,学生党支部较多的院系党委,可设立学生党总支。学生党的基层组织的主要职责有三:一是宣传党的方针政策,执行上级党组织的决议,推动班级团结进步;二是加强对学生党员的教育管理,组织他们参与学生事务管理,保持和发挥学生党员和学生党组织的先进性;三是做好入党积极分子的培养工作,有针对性地开展思想政治教育,并按标准发展学生党员。加强民办高校大学生基层党组织建设,既有利于促进学生党员群体的进步,又有利于发挥党的政治优势和组织优势,进一步推动高校大学生思想政治教育的发展。

第二,加强民办高校大学生共青团的基层组织建设。主要是通过在大学生中建立和健全共青团的各级基层组织来发挥团在教育、团结和联系青年学生方面的优势。陕西民办高校目前建立健全了校、院(系)两级团的基层委员会,普遍以班级为单位成立团支部,以年级或专业设立团总支。各级团的基层组织充分发挥自身优势,成为掌握和了解学生思想动态并积极主动引导学生发展的先进性组织,成为组织开展各种校园文化活动并在活动中强化理论学习的组织性群体,成为不断拓展其教育学生、管理学生、服务学生职能的发展性组织。近些年来,陕西民办高校加强基层团组织建设主要突出五个方面的主题:一是突出团组织对学生自治组织和社团发展的指导主题。各级团组织加强对同级和下级学生组织工作上的指导、考核与评估，同时对各类社团加大规范管理、支持帮助、考核评估等方面工作的力度，使团组织在大学生群体中起着重要的组织领导作用。二是突出团组织组织大学生开展素质拓展主题。目前，陕西许多民办高校纷纷制订和实施了“大学生素质拓展计划”，并将大学生素质拓展纳入学校教育的整体规划之中。三是突出团组织组织大学生群体参与校园文化建设主题。各民办高校团组织广泛动员和认真组织广大学生及学生群体开展“创建文明校园、文明班级、文明宿舍，做文明大学生”主题教育活动，组织开展大学生科技文化节、校园文化艺术节等校园文化主题建设活动等。四是突出团组织组织大学生开展社会实践主题。1991 年以来，各民办高校团组织不断拓宽大学生社会实践的渠道、创新大学生社会实践的形式，深入开展“三下乡”“四进社区”“志愿服务”“红色之旅”“我的中国梦”等主题社会实践活动。五是突出团组织在服务大学生科技创新、就业创业、经济资助等方面的主题。陕西各民办高校团组织以“挑战杯”全国大学生课外学术科技作品大赛和全国大学生创业计划大赛为龙头，组织学生开展各种课外学术科研和创业活动，同时积极利用共青团的各种社会资源，动员一些社会企业和团体到学校设立助学金、助学奖学金及创业基金等。近几年，许多民办高校也在不断地创新团的基层组织建设模式，按照“多种模式，多重覆盖”的要求，在学生公寓、学生社团建立团的基层组织，有一些民办高校还在活动项目、网络虚拟群体中建立了团的基层组织。

第三，加强大学生自治组织体系建设。陕西民办高校中大学生自治组织体系存在两个发展序列，横向序列上主要是指各类学生社团，实施着对自愿组合的社团群体的自治；纵向序列上主要是指校、院（系）、年级（专业）各级学生会和班委会等，属于学校行政管理序列重要组成部分，是大学生实施自我教育、管理和服务的主要组织机构。大学生自治组织主要的职责，一是组织开展各种活动，促进同学全面发展；二是倡导学生自觉维护校纪校规，建设良好的校风、学风；三是组织学生参与学校学生事务管理，维护学生的正当权益；四是做好学校与学生之间的沟通桥梁，协助学校完成有关工作任务等。近些年来，陕西民办高校不断加强大学生自治组织体系建设，切实发挥其在思想政治教育中的主体性作用。一是指导和支持各级学生自治组织自主开展工作。大学生自治组织除了参加或与团组织共同组织有关教育活动外，也根据自身特点组织一系列学生群体活动，如大学生科技文化活动、文艺体育活动、能力素质拓展活动等。二是促进和加强各级学生自治组织的民主化建设。体现在组织召开各级学生代表大会，讨论制定或修订学生管理章程、学生活动总结与评比等。三是不断拓宽学生自治组织，民主参与学生事务的渠道和途径。许多民办高校在一些涉及学生事务管理、服务的部门，都建立了与学生自治组织沟通联系的方式渠道如“校领导午餐会”等，定期不定期地听取学生代表的意见或建议。有的民办高校还建立了由教师、干部与学生代表共同组成的民主管理组织。四是加强新型大学生组织建设，主要是指大学生社区组织和网络组织建设等。建立大学生社区，让学生自主参与宿舍生活管理、服务的高校逐渐增多。除此之外，为适应网络管理的需要，陕西一些民办高校成立了大学生网络管理组织，选拔优秀的大学生组成网络监控和管理队伍，适时对网络舆论予以正确引导。

2. 以大学生社团发展为主渠道，推动大学生群体思想政治教育的特色性发展

由于陕西民办高校大学生社团发展的历史较长、传统优良、

作用显著等原因,各高校都十分重视大学生社团的发展。每个民办高校都存在数量颇为可观的大学生社团,并且各校都有一批特色鲜明、发展质量较高、社会影响较大的大学生社团。大学生个体参与社团的高度自发性以及社团发展的高度自主性,决定了思想政治教育要更多地贴近大学生社团的发展实际,不同的大学生社团的思想政治教育内容、方式等也应相应不同,因而,大学生社团的特色性发展,必然促进大学生群体思想政治教育的特色性发展。这种特色性主要表现为:一是大学生社团发展目标的特色性,反映了思想政治教育目标的差异性。不同的大学生社团有着不同的发展目标,目标上的特色性是大学生社团实现特色性发展的导向标。思想政治教育要满足这种特色性目标的需要,就必须确立相应的差异性目标。二是大学生社团发展过程的特色性,反映了思想政治教育模式的多样性。在大学生社团的特色发展过程中,其群体规范、理念及群体活动都会显现出自身的特色,相应的,思想政治教育在工作理念、具体方式方法上也会呈现出多样性。三是大学生社团文化的特色性,反映了思想政治教育成果的丰富性。大学生社团特色性发展过程中,会不断形成特色性的社团文化。这种文化在反映校园文化多样性的同时,也反映了其特色性。而特色性的大学生群体文化和校园文化都是思想政治教育成果丰富性的具体体现。近些年来,陕西民办高校在加强大学生社团建设,推动大学生群体思想政治教育主要做了以下工作:

第一,准确界定大学生社团的性质,明确思想政治教育的主要任务。大学生社团在20世纪90年代以前,主要是作为学生会的工作对象存在,学生会在大学生社团的成立和管理中起着组织领导作用;90年代以后,陕西许多民办高校成立大学生社团联合会,负责对大学生社团进行组织管理。大学生社团联合会与学生会一样，直接接受校团委指导。有的民办高校社团联合会主席与校学生会主席或副主席交叉任职，有的并列存在，并享受同等的政治待遇。《中共中央国务院关于进一步加强和改进大学生思想政治教育的意见》（中发〔2004〕16号）明确要求：要依托班级、社团等组织形式，开展大学生思想政治教育。共青团中央、教育部《关于加强和改进大学生社团工作的意见》（中青联发〔2005〕5号）明确了思想政治教育加强大学生社团建设的主要任务，一是要积极支持大学生社团开展健康有益的活动；二是切实加强对大学生社团的领导和管理；三是要不断推进大学生社团发展的工作机制。

第二，科学区分大学生社团的类型及明确大学生社团发展方向。陕西民办高校大学生社团的类型很多，根据其活动可以分为理论学习型、学术科技型、文化娱乐型、社会实践型、志愿服务型、体育竞技型等。共青团中央、教育部〔2005〕5号文件明确要求：要加强工作指导，把握正确方向，大力扶持理论学习型社团，热情鼓励学术科技型社团，正确引导兴趣爱好型社团，积极倡导社会公益型社团。这一要求同时也明确了大学生社团的发展方向。除鼓励大学生社团立足校园开展活动外，思想政治教育者还提倡大学生社团积极探索开展网上社团活动、跨校社团活动等。

第三，不断促进大学生社团的规范化管理及加大对大学生社团发展的保障力度。实践中民办高校都深刻认识到：思想政治教育要切实发挥大学生社团在全面推进素质教育中作用，要充分调动大学生自我教育、自我管理、自我服务的积极性，就必须不断促进大学生社团的规范化管理和加大对大学生社团发展的条件保障。因此，各民办高校要求并指导各个社团在制定和完善各自的《社团章程》的同时，也要制定和完善《学生社团管理办法》，对大学生社团的成立资格、注册程序、管理流程、经费使用、考核要求等进行了较为完整的规定。另外,许多民办高校也不断加大对大学生社团的经费投入和条件保障。有的民办高校还明确规定大学生参与大学生社团可以计人素质学分、专业教师担任大学生社团的指导教师可以计入教学工作量等。

3. 以大学生干部培养为主抓手,推动大学生群体思想政治教育的开拓性发展

大学生干部是指各类大学生群体中的主要组织者,包括各级学生组织中的学生党员和学生骨干等。我们党和国家历代领导人都十分重视大学生干部的培养。2006 年 6 月 5 日,胡锦涛指出,重视并加强对学生干部的培训和实践锻炼是一件有深远意义的事情,要注意总结各地行之有效的经验,引导一大批优秀学生干部健康成长。由于大学生干部承担着大学生群体发展的主要组织、领导和协调任务,因此,对大学生干部的培养决定着思想政治教育能否有效地与大学生群体发展相契合,并实现开拓性发展。其开拓性发展主要体现在两个方面,第一个方面是通过对大学生干部的培养,可以帮助他们有效解决在组织群体发展中存在的各种困惑,有利于大学生群体破解难题,实现大学生群体思想政治教育的突破性发展。第二个方面是通过对大学生干部的培养,可以大大提高他们的认识水平和能力素质,有利于大学生群体进行新的超越,从而实现大学生群体思想政治教育的创新性发展。近些年来,大学生群体思想政治教育加强对学生干部的培养,主要体现在以下方面:

一是重视大学生干部的综合培训。陕西民办高校普遍采取党校、团校以及培训班等形式对大学生学生干部进行综合培训。培训的内容既包括马克思主义基本理论、毛泽东思想基本理论、

中国特色社会主义理论以及党的方针、政策、路线等,也包括大学生干部的基本素质、要求、工作技巧和方法。同时,许多民办高校加强了对大学生学生干部培训的理论研究和模式创新,结合大学生干部能力素质拓展,开展了公务员素质培训、企业管理素质培训、公共事业管理素质培训等不同类型的培训班,增强大学生干部的就业创业意识和能力。除高校外,各地共青团组织也不断加强大学生干部的培训力度。2006 年 8 月,团中央、全国学联印发了《高校学生干部培养规划(2006—2010)》,从指导思想、工作原则、主要任务、工作要求四个方面对加强大学生干部培养进行了规定。

二是重视大学生干部的实践锻炼。陕西民办高校对大学生干部的实践培养除了充分发挥他们在各自岗位上的作用外,还通过组织参加社会实践、志愿服务、到基层挂职等多种形式的实践锻炼。许多民办高校规定大学生干部在校期间应当至少参加一次暑期社会实践活动,及每学年应当参加不少于 100 小时的志愿服务。同时,各地教育主管部门和共青团组织也不断创新开展大学生干部实践锻炼活动。2006 年,陕西省近百名民办高校优秀大学生干部赴江西、广西等七省(区、市)开展"重走长征路,弘扬爱国情"主题社会实践活动;2007 年,陕西 100 名民办高校大学生干部利用暑期到农村、街道、社区、企事业等基层单位进行为期一个月的挂职锻炼。2007 年 5 月,共青团中央正式启动"青年马克思主义者培养工程",标志着大学生干部的培养进入一个新的更高阶段。

三是重视大学生干部的对外交流。陕西许多民办高校十分重视大学生干部的对外交流,不断拓宽他们的视野。有的高校不仅注重加强本校大学生干部与国内其他高校学生干部的交流学习，而且注重本校大学生干部与国外或境外大学生干部的交流学习。如陕西某民办高校，2008 年暑期组织近百名大学生干部分赴日本、俄罗斯、香港、台湾等国家和地区的一些高校参观学习，拓宽了他们的国际视野。有些民办高校还出现了专门从事学生国际交流的社团。

4. 以大学生特殊类型群体教育为主要切入点，推动大学生群体思想政治教育的实效性发展

大学生特殊类型群体的形成是思想政治教育创造性活动结果，通过对这些群体有针对性的教育和引导，解决他们的特殊问题，提高了思想政治教育活动的效率，实现了思想政治教育的实效性发展。这种实效性发展，一是体现在教育的针对性和必要性上。特殊类型的大学生群体所存在的特殊问题往往是具体的、必须解决的，而解决这些特殊问题，也是思想政治教育形成此类群体的主要目的，或者说是这些特殊群体发展的主要目标，因而针对特殊类型大学生群体所开展的思想政治教育也具有较强的针对性和必要性。二是体现在教育的效率性和规律性上。大学生特殊类型群体是由具有相同或相似特殊问题的多个大学生个体形成的，解决某一类型的群体问题，不仅可以解决现有的这一类型群体中所有个体问题，体现了思想政治教育的效率，而且有利于解决今后不断出现的同一类型其他群体问题，从而体现了思想政治教育的规律性。当前民办高校加强和改进特殊类型大学生群体教育，主要表现为三点：

第一，重视大学生特殊群体的存在和发展问题。大学生思想和行为上具有差异性，表现为整体性与层次性并存、共性与个性并存。思想政治教育在强调和重视整体性、共性问题的基础上，也越来越关注层次性、个性问题。为解决同一层次性问题相同或

相似个性问题,思想政治教育者通过创建特殊类型群体的方式,实施针对性教育。目前陕西民办高校普遍关注的大学生特殊群体有许多类型,尤其对弱势群体的关注较多。《中共中央国务院关于进一步加强和改进大学生思想政治教育的意见》(中发〔2004〕16号)就明确提出要加强对大学贫困生问题、心理健康问题、网络教育问题、就业困问题的解决。陕西民办高校在贯彻文件过程中,十分重视大学贫困生群体、有心理障碍群体、网络虚拟群体、就业困难群体等特殊群体的存在和发展工作。

第二,重视大学生弱势群体实际问题的解决。一些大学生在专业学习、人际交往、经济保障、心理疏导、就业创业、环境适应等方面存在一定的弱势,思想政治教育者通过开展多种特殊群体教育活动,帮助他们解决实际困难。如民办高校多方筹措资金,不断完善资助政策和措施,形成以国家助学贷款为主体,包括助学奖学金、勤工助学基金、特殊困难补助和学费减免在内的助学体系,较好地帮助经济困难大学生完成学业;许多民办高校成立了专业性的心理健康教育和咨询机构,帮助存在心理障碍的大学生实现心理疏导;陕西还有一些民办高校在帮助大学生就业工作中,通过提供资金帮助和政策扶助来促进大学生的自主创业等。

第三,不断创新大学生特殊类型群体思想政治教育的方式方法。陕西民办高校在开展大学生特殊类型群体思想政治教育中,结合各自实际,不断地实现方式方法的创新。如有的高校运用团体辅导办法对学生进行心理疏导,有的高校设立贫困生银行帮助学生克服经济困难,有的高校与校外人才市场联合建立毕业生就业基地帮助学生就业等。同时,为解决特殊群体大学生的思想问题,有的高校建立了党员"一对一"谈心制,有的高校实行党支部定期联系制,有的高校实行导师制和学长制等。

（二）大学生思想政治教育规律探讨

规律是指客观事物发展不以人的意志为转移的、内在的、稳定的、区别于其他事物的本质联系。大学生思想政治教育是一项实践性很强的工作，一方面需要总结归纳好的经验；另一方面需要对经验进行理论提升，以探求其规律。无论是理论认识还是实际工作，都充分说明大学生群体的发展与思想政治教育是相互促进的，这是大学生思想政治教育的最基本的规律。从一定意义上说，大学生思想政治教育的规律既包括大学生群体发展的规律，也包括思想政治教育的规律，但它并不是后二者规律的简单相加，而是体现为二者相互渗透、相互转化、相互促进，从而呈现出针对性更强、实效性更明显的规律特征。因而，大学生思想政治教育最基本的规律可以进一步阐述为，群体生活或活动的效果与大学生思想政治教育的价值成正比，群体生活或活动的效果越好，大学生思想政治教育的价值就越大，反之就越小。

评判一个大学生群体生活或活动的效果，可以从四个方面进行考察：一是群体的吸引力，包括不同个体对同一群体的参与及同一个体对不同群体的参与；二是群体活动的效率，包括群体中个体的共同参与及个体之间的互动程度；三是群体的和谐氛围，包括群体对个体的适应及个体对群体的适应；四是群体的特色文化，包括群体对思想政治教育要求的直接传递及群体对思想政治教育要求的间接转化。因此，对于大学生群体思想政治教育基本规律的认识，可以通过以下四个方面的规律予以证明。

1. 群体满足个体需求促进群体与个体共同发展规律

大学生群体对个体需求的满足，是提高群体吸引力的关键。对于同一个大学生群体来说，参与的个体越多，就说明其吸引力越大，对个体需求的满足程度就越高；对于同一个大学生个体来说,参与的群体越多,就说明群体生活或活动对其吸引力越大,对其需求满足程度越高。因而,在大学生群体思想政治教育实践中,群体与个体共同发展主要体现为两个方面:一是大学生群体的发展与其对大学生个体需求的满足相结合。任何一个群体的存在,与其对成员需求的满足密不可分,并且其发展程度与这种满足程度成正比。二是不同群体可以促进同一个体全面发展。任何一个群体不可能满足同一个体所有要求,因而大学生可能通过参加不同群体来促进自身的全面发展。思想政治教育提倡和鼓励每一位大学生努力在不同的群体中求得较好的发展,不仅是出于促进大学生全面发展的理念,而且来自对大学生现实发展效果的追求。如果说,同一个群体可以促进大学生个体某一方面或某一层次的发展,而不同群体则可以促进大学生个体多方面或多层次的发展。这一规律是思想政治教育促进大学生群体多样性发展的基础和出发点,同时也是大学生群体思想政治教育的最终落脚点。

2. 群体互动增强思想政治教育效果规律

思想政治教育对象有两个:即群体和个体,前者效率更高,但是离不开个体的参与及个体间的互动。一方面,大学生群体思想政治教育要解决的特殊问题往往具有共性,群体中个体的共同参与有助于共性问题的解决,从而达到事半功倍的效果,并且可以减少成本。从这层意义上讲,大学生群体人数越多,其思想政治教育的价值就越大。另一方面,同一群体中的个体之间的互动有助于教育效果的增强。对于这一规律的认识和利用,是目前许多高校加强和改进大学生群体思想政治教育的重要切入点。但是实践也同时证明,群体教育活动要增强思想政治教育的实效性,必须强调以学生为中心,活动设计从问题出发,讲究形式上的生动活泼、轻松自然,要让大学生个体在参与中获得更多的情感体验。

3. 群体和谐氛围促进个体共同进步规律

大学生群体和谐氛围实际上就是群体与个体之间相互适应,共同构成大学生群体发展的内部环境。这种相互适应包含两个层次:一是相互接受,二是相互改造。相互接受表现为群体利益与个体利益开始具有一致性,相互改造则表现为群体和个体追求共同利益的最大化。由于利益的相同,个体自觉地将群体要求内化成自身的要求,群体也自觉地为每一个个体发展提供群体力量支持。教育部、共青团中央每年都要开展全国先进班集体评比活动,从被评为全国先进班集体的具体情况看,共同的特征一是群体氛围积极向上,二是所有个体发展充分,并且有较大比例的个体表现突出。无独有偶,在许多陕西民办高校中,一些学生寝室由于学习氛围浓厚,寝室所有的同学都考取了研究生。这些现象揭示了一个共同的规律,就是群体的和谐氛围有助于促进个体的共同发展。遵循这一规律,思想政治教育指导每一个大学生群体的发展,都要着重强调健康、积极、和谐的群体氛围建设。群体氛围的形成主要体现在群体成员的向心力以及彼此之间互帮、互促关系的形成上。群体的向心力表现为群体成员对群体目标的高度认同和为实现群体目标行为上的高度一致。群体成员之间的互帮、互促关系表现为先进帮后进、优势促弱势。在陕西民办高校中,也有一些所谓的关系和谐的群体,但这种和谐却表现为对低级趣味的认同、对不良或错误行为的纵容和同化。正反两个方面的对比,一方面说明大学生群体思想政治教育任重道远;另一方面也说明思想政治教育促进群体自主发展,其重点和核心要放在指导和帮助大学生群体营造良好的群体氛围上。

4. 群体特色文化促进个体自主发展规律

大学生群体对个体的影响主要表现为两方面:一是群体较为直接地将思想政治教育的要求传递给个体;二是群体间接地将思想政治教育的要求进行内化,再通过形成的具有自身特点的群体要求对个体发生影响。对于这两方面的影响来说,后者显得更为重要,也是思想政治教育以大学生群体为对象的内在要求。事实证明,民办高校发展较好的大学生群体,都会形成自己独有的群体文化,这种文化是促使群体实现可持续发展的内在力量,也是促进个体自主发展的重要推动力量。这种力量以不同方式证明大学生群体的特色文化有利于促进大学生个体自主发展,其目的和落脚点在于要用群体的特色文化来促进大学生个体的自主发展。

实践中,由于不同的大学生群体要解决的矛盾不同,因而不同的大学生群体思想政治教育也有不同规律,需要进一步认识和把握。

二、大学生群体思想政治教育存在问题的原因分析

陕西民办高校大学生思想政治教育中存在的许多问题是多方面因素作用的结果,主要有:

(一)陕西民办高校大学生思想政治教育面临的环境具有多变性和复杂性

多变性反映了陕西民办高校大学生思想政治教育的内、外在环境同时处在一个不断变化的过程之中;复杂性则体现了大学生思想政治教育环境的构成复杂多样。具体地说,主要体现在以下三个方面:

第一,大学生构成的复杂性。与以往大学生群体相比,当代

陕西民办高校大学生群体的构成越来越复杂。首先是招生规模的扩大带来大学生群体类型和数量上的增多。其次是社会结构的多元化决定了大学生群体形成背景的多样性。在改革开放的大环境和社会多样化的条件下,社会经济成分、组织形式、就业方式、利益关系和分配方式日益多元化,造成社会群体结构的进一步分化、新的社会阶层的形成、社会流动加快等,反映并构成了陕西民办高校大学生群体形成的多样化背景。最后是陕西民办高校大学生群体构成多元化和组织形式的多样化。在民办高校大学生群体的构成上,一方面独生子女、“80 后”、“90 后”等占居多数;另一方面大学生已婚学生等开始出现。在大学生群体的组织形式上,一些民办高校存在异地校区出现了大学生群体的跨校区发展;学分制的实行,出现了大学生群体的跨课堂发展;网络媒体的使用,出现了大学生群体由现实空间向虚拟空间发展等。大学生群体构成的复杂性,为思想政治教育者正确认识教育对象和把握教育特点增加了难度。

第二,大学生群体发展的多变性。大学生群体在发展过程中,容易受多种因素影响而使群体发生非常规变化。首先是大学生群体的流动性,突出表现在学生干部的流动性上。整体上说,大学生干部的流动呈现出有程序、有时间顺序的更替,但也经常出现一些干部的临时性变动,这种变动从一个侧面反映了大学生群体发展出现了某些问题。其次是大学生群体的间断性,主要表现在一些大学生非组织群体出现断续发展现象。最后是大学生群体的反复性,主要是指一些特殊类型的大学生群体在发展上出现反复,特别是优势群体与弱势群体之间的相对发展上。大学生群体发展中的流动性、间断性、反复性等,都显现了大学生发展的多变性,而这无疑会增大思想政治教育对群体发展过程进行指导的工作难度。

第三,大学生个体参与群体的多样性。大学生个体无论是在参与目的上,还是参与方式上都具有多样性。首先是参与目的的务实性与多变性,大学生参与群体在目的上总体呈现出务实性的特点。其次是参与方式的现实性与多样性。最后是参与角色的层次性与差异性。从理论上说,这三个层次如果一致,则表示个体在群体中获得了充分而全面的发展。但在实际上,这三种角色之间往往存在差距,差距越小,反映了个体参与群体越充分;反之反是。由于大学生个体参与群体的多样性,给思想政治教育的要求带来难度。

(二)民办高校大学生群体思想政治教育指导思想具有实用性和功利性倾向

民办高校大学生群体思想政治教育是思想政治教育者与大学生个体通过群体进行的双向互动过程,在这个过程中,思想政治教育者和大学生个体在指导思想上具有一定的实用性和功利性倾向。这种实用性和功利性倾向主要表现为以下几个方面:

第一,重视大学生群体的介体作用,忽视其主体作用。对于一部分思想政治教育者来说,大学生群体是他们开展思想政治教育的工具,特别是大学生组织群体,是他们实现组织管理、实施教育活动必不可少的最有力的工具。因而指导、支持和帮助大学生群体的发展,是为了大学生群体能够更好地实现自己的意志,在很多时候,他们会安排或要求群体去开展某项活动或工作,甚至允许群体的部分成员不去上课等。对于大学生个体来说,参与群体是为实现自己的某一方面的发展目标,但有些大学生个体特别是群体中的一些学生骨干,将发展目标定位成能否给自己带来实际利益,这就不可避免地使他们的工作具有明显的功利性目的,在一定程度上忽视了大学生群体主体作用的发挥,不仅违背了群体发展及思想政治教育的基本规律,而且导致大学生群体自主发展与思想政治教育之间出现脱节现象。

第二,重视大学生群体的显性作用,忽视隐性作用。在民办高校大学生群体思想政治教育中,群体的一些显性作用得到思想政治教育者和大学生个体的高度重视。如通过开展群体活动吸引群体成员和扩大群体影响,通过制定群体规范和管理制度规范成员行为和实现群体民主决策,通过对部分成员的批评或奖励来实现对全体成员的激励等。相比之下,思想政治教育者和大学生个体对大学生群体的隐性作用重视不够。大学生群体的显性作用与隐性作用是统一的,二者相辅相成。但大学生群体思想政治教育中,由于显性因素容易掌握,也容易起效果,而隐性因素不仅难以把握,而且其成效的显现往往需要较长的时间,因而导致重视群体的显性作用而忽视群体的隐性作用现象的产生。

第三,重视大学生群体的正面作用,忽视其负面作用。大学生群体的正面作用主要是指通过群体的教育、管理等活动去正面影响群体成员。大学生群体的负面作用则是指群体中出现的一些负面因素对成员所产生的不良影响。大学生群体的正面作用容易为思想政治教育者和大学生个体理解和掌握,因而群体的正面作用的发挥很充分。但是任何事物都具有两面性,大学生群体中也存在一些负面因素,如个别成员的抵抗情绪、个别成员的违反群体规范行为等,这些也会对其他成员造成不良影响,有的甚至会感染、同化其他成员。由于负面因素不仅难以掌握,而且往往难以处理,因而容易被忽视或忽略。重视大学生群体的负面作用,就要重视发现并尽量克服这种负面作用,这不仅有利于进一步增强大学生群体正面作用的效力，而且有利于提高大学生群体思想政治教育的覆盖面和有效度。

（三）大学生群体思想政治教育的长效机制尚未形成

改革开放三十多年来，陕西民办高校大学生思想政治教育工作在实践中不断发展，其机制建设的理论研究和实践探索取得了一定的进步，但当前民办高校大学生思想政治教育机制建设仍然存在一些明显的弊端，与此相对应，大学生群体尚未形成可持续发展的长效机制，主要表现在以下方面：

第一，群体自我发展机制不健全。主要表现为群体自我管理上的制度不规范、自我教育上的主动性不够、自我服务上的能力不足等。如陕西一些民办高校大学生社团还没有建立较为严格或科学的群体规范和管理制度，有的虽然有行为规范和管理制度，但在实际中并没有严格执行。群体发展中人为管理因素多于制度管理因素，不仅会造成群体发展的不稳定，而且会造成群体发展缺乏持久的动力。即使个别民办高校大学生群体形成了自我发展的长效机制，但缺乏进一步的总结和推广，不仅对整个大学生群体发展的促进作用有限，而且在对个体行为引导、道德整合功能等方面作用也发挥不够。

第二，陕西民办高校大学生群体思想政治教育工作机制不完善。主要表现有三点：一是大学生群体信息管理机制不对称。一方面，思想政治教育者对于一些大学生群体的形成、发展及变化情况不了解或了解不及时、不全面，另一方面，一些群体对思想政治教育的具体要求不了解。这两个方面的不了解反映了大学生群体发展与思想政治教育者之间信息的不对称，从而不仅导致一些大学生群体在发展上具有盲目性，而且导致思想政治教育空洞、不实际等。二是大学生群体的服务指导机制与思想政治教育结合不紧密。目前陕西民办高校普遍坚持思想政治教育与解决学生的实际问题相结合，针对大学生成长成才等问题进行专项服务指导，这些机制一方面为大学生群体的发展提供了专业性服务，另一方面也存在管理服务与思想政治教育“一手硬，一手软”现象，不利于大学生群体均衡发展。三是大学生群体思想政治教育切入实践育人工作力度不够。大学生参与群体生活或活动，是高校实践育人的重要内容。当前陕西民办高校大学生群体思想政治教育主要是通过指导大学生参与群体来获得生活体验，虽然实现了群体实践育人的宗旨，但力度有限。近些年来，一些民办高校在校党委领导下，教务部门、学工部门和共青团部门统一规划和综合协调，把大学生参与教学实习、“三下乡”社会实践、就业创业见习、顶岗劳动等有效结合起来，极大地促进了大学生群体思想政治教育的实践育人功能，使此项工作更加系统、更加科学、更加有效。有的民办高校甚至通过建立实践基地等方式，为大学生组织、社团、团队等群体的发展创造了更大的空间和更加优越的环境及条件。

第三，思想政治教育者能力素质上的不适应。现实对思想政治教育者的能力素质提出极大的挑战，有的教育者能够根据大学生群体的需求不断地提高自身能力素质，从而不断提高群体思想政治教育的效果；而有的教育者则封闭保守，用自己现有的知识去指导日新月异变化的大学生群体的发展，其结果是可想而知的。

（四）陕西民办高校大学生群体思想政治教育方法手段滞后

民办高校大学生群体思想政治教育中出现的一些问题，很大程度上是由于教育方法手段相对滞后造成的。这种滞后性在陕西民办高校主要表现为三个方面：

第一,现有方法手段不适应大学生群体的需要。如在指导大学生个体参与群体方面,教育者通常是根据个人判断来进行经验式指导,这种指导既不可能顾及群体需求,也不可能兼顾个体需要。如果引入职业生涯规划的相关软件,让每一位大学生个体都通过这个软件来对自己的职业倾向和职业能力进行较为科学的测试,他们就可以根据测试结果来确定自己参加哪一类的群体更为合适。

第二,专业化分工与专门化管理在实际操作中互相协作没有完全到位。一方面思想政治教育专业化发展要求思想政治教育者个人一专多能,彼此之间相对分工,但又相互协作。另一方面目前许多高校学生事务管理的分工越来越细,出现了多部门分工管理,但协作没有同步。这种模式虽然对于解决大学生在某些方面的实际问题有利,但管理职责分工后,又在一定程度上出现领导协调不统一、机构力量不统一、归口管理不统一,因而弱化了管理与教育的合力。因此,陕西民办高校要注重改善管理方法,以利于合力的形成和加强,还可以借鉴国外大学学生事务管理方法来加强和改善管理方式。如美国高校的学习咨询、职业生涯规划指导、人际关系咨询、婚恋咨询、心理测试等学生事务管理,全部由负责学生事务的副校长及其助理来领导,并且集中到学生事务服务中心办公,有效避免了各机构间分工不协作的弊端。

第三,针对新情况新问题所运用的方法手段创新不足。当前思想政治教育在解决高校大学生群体发展中不断出现的新情况和新问题的过程中,以思想政治教育为基本理论,借鉴相关学科知识方法,来实现群体思想政治教育方法手段的创新相对较少。如针对大学生网络群体的理论研究虽然很多,但是体现在具体实践中的方法手段创新相对较少，如何有效干预民办高校大学生的上网成瘾，如何合理控制其上网时间，如何正确引导其理性上网等，仍然是困扰大学生网络群体思想政治教育的难题。

第五章　民办高校思想政治理论课教学的探究

一、民办高校思想政治理论课的教学要求

（一）坚持理论联系实际

1. 理论联系实际的含义

民办高校思想政治理论课坚持理论联系实际，包括两层含义：一是在课堂教学环节，教师把基本理论与客观实际联系起来，使学生真正理解和掌握基本理论，并能够运用基本理论分析和解决实际问题；二是在实践教学环节，既要坚持用发展着的马克思主义武装大学生的头脑，又要坚持以丰富的实践培育大学生。保证民办高校大学生成长为中国特色社会主义事业的合格建设者和可靠接班人，即坚持理论武装与实践教育的统一。

2. 理论联系实际的基本要求

由于思想政治理论课本身的特点和所要实现的教学目标的特殊性，这一要求的运用尤为重要，可以避免教学中教条化、公式化的倾向，能否运用和恰当运用该要求直接决定着思想政治理论课程能否实现教学目标。

(1)联系理论本身形成及发展的实际。在思想政治理论课教学中,首先要使学生理解基本理论形成、发展的过程,而不是空中楼阁。当教师教授基本理论时,要把理论产生的背景,包括时代背景、社会背景、理论创立者的主客观情况等交代清楚,这可以使学生有一种真切地回到理论所产生的实际中的感觉,容易引发学生思考。

(2)联系学生的实际。因材施教是任何教学都要遵循的一般性教学原则。所谓因材施教,即对不同的教育对象提出不同的要求,采用不同的教育方法,也就是根据“材”的实际施行一定的“教”。就思想政治理论课程教学而言,就是要联系学生的实际,根据学生的实际情况有针对性地进行教学。

第一,联系学生的实际要了解学生的实际,包括了解学生的专业实际,了解学生的生活实际,了解学生的知识水平和认识能力,了解学生的思想实际,了解学生的个性差异,等等。

第二,思想政治理论课程是民办高校每个专业的必修课程,了解学生的专业实际,要尽量多地了解一些该专业的情况,以便列举贴近学生专业实际的例子,这样学生对相关教学内容的理解就更有亲切感,更易体会教学内容的现实价值,更易接纳相关的理论观点。

第三,了解学生的生活实际,教师就要考虑到每个专业、每个班级往往都是来自全国各地的学生,个人经历、家庭背景不同,生活习惯存在差异,但都是住集体宿舍,吃公共食堂,生活自理。教师要把握这些差异和共同点,教学才能更加有的放矢。

(3)联系教师的实际。思想政治理论课理论联系实际的效果如何,主要取决于教师。联系哪些实际,怎样联系实际都是由教师决定。只有同时做到以理服人和以情感人,学生才会心甘情愿地接受。联系教师的实际就是联系教师在“理”和“情”两方面的实际。教师自身要明理，掌握真理，信仰真理，同时，对于教学要有真实的情感投入。只有真正信仰真理，情感才会自然地流露出来，这种情感是无法伪装的。

(4)联系社会的实际。联系社会的实际包括联系历史实际和社会实际。联系以往的社会实际即联系历史，包括联系世界历史和中国历史。联系当下的社会实际即联系当代世界的形势和中国的现实国情，重点应放在联系党的路线方针政策，联系改革开放和社会主义现代化建设，尤其要联系重大现实问题，包括很多敏感问题、热点问题。

要联系历史，是因为思想政治理论课教学要经常用到比较分析和历史分析。有比较才有鉴别，马克思主义理论也是如此。因此，教师不能把视野仅仅局限在马克思主义体系内，要放开眼界，把马克思主义放到整个人类的历史长河中，通过与其他理论的比较或者证伪其他理论，才能证明马克思主义的科学性。要联系现实，是因为现实就是大学生现在和将来学习、生活、工作的大背景。世界多极化和经济全球化的趋势在曲折中发展，科技革命日新月异，综合国力竞争日趋激烈。大学生面临着大量西方文化思潮和价值观念的冲击，受到某些腐朽没落的生活方式的严重影响。随着我国对外开放的不断扩大，社会主义市场经济深入发展，社会生活发生了很大的变化：社会经济成分、组织形式、就业方式、利益关系和分配方式日益多样化，人们思想活动的独立性、选择性、多变性和差异性日益增强。这些都是高校思想政治理论课无法回避的问题，必须进行认真而深入的研究，才能做到从实际出发，理论联系实际，对民办高校大学生的思想困惑给予现实的、有价值的解答。

（二）坚持政治性与科学性的统一

1. 民办高校思想政治理论课的政治性与科学性

政治性是指课程的政治指向性。在高等学校开设思想政治理论课的目的就是对大学生进行思想政治教育，使大学生具备适应社会发展的思想政治品德，其中核心指标就是政治素质，即通过提高学生的政治意识和觉悟，增强学生的政治敏锐性和判断力，使其热爱党，热爱祖国，热爱社会主义，拥护党的路线方针政策，认同邓小平理论、“三个代表”重要思想、科学发展观和习近平新时代中国特色社会主义思想，坚定走中国特色社会主义道路的信念，坚定实现全面建成小康社会宏伟目标的信心。

科学性是指课程所内含的真理性和规律性，就课程教学而言，其科学性包括教学内容、教学方式方法及教师队伍三个方面。其中，教师队伍的科学是指教师队伍年龄结构、学历结构以及每位教师的知识结构要合理。

政治性与科学性的统一，是由思想政治理论课的特殊性决定的，即思想政治理论课强烈的政治性与显著的科学性要求必须坚持两方面的统一，且与民办高校的培养目标是要协调一致；同时，二者的统一，也是优化教学效果的必然选择。

2. 坚持政治性与科学性统一的要求

（1）始终坚持马列主义、毛泽东思想、邓小平理论和“三个代表”重要思想、科学发展观及习近平新时代中国特色社会主义思想在民办高校思想政治理论课程教学中的指导地位。马列主义、毛泽东思想、邓小平理论和“三个代表”重要思想是我们立党立国的根本指导思想，是被实践证明了的指引中国革命和建设事业胜利前进的正确的理论和方法论，是全党全国人民团结奋斗的共同思想基础和精神动力。实践证明，把马克思主义基本原理与中国具体实践相结合,我们的革命和建设事业就发展顺利,不断取得成功;一但偏离或背离了马克思主义,把马克思主义教条化或者否定、放弃马克思主义,不能把马克思主义基本原理与中国具体实践相结合,革命和建设事业就会遭到挫折和失败。坚持以马列主义和中国特色社会主义理论体系为指导,就是要保持教学正确的政治方向,即坚定社会主义和共产主义方向,以理想信念教育为核心,深入进行正确的世界观、人生观和价值观教育。

(2)科学的方法与内容紧密结合。高校思想政治理论课的主要教学内容是马克思主义基本理论,马克思主义基本理论本身具有科学性和政治性。这是思想政治理论课的一个天然优势,但这并不意味着只要给学生讲清基本理论或者只要把教材讲透,就能做到政治性与科学性的统一。在教学中,必须时刻注意兼顾政治性与科学性,这并不容易做到,所以,选择好教学方式方法非常重要。没有好的教学方式方法,科学的内容也无法顺利地传授给学生。只有通过恰当的教学方式方法进行教学,才能达到政治性与科学性的统一,才能使学生高质量地理解和掌握相应的教学内容。

(3)培养和造就兼具较高思想政治素质和理论水平的教师队伍。高校思想政治理论课教师是马克思主义理论和党的路线、方针、政策的宣讲者,是社会主义意识形态和精神文明的传播者,必须是坚定的马克思主义者,在事关政治原则、政治立场和政治方向问题上必须与党中央保持一致,只有这样,才能做大学生健康成长的指导者和引路人。这就要求思想政治理论课程教师必须同时具备较高思想政治素质和理论水平,为提高思想政治教育工作实效性提供主观保障。

(三)坚持方向性、思想性与科学性相统一

方向性体现了思想政治理论课鲜明的阶级性和党性以及明

确的目的性特征;思想性体现了思想政治理论课教学重视人的精神价值和精神动力,注重思想观念对人们行为的主导作用,着眼于对大学生进行世界观、人生观、价值观教育,坚持把理想信念教育作为核心内容;科学性体现了思想政治理论课教学在指导思想上、内容上和方法论上的真理性和正确性,为实践所验证,能经受历史的考验,真正做到以科学的理论武装人,以科学的方法培育人。

思想政治理论课教学的方向性、思想性与科学性的统一,是其本身所具有的内在统一,而并非人为地“结合”;其方向性、思想性与科学性的内在统一还可以从其真理性与价值性的内在统一中得到验证;坚持方向性、思想性与科学性相统一,符合思想政治理论课教学的基本宗旨和基本要求及有关规定;思想政治理论课教学要坚持方向性、思想性与科学性相统一的原则,就要充分体现马克思主义理论的科学性和鲜明的时代性特征,充分体现对马克思主义既坚持又不断发展创新的科学态度。

(四)坚持传授知识与思想教育相统一

1. 坚持传授知识与思想教育统一的含义

思想政治理论课程不仅承担着传播一定的科学文化知识的任务,还承担着对高校大学生进行思想教育的任务。坚持传授知识与思想教育的统一,就是在教学过程中,使学生掌握一定的理论知识的同时,对学生进行思想教育,提高学生的思想道德修养和政治觉悟。传授知识与思想教育是有机统一的。若是单纯地传授知识,就不能解决学生的各种思想问题,也就不能提高学生的思想觉悟。若是单纯地进行思想教育,陷入空洞的说教,不但因缺乏说服力解决不了问题,也满足不了学生强烈的求知欲望。

2. 坚持传授知识与思想教育统一的要求

(1)从业教师要提高对思想教育重要性的认识。在教学中,教师居于主导地位,直接组织实施教学活动。教学能否坚持传授知识与思想教育的统一,关键在于教师。思想教育相对于单纯的知识传授来说,有其自身的特点,知识教育只要让学生"了解""知道"所教授的内容,而思想教育涉及学生内心世界。通过影响学生内心世界活动,引导其思想转变,认识提高。从这个意义上说,绝不能把思想政治理论课理解为普通的知识课程,而部分教师将其等同于专业知识课程,授课过程知识化,这是不对的。现实要求每一位思想政治教师都应明确高校思想政治理论课在教授理论知识的基础上,更注重提高学生的思想觉悟和认识水平。

(2)理论教育与学生的思想认识问题紧密联系。思想政治教育实践中,理论教学与澄清学生的思想认识问题应有机结合。学生思想认识问题分两种情况:一种是学生中普遍存在的问题,一种是个别学生的个别问题。学生中普遍存在的问题,一般是学生普遍关注的问题,学生对问题认识模糊、认识片面或认识错误。教师在教学中注意观察学生的课堂反应,就很容易发现这类问题,尽量在课堂上即时解决,可以达到事半功倍的效果。教师通过课堂问答、讨论或集体活动等途径,可能会发现个别学生的个别思想认识问题,可通过课间或其他时间的个别交流解决。这种交流可以说是课堂教学的一种延续而非单纯的人际交流。

(3)科学评价西方文化思潮和价值观念。随着经济全球化的进程,国家间的经济贸易及人文交流的范围不断扩大与深入,并借助互联网的普及,信息全球共享成为现实,思想文化碰撞成为常态。这种交流有时是主动的、有计划的,有时是被动的、不可控的。在思想政治理论课教学中,教师要认真地对待西方思潮和价值观念,简单地肯定或否定一切显然不是科学的做法,但也绝不能不加分析，纯客观地介绍和传播西方文化思潮和价值观念。应结合有关教学内容运用马克思主义的立场、观点、方法进行分析，对于错误的方面要立场鲜明地给予批判。这有利于克服错误思潮和价值观念对学生的误导，培养学生分析和判断问题的能力，更能促进学生对有关教学内容的理解，并逐步学会用马克思主义的观点和方法分析问题。

（五）坚持面向全体、分层施教与继续教育相结合

坚持面向全体、分层施教与继续教育相结合是思想政治理论课教学正确处理整体性与局部性、普遍性与特殊性、连续性与阶段性关系的要求。

“面向全体”要求思想政治理论课要对全体大学生开课，进行普遍的马克思主义理论、思想道德、法律基础等方面的教育。“分层施教”要求针对不同专业、不同年级、不同层次、不同学历大学生的特点，实施不同的教学计划方案，在教学内容、学时上提出不同的要求，并采取不同的教学形式和方法。“分层施教”还要求思想政治理论课教学既要层次分明、循序渐进，又要注意阶段间的衔接和连续发展。

继续教育是指对已经从学校毕业的学生、成人和在职人员的教育。随着社会的发展和科学文化知识更新速度的加快，对人所受教育的要求也随之不断提高。人们只有不断接受教育，不断“充电”，才能适应社会发展和自身发展的需要。

面向全体与分层施教相结合符合共性与个性、普遍与特殊、统一性与多样性的对立统一规律，也符合德育的全民性、针对性要求。加强马克思主义理论和思想道德修养，是提高一个人文明素质的重要方面。

总之，不管是普遍性与特殊性的统一，还是全民性与针对性

的统一，都说明了面向全体与分层施教相结合的必要性与合理性。至于把二者再与继续教育相结合，则是从更为广义的角度，扩展了普遍性与特殊性的统一、共性与个性的统一规律在思想政治理论课教学中的指导意义。

二、民办高校思想政治理论课教学的新发展

（一）开放性教学

在经济全球化的时代背景下，为了进一步落实国家教育部关于民办高校思想政治理论课“2005 方案”，增强思想政治理论课教学的针对性和实效性，经过多年的探索和创新，构建了“以学生为本”的民办高校思想政治理论课开放性教学新模式。

1. 民办高校思想政治理论课开放性教学的基本内容

民办高校思想政治理论课开放性教学的内容十分丰富，它是由开放性教学诸方面、环节和环境等要素构成的有机整体。其基本内容包括以下三个层面：

（1）思想政治理论课教学诸方面的开放性，主要包括以下内容：

第一，教学主体开放性。教学主体有指导主体与学习主体两个方面。教师是指导主体，学生是学习主体。传统的教学模式，片面地强调了教师的主体性，忽视了学生的主体性，压抑了学生学习的积极性、主动性和创造性。“以学生为本”的开放式教学模式则承认教师与学生的双重主体性，并认为学生的主体地位更为基础，把教师的主导作用与学生的主体作用有机结合起来，有利于提高学生学习的积极性、主动性和创造性。

第二，教学内容的开放性。传统的教学模式，思想政治理论课的教学内容僵化，不能和时代同步发展，理论往往落后于实践，

致使教学内容缺乏时代感和现实针对性。开放式教学模式要求教学内容必须面向现代化、面向世界、面向未来,紧密关注国内外形势和党的方针政策的新变化,及时吸收马克思主义中国化的最新理论成果,使教学内容具有时代感和现实性。

第三,教学形式的开放性。传统教学模式通常采用单一的课堂讲授教学形式,缺乏吸引力和感染力。开放性教学模式要求课堂教学与实践教学相结合、校内主课堂与校外第二课堂相结合、"请进来"与"走出去"相结合、教师讲授与学生发言相结合,采取灵活多样的教学方法和现代化教学手段,有利于增强教学的吸引力和感染力。

(2)思想政治理论课教学诸环节的开放性,主要表现在:

第一,教学准备的开放性。过去由主讲教师单方面进行教学准备,教学计划和大纲很难充分反映学生的实际情况。实施开放性教学,要求教师采取问卷调查和座谈会等形式,了解学生的实际情况与学习要求,吸收学生代表参与教学计划和教学大纲的制定。

第二,教学过程的开放性。鼓励学生提问、发言、演讲或参与辩论,提高学生参与教学过程的主动性和创造性。

第三,教学管理的开放性。吸收学生参与教学管理,形成以学生自我管理为基础,教务部门、学生工作部门、思想政治理论课教学部门齐抓共管的综合管理体系。

第四,考核考试的开放性。建立教师考核与学生自我考核相结合、期末考核与平时考核相结合、理论考试与实践考核相结合、知识考试与能力考核相结合、闭卷考试与开卷考查相结合的综合考核体系。

第五,教学评价的开放性。建立教师自我评价、专家评价、学生评价、社会评价"四结合"的评价体系，以全面评价思想政治理论课教育教学的质量和效果。

(3)思想政治理论课教学环境的开放性。开放性教学模式是一个开放性系统，必须创建一个良好的环境，才能增强思想政治理论课的实效性。

第一，要创建一个和谐的国际关系与国内社会环境，克服各种负面因素和问题，为思想政治理论课教学提供良好的外部氛围。

第二，要创建一个健康的校园文化环境，加强社会主义核心价值体系的宣传，以科学的理论武装人，以正确的舆论引导人，以高尚的精神塑造人，以优秀的作品鼓舞人，为思想政治理论课教学创造健康的校园文化氛围。

第三，要创建一个科学的制度环境。加强民办高校思想政治工作的制度建设，推进弹性学分制，建立有效的激励机制，为民办高校思想政治理论课的健康发展提供制度保障。

第四，要营造良好的网络环境。要坚持社会主义核心价值体系，加强网络文化建设和管理；要大力建设信息资源网站，多渠道开发和运用思想政治理论课教学信息资源，并坚持教学信息资源的开放性，使信息资源库共建共享。

总的来说，民办高校思想政治理论课开放性教学就是由上述三大基本要素构成的有机整体。这三大基本要素之间是辩证统一、不可分割的。

2. 民办高校思想政治理论课开放性教学的特点

(1)人本性。"人本性"，是相对"物本性""神本性"而言的。"以人为本"，强调人的价值高于物的价值和神的价值。从价值论视角看，坚持"以人为本"，强调人的价值的至上性。马克思主义坚持以最广大人民即绝大多数人为本，坚持以解放全人类，促进每一个人自由全面发展为最终目标。高校思想政治理论课开放性教学是以马克思主义"人本论"为理论基础的。但又不同于一般的专业课，它的主要任务是培养大学生的思想政治素质，增强大学生的主体性，这就决定它必须坚持马克思主义的"人本论"。民办高校思想政治理论课开放性教学的"人本性"，主要体现在三个方面：第一，体现在它把"以学生为本"作为核心理念。"以学生为本"这一理念是构建高校思想政治理论课开放性教学的理论基石，是贯穿这一教学模式的中心线索，是渗透于这一教学模式的精神灵魂，是决定这一教学模式性质的精神实质。第二，民办高校思想政治理论课开放性教学的"人本性"体现为教学方法的人本性。它要求思想政治理论课教师在教学中要关心学生、爱护学生、尊重学生、体贴学生、帮助学生、引导学生，而不能压制学生，更不能打骂学生、贬低学生、损害学生。第三，民办高校思想政治理论课开放性教学的"人本性"还体现在教学目的上是为了满足学生的精神文化需求，促进学生全面发展。

（2）科学性。"科学"与"人本"是两种不同的价值取向，科学的价值取向是求真，人本则是求善；科学属于合规律性，人本属于合目的性。高校思想政治理论课开放性教学新模式不仅具有人本性，而且具有科学性，是求善与求真的统一、合目的性与合规律性的统一。民办高校思想政治理论课开放性教学具有科学性主要是因它是以科学理论为依据，以科学实践为基础，以科学精神为指导，运用科学方法构建起来的。

第一，开放性教学是在坚持科学立场的基础上建构起来的。科学立场即实事求是的辩证唯物主义立场。民办高校思想政治理论课开放性教学是建立在科学立场上的。它要求我们在思想政治理论课教学中，坚持一切从实际出发，按客观的教学规律办事，求真务实，做到“不唯书，不唯上，要唯实”。

第二，开放性教学是以科学理论为依据的。马克思主义理论是人类历史上最科学的世界观和方法论，是追求真理、探索真理，揭示客观规律的行动指南。民办高校思想政治理论课开放性教学就是以马克思主义为理论基础的，马克思主义关于“以人为本”的思想是“以学生为本”这一新的教学理念的哲学基础。马克思主义既是科学的世界观，又是方法论。高校思想政治理论课开放性教学就是以马克思主义为指导，运用其科学方法论建构起来的。民办高校思想政治理论课开放性教学不仅以马克思主义为理论基础，而且批判地吸收了现代西方教学论中的合理成分，比如人本主义教学论、建构主义教学论等都为思想政治理论课开放性教学提供了科学的理论依据。

第三，开放性教学是一个完整的科学体系。它由“一个核心理念”与“三个基本要素”所构成，层次清楚，逻辑严密，具有系统整体性特征。离开了系统整体性，就不能成为一个科学体系。民办高校思想政治理论课开放性教学新模式是一个有机的整体，“一个核心理念”与“三个基本要素”有机结合，缺一不可。

第四，开放性教学采用了科学方法。高校思想政治理论课开放性教学运用了马克思主义唯物辩证法，这一教学模式正确处理了教师指导主体与学生学习主体的辩证关系、科学性与人本性的辩证关系、教学管理与人文关怀的辩证关系、校园内部环境与外部环境的辩证关系、传统教学手段与现代教学手段的辩证关系、传承科学文化与创新科学文化的辩证关系、传统思维方式与创新思维方式的辩证关系，充分体现了唯物辩证法的思维方法。此外，还采用了现代科学方法，比如系统科学方法、创新科学方法等。

（3）和谐性。“科学性”的价值取向是“求真”，“人本性”的价值取向是“求善”，“和谐性”的价值取向是“求美”。民办高校思想政治理论课开放性教学的“科学性”“人本性”“和谐性”等特点，体现了其价值取向的多样统一性，实现了“真、善、美”的有机统一。其和谐性主要体现在以下方面：

第一，教学主体的和谐。教师是“教”的主体，学生是“学”的主体。在开放性教学过程中师生是完全平等的，教师坚持“以学生为本”，学生对教师十分尊重，师生之间互教互学、相互理解、相互促进，形成和谐的师生关系，可有效地开展开放性教学。

第二，教学内容的和谐。民办高校思想政治理论课目前是“4+1”的课程体系，即马克思主义基本原理概论、毛泽东思想和中国特色社会主义理论概论、中国近现代史纲要、思想道德修养和法律基础以及形势与政策。各门课程之间要协调统一，避免矛盾冲突，每一门课程的教学内容都要体现和谐性，各章节之间既要避免重复性，又要避免矛盾冲突。教材内容与新增教学内容要和谐统一，既要以教育为基础，又要吸收本学科研究的前沿成果，在和谐的基础上实现教学内容创新。

第三，教学内容与教学形式之间的和谐。高校思想政治理论课的教学内容是多样的，不同的教学内容应当采取不同的教学形式。唯物辩证法认为，内容决定形式，形式为内容服务。这就要求我们根据教学内容的特点选择与之相适应的教学形式。比如：“中国近现代史纲要”的教学内容具有历史性特点，这就要求我们采取历史事件专题式、历史名胜参观式等教学形式来进行教学，这样，可以增强学生的兴趣，提高教学效果。

第四，教学方法与手段的和谐。开放性教学的方法具有灵活性,各科学方法要协调统一。要做到教师讲授与学生发言的协调统一、理论教学与实践教学的协调统一、专题式讲解与研究型教学的协调统一、课堂理论教学与课外文化活动的协调统一、传统教学手段与现代教学手段的协调统一。通过教学方法与手段的和谐统一,增强思想政治理论课教学的吸引力和感染力,提高教学的艺术性。

第五,教学实践与教学环境之间的和谐。思想政治理论课教师要认真研究和分析国际国内形势、社会环境、校园环境、网络环境及其对大学生的思想影响,调查研究大学生和社会公众普遍关注的热点难点问题,通过课堂教学有针对性地加以解释,增强教学的现实针对性和实效性。

(二)实践教学

1. 民办高校思想政治理论课实践教学的基本内涵

顾名思义,实践教学应是一种教学活动,实践则是达到教学目标的途径和手段。在这一教学过程中,因为实践环节凸显,学生学习的积极性和主动性被充分调动起来,学生不再是教学内容的被动接受者,而是教学活动的积极参与者。这里可以把思想政治理论课实践教学界定为:是把理论与实际、课堂与社会、学习与研究紧密联系起来,培养学生联系实际思考问题、运用理论分析问题、自主研究解决问题等实践能力的多种教学方式的总和。

民办高校思想政治理论课实践教学又不同于一般的实践活动,与一般的实践活动相比,尽管其具有实践活动的某些特征和形式,但在本质上不同于一般的实践活动。就目的而言,一般实践活动是改造客观世界、实现客体价值的客观活动,而思想政治理论课实践教学则是既传授马克思主义基本原理等方面的知识,以改造主观世界为目的,又旨在优化主体能力和素质。它是一种现实性活动,本质上,思想政治理论课实践教学仍然是一种教学活动,只不过是一种强调实践重应用的教学活动。

对民办高校思想政治理论课实践教学的理解,需要强调以下几点:

第一,从形式上去理解,可以分为狭义和广义两种。狭义的思想政治理论课实践教学是指利用社会实践等空间组织的教学活动。广义的思想政治理论课实践教学指的是除了理论教学之外的所有与实践有关的教学,它可以体现在课堂教学之中,也可以体现在课堂教学之外,尤其是体现在课堂教学之外。

第二,思想政治理论课实践教学是培养学生运用理论观察社会、认识社会、思考人生这一实践能力的一个环节,它与其他大学课程一样需要科学的规划和系统的培养。作为大学生的必修课,思想政治理论课的教学目的、教学方式都必须符合教育教学规律,它的政治功能必然是在规范的教育功能实现的基础上才能实现。就如同各个专业有一个课程体系一样,思想政治理论的各门课程也构成了一个相互关联的课程体系,共同实现对学生进行马克思主义理论与思想政治教育的目标。那么,培养学生运用马克思主义理论分析问题、解决问题的实践能力,也应该像专业学生的实习实验、学年论文、毕业论文一样,是检验培养目标的一个重要环节。

第三,思想政治理论课实践教学不能简单地等同于思想政治理论课实践性环节,而是实践性学习与研究性学习并重的课程。思想政治理论课实践教学是以思想政治理论课学科理论为基础和载体的,这就决定了其除具有本身固有的实践性特点外,还具有研究性特点。目前,民办高校思想政治教育课程体系,既强调理论性,也强调实践性;既强调认知性,也强调活动性;既重视大学生的理论修养，也重视大学生的品德修养。思想政治理论课实践教学所强调的研究性学习与实践性学习并重的学习方式，主要是指学生在实践过程中，以类似科学研究的方式去主动获取并综合运用知识，内化有关政治理论和道德知识，培养发现问题、分析问题、解决问题的能力，树立科学的世界观、人生观和价值观。

第四，从教学目的去理解，民办高校思想政治理论课实践教学可以分为以思想教育为主、以服务社会为主和以培养能力为主的三类实践教学类型，注重学生全面发展。

2. 民办高校思想政治理论课实践教学的特点

（1）目标性。思想政治理论课实践教学目标是指在一定的条件和环境下，人们对思想政治理论课实践教学活动所期望达到的结果。实践教学目标要服务于高校思想政治理论课的总目标，即把大学生培养成为中国特色社会主义事业建设者和接班人。其目标包括以下几个方面：

①育人目标。此处专指民办高校思想政治理论课实践教学的“育人”功能，即寓教于行，以行育人，让学生在实践生活中认识社会、认识人生、接受教育、学会做人。在实践中，引导学生深入思考，运用辩证的方法分析问题，从而加深对马克思主义基本理论的理解，提高对党和国家方针、政策的认识，促进科学“三观”的树立，增强培养良好道德品质的自觉性，并引导学生正确面对“应该做什么，不应该做什么”，“做什么样的人，怎样做好这样的人”的问题。比如思想政治理论课实践教学就是要让学生认识到劳动是光荣的，实践是有益的，为人民服务是崇高而神圣的，并进而认识到我们的人生价值只有把自己的前途和命运与祖国及人民的前途和命运相联系起来才能实现。

②能力目标。能力目标是指实践教学活动在帮助大学生完

成从书本到现实,从理论到实践飞跃的同时,使其在各个方面都能够得到较好的锻炼和提高。在实践教学活动中,要充分依靠和发挥大学生的力量,让他们参与实践活动的策划、准备和组织,从而达到锻炼、提高其创新能力和组织能力的目的。通过参观访问、社会调查等实践活动,培养大学生观察问题、分析问题的能力;通过撰写调查报告或研究论文,来提高学生的写作能力和开拓进取的精神;通过开展各种社会公益活动和社区服务活动,引导大学生走出校门,到基层去,到工农群众中去。这样不仅可以使大学生认识社会、认识人生,而且可以帮助学生解决知行不一致的问题,使大学生在实践过程中不断增强把认知转化为行为的能力。

③政治素质目标。政治素质目标是指通过实践教学把大学生培养成为中国特色社会主义事业的建设者和接班人。通过实践教学活动引导大学生去观察问题、分析问题及解决问题,使其在实践的过程中,坚定社会主义信念,明辨是非,不断完善自我,从而提高自己的思想政治素质,自觉自律成长成才。

(2)自主性。民办高校思想政治理论课实践教学打破了传统课堂教学注入式的模式,更注重教学主体的自主性,强调学生的主体地位和主观能动性。其实践教学活动中教师大多数情况下是一种协助式、筹划式、组织式的教学,学生在教师的指导下可以根据自己的能力水平、兴趣爱好、专业特长等方面自主选择活动项目,确定自身角色,自觉自愿参与其中,自主组织安排实践教学环节或活动,体现了学生的主体性和主动性。

(3)针对性。思想政治理论课实践教学是提高思想政治理论教学效果和提高学生综合素质的重要手段,必须要紧紧围绕课堂教学的理论内容来设计和开展。因此,实践内容的选择一定要有针对性：一是理论基础要有时代性。在课堂教学中，要整合、调整、充实思想政治理论课的教学内容，更多地融进反映时代呼唤和要求的重要内容，跟上社会发展的步伐；二是实践内容要有现实性。实践的内容要紧扣时代主题，紧密联系现实社会和改革开放成果方面的热点问题；三是要考虑不同学生的要求。实践的内容要考虑不同专业、不同年级学生的不同需求。

(4)参与性。民办高校思想政治理论课实践教学将深刻的理论思维与鲜活的感性体验相结合，通过强烈的现场参与感可以触发和增强理论思维的兴奋点，而不是“空洞”的说教。思想政治理论课实践教学具有内容上的直观性和对象上的互动性，其内容、形式及取材不再是刻板艰涩的概念、判断、推理等逻辑演绎，而是活生生的事实、图像和景观以及真切实在的亲身体验，这种教学形式可以达到潜移默化的理想教学境界。教学过程突出学生的参与性，彻底改变学生被动接受的学习地位，使其积极主动地融人甚至决定主导整个教学环节，充分张扬现代教育所要求的学生主体地位，体现现代教育发展的趋势。

3. 民办高校思想政治理论课实践教学的实施

高校思想政治理论课实践教学是大学生了解社会，服务社会，增长才干，形成正确的社会认知和“三观”不可或缺的实践过程。为达到思想政治教育的良好效果，通常需要通过以下几个环节来实施：

(1)制订可行的实践教学方案，精心策划选题。思想政治理论课实践教学一定要注意坚持练习教学内容的实际，做到有的放矢，精心策划好教学实践的选题，增强针对性以确保学生参与度。选题一定要主题突出，可以根据当前国内外的热点难点、社会焦点及学生关切点来确定，也可以依据学生专业、年级的特点来确定,如医学类专业可以适当突出医疗类的选题。同时,选题也要有系统性,可以根据不同的内容对选题分门别类,集中汇编在学生实践手册上,供学生选择和参考,让学生结合实际进行调研,撰写调研报告。通过主题导向,实现教学目标。

(2)加强过程指导,力争规范高效。大学生往往缺乏进行调查研究能力,因此在实践前,教师要组织学生进行必要的培训,让学生了解思想政治理论课实践教学的目的和要求。在培训中,重点指导学生如何具体进行校外假期社会实践,特别是如何开展社会调查和社会服务。如怎样选择调查和服务类型,怎样联系调查和服务对象,怎样实地开展调查活动,怎样解决遇到的困难和问题,怎样撰写调查报告等。为使培训取得效果,教师要向学生介绍思想政治理论课实践教学大纲,编发实践手册、选题汇编、调查报告写法、注意事项等辅助材料。

(3)建立严格的实践教学评估考核机制。构建合理的实践教学综合评估考核体系是确保实践教学实效性的重要环节。这既包括对教师实践教学的考核评估,又包括对学生实践的考核评价。对教师的实践教学进行考核评估,主要是考评教学计划是否科学,是否得到贯彻实施,教师是否及时总结每次实践教学经验,教学组织是否到位,教学效果是否明显。这其间涉及教师工作量的考核。教师工作量应参照专业课教师指导学生实习及批改实习论文的标准计算,按照教师指导学生实践的情况和指导学生的班级数计算相应的工作量来进行综合考评。对学生实践的考评主要包括学生参加实践教学的态度、学生在实践活动过程中的表现、学生实践成果水平的考核。建立规范、合理、客观、系统、多元的实践教学考评体系并加以严格考核,是促进教师认真教学、学生认真参加实践,确保思想政治理论课实践教学实效性的重要环节和手段。

(4)及时总结,表彰先进。要使思想政治理论课实践教学真正取得效果,不能让学生上交一篇调研报告后就结束。必须及时进行总结,评选优秀调查报告,对优秀学生进行表彰,以激励学生参与实践的热情和积极性。学生上交调查报告以后,教师必须根据考核要求,及时对调查报告进行认真,公正的评审,并写出评审意见。同时,遴选出一定数量的优秀调查报告汇编成册,作为实践教学的成果,甚至对那些真实可靠的优秀调查报告进行适当的修改后,推荐发表。调查报告评审完后,应及时召开总结表彰大会。教师总结经验,点评学术报告;学生畅谈社会实践的心得和体会,互相交流,最后对优秀学生及调查报告进行表彰奖励。

总之,在思想政治理论课实践教学开展之前制订周详的教学方案,在实践活动之中有精心的组织和深入细致的指导,在学生实践活动之后有客观公正的总结、评价和奖励,是实践教学活动开展的重要环节,是确保思想政治理论课实践教学实效性的重要途径和手段。

(三)民办高校思想政治理论课案例教学

1. 案例教学的含义和基本特征

案例教学是以案例为基本教育信息载体,以教师引导学生分析案例(教师主导—学生主体式学教并举)为主要教学结构理念,以凸显学生的主体地位,提高学生分析和解决实际问题的综合能力为首要目标的一种教学组织形式。案例教学具有以下基本特征:

第一,案例教学以案例为基本教育信息载体。这是案例教学与传统教学方式的最大区别。传统教学方式往往以固定的教科书为基本教育信息载体,学习的内容往往是各学科领域中比较稳定的、公认的知识与结论。案例教学由教师根据具体教学内容和目标需要，选编对某一实际情境进行客观描述的案例作为学习材料。学生在案例学习中的活动主要围绕案例来进行，通过对案例的分析与讨论达到学习目的。

第二，案例教学要凸显学生的主体地位。尽管在传统教学方式中，我们也强调发挥学生的主体作用，但往往是教师以权威的姿态呈现信息，学生接受、理解、记忆信息，学生的主体地位体现不够明显。案例教学则凸显了学生的主体地位。案例教学的典型特征是学生学习的主动性、参与性。在案例教学中，为了解决案例内隐或外显的问题，学生需要独立搜索、查找、阅读、理解和分析资料，获取信息，提炼观点。学生在案例教学中要比传统教学方式下承担更大的学习责任，学生的学习积极性、主动性和创造性能够得到充分和有效的发挥。

第三，案例教学以教师引导学生分析案例为主要教学结构理念。在传统教学方式中，教学过程更多的是教育信息从教育者向学习者的单向传递，是由教师根据教学目标的要求，选定合适的教育信息，通过讲解或其他言语教育方式将公认的、客观而稳定的知识、技能、思想、观念等传递给学生。案例教学与此不同，案例教学的主要教学形式是教师引导学生分析案例。在案例教学中，教师依然是重要的信息源，但教师所发挥的作用主要是启发和促进意义的建构，即依靠自己丰富的经验和对学科知识的宏观把握与理解，为学生提供分析与讨论案例的方法和策略上的指导。当学生遇到困难时，教师不直接告知其答案，而要引导学生自主查找、理解和选择信息，求得问题的解决。在案例教学中，教师的角色不再是预定知识的传递者，也不再是提供问题答案的源泉，而是学生学习的向导、组织者与促进者。

2. 民办高校思想政治理论课案例教学的特性

作为一门理论性较强的学科,思想政治理论课进行案例教学除了具有同其他学科案例教学相同之处以外,还有其独特性。这些独特性主要表现为:

第一,在案例教学的宗旨和目的上,高等学校思想政治理论课是大学生思想政治教育的主渠道,是帮助大学生树立正确的世界观、人生观、价值观的重要途径,体现了社会主义大学的本质要求。思想政治理论课案例教学作为一种教学组织形式,必然要服务于这一教学宗旨和目的。而具体学科的案例教学是通过提供各种典型的过程案例,一方面使学生联系实际掌握所学的知识点,并能灵活运用;另一方面培养学生在书本知识以外的实践经验和实际工作能力。

第二,在教学案例的选择上,思想政治理论课教学案例的覆盖面相当广泛,包括自然界、人类社会和思维等各领域的案例,要根据需要进行选取。这对教师的案例甄选能力提出了更高的要求。而具体学科则是依据其教学内容在具体领域中选择各种类型的案例,用于扩大学生的知识面,培养学生应用能力和工作适应能力。

第三,在案例教学的应用范围方面,一些具体学科的案例教学已作为该学科教学的主要手段和方法,运用得非常普遍。但由于思想政治理论课教学内容大多是概念、规律、范畴、论据和论述过程,并不适合全面采用案例教学,需要根据具体内容酌情安排。在教学时,一般要选择核心问题、重点问题、关键问题引入典型案例,起到画龙点睛的作用;此外,还往往需要穿插讲解相关的教学内容,并通过学生的阅读和理解来实现全部教学内容的完成。

3. 民办高校思想政治理论课教学案例的甄选

案例的选择是案例教学的首要任务,案例的质量直接决定了案例教学的效果。精准的教学案例有助于提高思想政治理论教学的针对性和实效性,案例选择不当则可能使思想政治理论课误人歧途。因此,精准教学案例,是成功实施案例教学的先决条件。在选择案例过程中,要特别注意以下几方面:

第一,所选案例应与教学内容相一致。运用案例教学方式,目的是更好地实现教学目标,增强教学效果。因此,所选案例不能脱离教学内容。教学案例必须和教材内容紧密联系,并力求突出教学重点与难点。教师在备课时要注意搜集、整理与教材内容相关的案例,然后加以筛选。将那些与授课联系最密切的典型案例进行认真整理,反复推敲,以供上课使用。在选择案例时,要明确此次案例教学要达到什么样的目的,解决什么样的问题,做到心中要有数。如果将那些与教学内容联系不太密切的案例作为上课使用,不但无助于帮助学生掌握教学内容,而且浪费了学生宝贵的学习时间,甚至还可能将学生带入迷途。因此,在选择案例时,教师要反复斟酌,再三推敲。不合适的案例坚决不用,不能说明教学内容的案例无论怎样生动都不能采用。

第二,所选案例应具有典型性。教学案例的典型性即代表性。案例应具有典型意义,应反映代表政治理论的普遍性,避免因案例不够典型而误导学生以偏概全地推出伪科学。同时,案例要能明确表示主要原理和规律。因为如果案例与其要揭示的思想政治理论间对应关系不明显,就会使学生在分析、讨论案例时走弯路,甚至步入思维误区,难以在短暂的课堂时间内掌握主干知识。对典型案例的理解和分析,有助于学生掌握基本理论、基本方法和原则,并有助于拓展学生的思维,提高他们分析问题和解决问题的能力。

第三，所选案例应具有启发性。案例教学的目的在于开发学生的智力，培养学生分析问题、解决问题的能力。因此所选案例应蕴涵一定量的实际问题，突出启发性，能给学生留下一定的思考空间，促使学生广泛地思考问题。学生必须经过认真地分析和思考，才能够对案例中的问题作出解释和处理。具有启发性和探究性的教学案例，有助于锻炼和提升学生的思维能力，使学生在掌握政治理论的同时，形成积极的学习态度。

第四，所选案例应注意时效性。所谓时效性，是指所选案例应紧扣时代的主题，体现时代的新鲜内容，触及社会发展中最前沿的问题，贴近当代大学生的思想实际，这样的案例更容易引起学生的兴趣和关注。

(四)反思性教学

1. 反思性教学的含义

所谓反思，顾名思义，即自我省察、回顾的意思。就是行为主体对自身既往行为及相关理念自觉进行换位思考的认识活动和探究活动。反思的指向主要是过去的意识和行为，具有价值评判的性质。事实上，反思一词本身就含有“反省”“内省”之意，从本质上来说就是一种批判性思维，即通过对自己的思想、自己的心理感受等的思考，审视，分析当前的认识活动。教学中反思的内涵是立足于教师自身之外，是对教师自身的教学思维和行为的一种批判。反思的目的既是为了回顾过去或培养反思的意识，更是为了指导即将在未来进行的教学活动和教学实践。反思不仅是内隐的思维活动，而且也是外显的实践行为，联系着思维和行动两头，确保反思的结果能够在教学实践中得到检验。民办高校思想政治理论课反思性教学，就是在思想政治理论课教学实践过程中,教师对自身的教学行为不断地进行反思的一种行为,是对教学行为和教学过程进行批判地、有意识地分析与再认知的过程。它需要教师在教学实践活动中积极关注自身的教学行为和具体的教育情境,以开放的心态接纳不同的观点,从多个角度积极思考问题、研究教学活动,并对自己的选择与行动负责。

2. 民办高校思想政治理论课反思性教学的特点

反思性教学和传统教学相比,主要有以下几方面的特点:

(1)目的明确性。反思性教学是教师对自身教学活动的元思维过程,是一种目的明确的研究过程。从直接层面上说,是对自身教学过程中教什么、怎样教和为什么这样教的省察和反思。从更深层次上说,是对自身的师德修养、教学理念、师生关系等的理智化的暗示、假设、推理和检验。因而,反思性教学的目的在于有效解决教学中的问题并提高教学质量,它首先关注教学的目标和结果是否有效达到,是否具有明确目的。

(2)科学探究性。探究即探讨和研究,是人们认识、理解和改造周围世界的重要方式。反思性教学观是建立在现代教学理论基础上的科学教学观,基本观点与传统消极学习观相对立。它以探究和解决教学基本问题为基本点,因而具有探究的性质。另外,反思是在回忆或回顾已有的心理活动的基础上找到其中的问题以及答案,也就是从自己活动的经历中探究其中的问题和答案,重构自己的理解,激活个人的智慧;不仅解决问题,更注重学习创造性与主体性人格培养,并以此作为反思性教学的主要目的。

(3)思维批判性。反思性教学强调教师对教学行为的积极思考与批判分析,反对机械地灌输和简单的重复。同时它又是探究取向的,要求教师以批判的眼光看待教学中出现的问题,并善于通过积极的探究寻求问题的答案。通过对教学实践的反思，教师自觉地对自身已有的教学活动，以及教学活动中所涉及的相关因素进行持续的、批判性的审视、思考、探究和改进，从而调节并改善自身的师德品质，不断提高教学能力和教学质量。从实质上说，反思思维是批判性思维，经常批判性地、反复深入地思考问题，知识结构就会进一步完善、牢固，思路会更开阔、更灵活，见解会更深刻、更新颖。使学生在批判中学习，教师在批判中教育，善于思考，勤于探究，从而使自己更加睿智和成熟。

(4)对话合作性。反思性教学的主体包括教师个人与集体、学生、专业研究人员。教师个人与集体、学生、专业研究人员是实施反思性教学的三个核心要素，构成了反思性教学的四位一体关系。教师个人的自我反思、教师同行间和师生间的合作对话、专业研究人员的专业引领以及全员跟踪推进，是实施反思性教学的四种基本力量，缺一不可。反思性教学是一种群体反思活动，在强调师生之间在课堂内的双向反思探索活动之外，还要求教师之间、教师与专业人员之间在课前、课后进行群体的交流与沟通，反思教学中存在的各种教学问题，探讨问题解决的方法、途径，以助成教学实践的日趋合理。

(5)实践操作性。反思性教学以解决问题为基点，立足于教学实践行动中客观存在着的真实问题，得益于行动研究的实践运用。反思性教学过程中的行动研究是实践和反思相结合的研究。它基于教学实践，使教学理论与教学实践联系在一起，直接指导教学实践，使得特定情境中的教学实践者能够对自己的教学情境有真正的理解，并做出明智而谨慎的决定。因此，反思性教学通过行动研究的运用，更加重视教学的实践操作性；同时，也追求教学实践的合理性，这必然要求反思后的新的教学假设和新的教学改进也要经过实践检验。

3. 民办高校思想政治理论课反思性教学的具体应用

反思性教学与常规教学相比具有许多优势和特色，然而，反思性教学在思想政治理论课中的应用还属于“新生事物”，在应用中还可能遇到质疑和挑战，需要注意从以下几个方面来加强反思性教学：

(1)将教师主导作用和学生主体地位相统一。反思性教学的目的主要有“学会教学”和“学会学习”两个方面，因此，要充分发挥教师的主导作用和学生的主体地位，实现教与学的统一。反思性教学过程既是知识的传递过程，也是知识的生成、创新的过程。教师和学生在知识的生成过程中是平等的主体，教师的职能由教转为导，教师不再是单纯的知识传递者而是学生学习的组织者、促进者、辅导者，师生应形成一个“学习共同体”。教师在指导学生学会通过各种渠道占有知识，储存知识外，更重要的是要引导学生学会选择、判断、运用、创造知识，保证学生的学习朝着正确的方向前进。将学生置于课堂的中心位置，教师要深入到学生中间，创设师生之间、学生与学生之间平等、和谐的民主学习氛围，建立起民主平等、相互信赖的关系，以平等的身份参与教学，发挥学生的学习积极性。在教学过程中教师要面向全体学生，给他们以主动参与教学活动及表现、发展能力的机会，在与学生、老师之间的观点和思想的交流中促使学生反省、反思，调动学生的情感、兴趣、意志等非智力因素，让学生在问题的情境中发现问题，提出问题，解决问题，教师只是给予学生系统的学法指导。

(2)加强对信息收集处理的指导。思想政治理论课属于人文学科，有综合性、多样性的特点。其教学内容与社会生活息息相关。每一个置身于社会生活之中的人，都会对各种社会现象形成自发的、朴素的认识。当前，世界经济全球化和政治格局多元化，国内多种经济成分和多种分配方式并存，伴随而来的是社会分化为多种利益群体和不同阶层，社会组织形式多样化，生活方式多样化，就业岗位和就业方式多样化。这些社会存在反映到社会意识中，就表现为价值取向的多元化。来自于社会现象的各种信息以及教学主体的价值观念多元化，都是丰富的教学资源。教师要加强信息收集处理的指导，提高学生的思考、诘问、评判、创新知识的能力，提升学生智慧和张扬学生的个性，以实现教学实践的合理性。

信息的途径有很多，既有物力的，如教科书、博物馆、遗址、纪念馆、文化馆、自然和人文景观等，也有人力的，如教师、学生、家长等；既有校内的，如图书馆、教室、实验室等，也有校外的，如展览馆、博物馆、历史遗迹、现代化新农村等；既有显性的，如教科书、文献、网络、图片、录像、影视作品等，也有隐性的，如爱国精神、献身精神、奉献精神、教师的反馈、学生的反馈等。教师要引导学生走出教科书，走出课堂和学校，开阔学生视野，吸收大量丰富的信息，可以有效地克服以往思想政治理论课课堂信息狭隘的局限性，提高教学效率。同时，教师如果能指导学生将这些信息资源去粗取精，去伪存真，由表及里，由此及彼，收集，筛选，比较，确定，很好地加以利用与开发，对高校思想政治理论课反思性教学是大有裨益的。

(3)注意加强对结论多样性的保护。反思性教学要求教师要学会促进以学习能力为重心的学生整体个性和谐而健康的发展。这就要求教师要与学生真诚地沟通，尊重学生的人格、营造民主、平等、开放的氛围，让学生畅所欲言，保护结论的多样性。一是要承认学生的独立思考和探索是有意义的。二是学生对教师的观点提出质疑,发表不同的看法时,教师要清醒地意识到这是学生生命自主意识积极活动的表现,应加以激励和表扬,不要认为是对自己的不尊重而予以严厉批评。三是要解放学生的思想,给学生提供积极的个性化思考和自主探索的时间和空间。

(4)教师要注重自身素质的提高。课堂教学是一门遗憾的艺术。一堂课很难做到十全十美,即使课前精心准备,深思熟虑,课上运筹帷幄,精彩纷呈,但是课下细细琢磨,总会有令人感到遗憾、存在有待弥补之处,科学有效的反思可以减少遗憾。反思性教学是教师专业发展和自我成长的重要途径。在教学中,教师要不断反思教学的观念。反思性教学的本质是一个提出问题——探讨研究——解决问题的过程。教师以问题为情境,自觉地把自己的课堂教学实践作为认识对象,进行全面、深入、冷静的思考,再以体会、感想、启示等形式进行总结,经常反思,多思则活,思活则深,思深则透,思透则新,思新则进,不断形成自我反思的意识和自我监控的能力,不断丰富自我素养,提升自我发展能力,由教书匠发展为教育家、研究者,逐步完善教学艺术。

第六章　民办高校思想政治理论课网络教学

从1994年我国获准接入Internet以来，之后的十余年互联网在中国得到了迅猛的发展，给人们带来了一种全新的网络环境。当代大学生是中国互联网最大的网民群体，在网络环境下越来越多的大学生通过网络获取知识和信息。网络不仅给大学生的学习、生活及交往方式带来了深刻的影响，而且对大学生的理想信念、价值追求、道德观念、艺术审美、行为规范及精神世界等方面，都产生了不可忽视的作用。因此，通过网络对高校大学生开展思想政治教育，一直受到党和政府的高度重视。2000年，江泽民同志在谈到如何加强和改进思想政治工作时就指出："要重视和充分运用信息网络技术，使思想政治工作提高时效性，扩大覆盖面，增强影响力。"①同年9月，教育部印发了《关于加强高等学校思想政治教育进网络工作的若干意见》，明确指出："用正确、积极、健康的思想文化占领网络阵地，同时防止一些人利用网络传播错误的思想和信息，已经成为民办高校思想政治工作非常重要而又

①做好新时期思想政治工作——学习《江泽民文选》体会[N]. 人民日报，2006-6-29(1).

紧迫的课题。”2001年,中共中央印发的《公民道德建设实施纲要》,进一步提出:“计算机互联网作为开放式信息传播和交流工具,是思想道德建设的新阵地。要加大网上正面宣传和管理工作的力度……要引导网络机构和广大网民增强网络道德意识,共同建设网络文明。”2004年,中共中央、国务院发出《关于进一步加强和改进大学生思想政治教育的意见》,明确要求:拓展网络思想政治教育和心理健康教育等新的途径;加强对大学生网络虚拟群体等新型大学生组织的思想政治教育工作;全面加强校园网的建设,使网络成为弘扬主旋律、开展思想政治教育的重要手段。

胡锦涛同志指出:“加强网络文化建设和管理,充分发挥互联网在我国社会主义文化建设中的重要作用,有利于提高全民族的思想道德素质和科学文化素质,有利于扩大宣传思想工作阵地,有利于扩大社会主义精神文明的辐射力和感染力,有利于增强我国的软实力”,“我们必须以积极的态度、创新的精神,大力发展和传播健康向上的网络文化,切实把网络建设好、利用好、管理好。”①所有这些讲话和文件,既是网络环境下开展大学生思想政治教育的重要指导思想,也是民办高校开展网络思想政治理论课教学体系创新研究的重要政策依据。

一、网络环境给民办高校思想政治理论课教学带来的机遇与挑战

(一)网络环境带给民办高校思想政治理论课教学的新机遇

1. 互联网丰富了思想政治理论课的教学资源和内容

互联网的海量信息极大地丰富了思想政治理论课的教学资

①胡锦涛.以创新的精神加强网路文化建设和管理. http://news.xinhua.net.com/politics/2007-01/24/content_5648188.htm.

源。传统思想政治理论课教学之所以缺乏吸引力和感染力的一个重要原因,就是因为教育者所掌握的信息量十分有限,并且内容陈旧,不能很好地吸引受教育者的注意,难以激发他们情绪的“兴奋点”与“敏感点”。互联网海量的信息环境则使教育者摆脱了这种困境,教育者借助网络可以及时获取丰富的思想政治教育的资源。互联网上,马恩列斯、毛泽东、邓小平的经典著作以及党和政府的最新政策文件都可以找到,相关理论研究及评述一应俱全。网络的开放性和超时空性,可以方便快捷且无限制地查找、搜集、积累所需信息。在网络时代,只要教育者掌握了网络技术,就能从网上发现、挖掘自己所需要的信息,就可以获得有针对性的、最新的时事材料、理论成果、典型事例,从而不断地补充和更新思想政治理论课教学内容。比如党的十八大、十九大召开期间,有关大会的议程、大会通过的各项重大决议以及国内外媒体、学者对大会的评价,各网站的新闻频道都及时地以文字、图片、录音、录像等形式进行报道。进入“微时代”之后信息传播速度更快、方式更便捷、受众更广泛,这就为民办高校思想政治理论课教学工作者及时补充新的教育内容提供了极大的便利。由此可见,网络的确为思想政治理论课教学工作者提供了一个取之不尽、用之不竭的信息资料宝库,对于解决长期以来思想政治理论课教学内容滞后于时代的矛盾是一个极大的帮助,而且,随着计算机网络技术的发展,它必将为我们进行大学生思想政治教育提供更丰富的资源和内容。

2. 互联网促进了思想政治理论课教学手段和模式的现代化

互联网对于思想政治理论课教学产生的最为重要的影响就是将现代网络信息技术运用于其教学工作中,实现了传统思政课教学方式的革命性变化,有力地推动着思想政治理论课教学方式的现代化。

首先,网络拓宽了思想政治理论课教学信息的获取渠道。在互联网出现及广泛运用之前,思想政治理论课教学工作者主要是从理论书本、文件、经典专著、报刊等纸质的材料中获取教学信息,尽管这种渠道既耗时又费力,但为了实现教育目的,教师必须从大量的书籍和材料中查找并整理相关的教育内容。而网络拓展了信息渠道,通过搜索引擎查找相关主题,海量信息瞬间可得,教师借助于网络可以及时获取丰富的思想政治教育资源。

其次,网络优化了思想政治理论课教学信息的传播方式。与传统思想政治理论课教学的单向传播相比较,网络的应用实现了教学信息的双向传播。通过互联网,学生不仅可以主动获得自己所需要的各种信息,而且可以成为信息的发布者、评论员,可以自由地参与到网上的交流与活动之中。网络信息传播的这种开放性、交互性的特点,一方面有助于增强大学生的主动性和参与性;另一方面也有助于增强教师改变教学理念与方式,确立对学习主体性群体及新教学理念的认识。

再次,网络多媒体技术的运用促进了思想政治理论课教学手段、教学模式的变革。集文本、图片、视频等于一体的网络多媒体教育手段,不仅可以使枯燥的理论教育变得生动活泼,而且可以充分地调动受教育者的各种感官的积极性,这种多种感官同时感知的学习效果明显优于单一感官感知的学习效果,有助于提高教学的吸引力。

网络的发展还促进了高校思想政治理论课教学模式的创新。在传统的思想政治理论课的教学过程中,教育者掌握着信息的发布权,联通教育者与受教育者的是单向式的“你讲我听,你打我通”的权威主义教育教学模式。这种模式无形中拉大了教育者与受教育者之间的距离，不利于调动受教育者的积极性和主动性，这种窘迫的状况在网络环境中则可以得到有效地避免。网络的平等性和交互性特点便于教育者和受教育者的互动与对话。在网络交往中，由于交往对象的社会角色通常是虚拟的，交往对象没有心理负担，因此，在思想感情传达上可以直抒胸臆，不必像日常生活中那样遮遮掩掩或胆怯害羞，容易达到交流的较深层次。同时，角色也是可以互换的，在浏览网页、选择和吸收各种信息时，参与者是以受教育者的身份出现的；而在参与网络各种信息的制作、发布等网络实践活动，将自己的思想、观点、看法等信息传播出去时，参与者又成为教育者。因此，依托网络实施思想政治教育时，在教育者与受教育者关系上，其身份上更具有融合性，双方都能较好地发挥其主体性，有利于形成互相尊重、平等对话的现代思想政治理论课教学新模式。

3. 互联网提供了一个极具个性特色的教育环境

网络所特有的信息集成性、双向交流性和可选择性，为开展网络思想政治理论课教学提供了极具个性特色的教育环境。在这里，学生可以在不受外界控制下，自由发表自己的观点、意见，真正实现了畅所欲言。这就使教师能够真正了解和掌握学生的思想状态，并根据不同学生的状况选择不同的教育内容和方法，使教育具有针对性。在网络环境中，学生还可以根据自己的思想、兴趣、爱好从网上下载他所需要的各种教材和参考资料，甚至还可以自由地选择教师、教室、教材和授课时间，教育的个性化得到了体现。

作为文化现象，网络具有虚拟性和真实性并存的特征，网络的这些特征一方面吸引了越来越多的青年学生，形成“网络学生”这种新的信息机制，另一方面弱化了传统的“教师学生”信息机制。在网络发展的初期阶段,形成的"网络学生"是一种缺乏教师参与的信息机制,民办高校大学生接受来自不同主体、不同途径的不同倾向的思想意识的频率越大,其信息摄取行为就愈益个体化、隐蔽化,接受信息的自主性也就越来越强。大学生因此在信息的理解上变得多角度化,他们不再简单地按照教育者制定的目标去理解信息,而是将各种信息摆在一起,进行分析归纳,得出自己对人生、对社会的认识,化为自己的思想,进而指导自己的行动。这种"网络—学生"信息机制显然具有促进学生自我教育的优点,但同时又有很大的随意性与盲目性,并不是完全意义上的思想政治理论课教学信息机制,因为它缺少教育的主体。信息时代,人们获取信息往往并不难,难的是分析信息的价值,有效地利用信息。随着网络的迅速发展,必然要建立一种教师参与下的"教师—网络学生"网络信息机制,与传统的"教师学生"机制实现互通、结合使用的交互模式。从信息传播的角度讲,对民办高校大学生进行思想理论教育的主要方式应该由向学生灌输正面信息为主转变为引导学生选择正确信息与灌输信息并重。网络环境下的思想政治理论课教学应该按照积极引导的方针,帮助大学生懂得如何使用信息,学习如何判断各种信息的意义和价值以及了解如何利用信息资源来发展自己,促使大学生在网络环境中健康成长。

4. 互联网有利于增强思想政治理论课教学对象的主体性

传统的信息传播方式是单向的灌输式教育,大学生的主观能动性受到一定程度的压抑。网络环境下,这种传统的单向传播方式改变为双向传播,为大学生的主体性发展提供了有利的条件。在网络环境中,大学生的主体地位得到了体现,他们不仅可以主动地获得自己所需要的各种信息,而且可以成为信息的发布者、评论员，他们可以自由地参与网上的交流与活动。这种参与性和双向互动性拉近了教师与学生之间的距离，使得大学生真正体验到自由沟通的平等地位和自我价值的实现。除此，网络中的人机一体化的学习、工作环境也为人的主体能力的发展奠定了基础。在全新的人机系统中，智能多媒体所创造的人们之间相互交流和全息操作环境，极大地扩展了人的智力、体力和感官能力，把人的潜能挖掘到一个更深层次，并改变和丰富了人的精神生活。信息传播的开放性和交互式的特点，还从根本上改变了教育者思想政治理论课教学的理念和方式，确立起对思想政治理论课教学对象主体性地位的尊重意识，摒弃过去"你打我通"的教育模式，形成互相尊重、相互促进、平等对话的现代思想政治理论课教学新模式。

5. 互联网有利于增强思想政治理论课教学的影响力

网络信息技术的飞速发展，既为人们提出了思想政治理论课教学进网络的崭新课题，也为人们将先进的网络技术应用于思想政治理论课教学工作提供了物质基础。应用网络信息技术开展思想政治理论课教学工作，为增强思想政治理论课教学的影响力创造了良好的条件。

首先，突破了传统思想政治理论课教学的局限性，扩大了教育空间和影响范围。互联网的传播是全天候开放的，它不受时间和空间的限制，教育者可以把思想政治理论课的教学内容通过专门的网站、网页、栏目或信息报道等形式链接到互联网上，供学生上网浏览；可以通过在网上发布正向引导信息，帮助和引导学生形成正向的思想意识。同时，网络的共享性和开放性还使高校的"围墙"概念逐步消失，不同地点的高校学生既可以通过网络共享思想教育资源，又可在网上自由地向老师咨询思想问题，与其他同学开展思想交流和讨论。这样就使得原来相对狭小的教育空间变成开放性的教育空间，使原来教育内容滞后与学生思想的不同步现象变得更具有针对性和时效性。

其次，有利于增强思想政治理论课教学的亲和力。网络技术具有传输快捷、交互性强、形式多样等优势，利用这些优势开展思想政治理论课教学工作，有利于迅速了解大学生的思想情绪和关心的热点问题；由于双方在同一个交流平台上沟通，有利于拉近教师和学生的心理距离，增强思想政治理论课教学工作的亲和力。

再次，有利于提高思想政治理论课教学的感染力。一方面，教师借助于信息网络技术获得并采用丰富的教育资源，增强了教育内容的说服力；另一方面，利用集声音、文字、图像、数据等为一体的多媒体进行教学，使思想政治理论课教学内容的呈现不再单调，而是图文并茂，声情融会，富有艺术性。因此，大大提高了学习者的兴趣。

总之，互联网时代为思想政治理论课教学的改革与发展带来了诸多机遇，不仅能促进思想政治理论课教学手段、方式的现代化，而且还促使其教学理念、内容、渠道等方面进行新的拓展，为民办高校网络思想政治理论课教学体系的创新奠定了基础。

（二）网络环境带给民办高校思想政治理论课教学的挑战

1. 互联网环境下使大学生的思想状况更加复杂

网络环境下大学生的思想意识、价值观念、思维方式的个性化、多元化、复杂化的特征十分明显，给思想政治理论课教学带来极大的挑战。

首先，价值观念的复杂化。由于网络是一个没有边际的世界，各种不同的价值观念在这里汇集交织，有宣扬奉献、拼搏的积极人生哲学的内容，也有宣扬玩世不恭、及时行乐的消极人生哲学的内容，甚至还有宣扬色情等低级趣味的内容。这些网络信息不仅使大学生在思想上产生困惑和迷茫，而且造成他们在价值取向和判断上出现偏差，其中一个突出的方面就是理想信念大大淡化和金钱观念的极大强化。有民办高校大学生认为，理想理想，有利就想；前途前途，有钱就图。还有的大学生认为，理想是远的，信念是虚的，金钱是实的。要抛弃远的，丢掉虚的，捞取实的。有些民办高校大学生已很少思考自己对社会、国家的责任和义务等等。其次，国家民族意识开始淡化。由于经常在虚拟性、开放性的网络世界中进行交往和活动，一些大学生对民族性、阶级性、国家性这些社会性因素逐渐淡化，进而导致其政治意识、阶级意识乃至国家和民族意识开始弱化。再次，生活方式趋于复杂化。随着我国物质生活和文化生活水平的不断提高，人们的生活方式呈现出多样化发展的趋势。受之影响，大学生在生活上一方面求富、求美、求乐的要求日益迫切，另一方面艰苦奋斗的精神有所淡化，奢靡之风有所蔓延。大学生在思想观念上的诸多新变化，增加了思想政治理论课教学工作的难度。

2. 互联网使传统的思想政治理论课教学理念和方法受到冲击

在网络时代到来之前，老师被公认为是教育过程中的主体，由于他们所拥有的知识和技能都比学生多得多，因而处于主动地位，起着主导的作用；而学生由于其思想行为与一定社会要求之间存在差距，在知识、信息的掌握上处于劣势，故在教育活动中处于被动的地位，是教育过程中的客体。然而，在网络时代，学生通过网络可以获得大量的信息，从而导致教师的信息优势弱化，甚至有可能处于信息劣势的境地。特别是当网络成为民办高校思想政治理论课教学的载体时，它所具有的交互性特点更使教师的主体地位受到冲击。与此同时，作为教学中最为常用的灌输法也面临着挑战，因为这种方法是以教师具有较高的威信和绝对的信息权威为前提的。然而，随着网络的发展，教师不再具有信息权威，学生获得信息的途径也已经不再局限于教师和课堂了，因此，长期以来使用的教育方法在今天来看未必行之有效，需要我们进行改进和创新。

“在信息社会里，教师不可能再像过去那样，被看作是某种知识的唯一拥有者，他只需传授知识即可。从某种意义上说，他成了集体知识的合作伙伴，他应果断地站在变革的前列，对这种知识加以重组。”①作为网络时代的思想政治理论课教师，应以积极的态度和行动介入网络，成为网络社会中的一员。然而，面对迅速发展的网络环境和不断变化的思想政治理论课教学对象，许多教师出现了诸多的不适应，突出表现为由知识储备的不足和知识结构的单一和狭窄而带来的不适应。从目前的实际情况来看，往往是精通网络技术的人缺乏政治理论水平和思想政治理论课教学工作的经验，而长期在思想政治理论课教学岗位工作，有较高政治理论水平和教学工作经验的教师又缺乏网络方面的知识。因此，如何切实加强民办高校思想政治理论课教学工作队伍建设，造就一支具有高素质的思想政治理论课教学工作者队伍，是网络时代思想政治理论课教学所面临的一项严峻的挑战。

二、民办高校网络思想政治理论课教学内容体系的创新

科学地构建民办高校网络思想政治理论课的教学内容体系，是新时期思想政治理论课教学创新的一项重大课题。面对网络

---

①联合国教科文组织总部中文科. 教育丛书・教育：财富蕴藏其中[M].北京：教育科学出版社.1996：172.

环境所呈现的新特点、新问题、大学生的思想变化及其新的要求，民办高校网络思想政治理论课教学亟待在内容构建方面进行创新。只有这样，才能实现对大学生的思想及行为进行有效性的指导，提高网络环境下高校思想政治理论课教学的实效性。

（一）构建民办高校网络思想政治理论课教学内容体系的原则

民办高校网络思想政治理论课教学内容体系的构建，需要遵循导向性原则、针对性原则、系统性原则和发展性原则。

1. 导向性原则

所谓导向性原则，是指在构建思想政治理论课教学内容体系时必须突出体现其政治性和思想性。具体说来，就是要坚持社会主义方向，始终坚持马克思主义理论在各项内容中的指导地位，用科学的、正确的、健康的思想对大学生进行引导。高校的思想政治理论课教学目标是培养大学生成为中国特色社会主义事业的接班人和建设者，因此，民办高校思想政治理论课教学内容的构建必须体现出鲜明的社会主义方向性，这既是传统思想政治理论课教学的基本要求，也是构建民办高校网络思想政治理论课教学内容体系的基本要求。如果任由各种思潮、政治、价值观念侵入我国的网域和网站，就会对民办高校大学生的思想政治素质造成严重的负面影响，就有可能使他们迷失正确的方向，我们培养社会主义接班人和建设者的任务和目标就会落空。所以，构建思想政治理论课教学内容体系时必须坚持政治性和思想性，对民办高校大学生进行正确的政治观教育、科学的世界观与人生观教育以及网络伦理教育，以提高他们的政治觉悟、认知能力、道德水平，增强他们对负面信息污染的免疫能力，从而有效地抵御西方敌对势力的网络渗透与侵害。

2. 针对性原则

针对性原则是指从思想政治理论课教学目标和大学生的特点、思想实际需要出发,确定民办高校思想政治理论课教学的内容。它不是消极地、被动地迎合学生的需要,不是不做分析地认为“学生需要什么就给什么”,而是积极主动地适应和引导学生的需要。面对信息网络化、经济全球化等诸多挑战,青年大学生受到的冲击和影响会越来越大,他们的思考和疑问日益增多,如“马克思主义是否过时?”“网络社会是否是绝对自由的虚拟社会?”“网络需要伦理道德吗?”等等。对此,构建民办高校网络思想政治理论课教学内容体系时,只有贴近青年学生的思想实际、贴近时代、贴近生活,不断调整、充实和丰富教育的内容,才能做到对症下药、有的放矢,收到良好的效果。

3. 系统性原则

所谓系统性原则,是指在确定民办高校网络思想政治理论课教学内容体系时,既要考虑它本身是思想政治理论课教学系统的一个组成部分,又要考虑到它也是一个多要素构成的系统。高校网络思想政治理论课教学内容不是孤立的,它既从属于现实思想政治理论课教学系统又是对思想政治理论课课堂教学内容的补充,所以,在对大学生进行思想政治教育时,要注意保持线上与线下思想政治理论课教学内容的紧密结合,以保持对大学生的影响和引导的一致性与连贯性。另外,还需要从民办高校网络思想政治理论课教学内容体系本身出发,结合网络环境的特点和大学生的实际需要,有选择、有重点地安排教育内容。

4. 发展性原则

所谓发展性原则,是指在构建民办高校网络思想政治理论课教学内容体系时,要根据时代发展的需要和理论建设的最新成果，及时地更新、增加内容。马克思主义理论教育是民办高校思想政治理论课教学的重点内容，而马克思主义的一般性内容不是永恒不变的教条，其中有些内容会随着时间的推移和社会条件的变化而获得发展。因此，思想政治理论课教学工作者要有敏锐的眼光和敏感的政治嗅觉，及时把握和了解国内外对马克思主义发展的最新成果，以便将最新的教育内容传播给大学生。除此，还需增加与网络时代发展相适应的内容，如网络交往文明教育、网络生态文明教育、自主创新教育和国际化教育等。这样才能更好地满足大学生思想发展、成长成才的需要。

（二）民办高校网络思想政治理论课教学体系的主导性内容

1. 网络思想教育

网络思想教育的核心内容就是用马列主义、毛泽东思想、邓小平理论和"三个代表"重要思想、科学发展观及习近平新时代中国特色社会主义思想武装大学生的头脑，指导他们树立起正确的世界观、人生观和价值观。

(1)加强理论教育正确的思想不是凭空产生的，而是来源于马克思主义理论的武装。邓小平曾指出，对青年的思想政治教育，首要的是马克思主义理论教育。坚持用马克思主义理论武装大学生的头脑，在当前来说，主要是用习近平新时代中国特色社会主义思想教育大学生，使其掌握认识世界、分析形势、解决现实问题的原则和方法，在错综复杂的网络环境下坚定理想信念。当然，理论教育应及时发展创新，紧密结合国内外新形势，新变化和新情况，从而使思想教育更加贴近现实生活和学生实际，更加富有时代气息，更易于为民办高校大学生群体所接受。

(2)加强"三观"教育。大学生正处于世界观、人生观和价值观形成的关键时期，帮助他们确立崇高的理想信念，树立起正确的世界观、人生观和价值观是网络环境下民办高校思想政治理论课教学的一项重要内容。

世界观教育。世界观是人的思想行为的基础,人的思想行为无一不受世界观的制约和支配。江泽民曾强调:“树立正确的世界观和人生观,无论过去、现在和将来,都是首要的问题。”①世界观作为关于世界的根本观点,是对认识世界和改造世界的根本看法。只有这个问题解决好了,我们才能有一个待人处世的正确态度、观点和方法,才能建立起正确的人生观。马克思主义的创始人以解放全人类、实现人的全面自由发展为己任,以此为核心建立起了科学的世界观。我们进行世界观教育,就是要进行马克思主义世界观的教育,这其中包括辩证唯物主义教育、历史唯物主义教育和马克思主义认识论的教育。

人生观教育。人生观的重大问题是关于人生的意义、价值、目标和态度的问题。在这些问题上所形成的各种稳定的、根本性的观点,构成人生观的不同类型。而不同的人生观往往意味着不同的生活道路和生活方式,并赋予人生以不同的意义。对大学生进行人生观教育,就是用科学高尚的人生观指引其人生。这里所倡导的科学高尚的人生观,就是以为人民服务为核心内容的人生观。一个人一旦确立了为人民服务的人生观,就会对人生目的有更为深刻的理解,就会以正确的人生态度对待人生、对待生活,就会自觉地抵制各种错误的人生观的影响,就会积极投身社会实践,热爱生活,珍惜生命,用坚忍不拔的意志去战胜生活、学习和工作中的种种困难和挫折,在不断开拓人生更高境界中领会生活的美好。

---

①中共中央文献研究室. 毛泽东邓小平江泽民论世界观人生观价值观[M].北京:人民出版社,1997:533.

价值观教育。价值观是人们关于什么是有价值的，怎样评价价值、如何创造价值等问题的根本观点。价值观的内容，一方面表现为价值取向、价值追求；另一方面表现为价值准则和评价标准。在网络世界里，各种思想五花八门，良莠不齐，西方敌对势力更是利用互联网的无国界性，加紧对网民进行思想和意识形态的渗透，使大学生面临着前所未有的选择，造成他们不同程度的思想困惑。因此，对其进行正确的价值导向，帮助他们树立科学的价值观是网络环境下民办高校思想政治理论课教学的一项重要内容。

社会主义核心价值观集中体现了社会主义意识形态的性质和方向，是社会主义思想道德建设的理论基础，是激励全民族包括大学生在内奋发向上的精神力量。因此，当前价值观教育的重点是让大学生深入理解社会主义核心价值观的科学内涵和重要意义，使他们以此作为自己的价值诉求，并用其指导思想和行动。

2. 网络政治教育

随着网络技术的迅速发展和普及，网络对民办高校大学生的政治观念、政治价值取向、政治行为、政治社会化等产生了不同程度的影响。尤其是网上政治信息量大且杂，一些不良的政治信息诸如暴力、恐怖、种族主义、文化帝国主义等，严重地干扰了大学生的政治价值观和政治进步，出现了一些值得警惕的倾向，如有些大学生政治观念淡漠，缺乏政治敏锐性和辨别力；一些大学生对马克思主义、社会主义信念产生动摇，发生信仰危机；有的在校园内外随意传播道听途说和网上看到的信息，不加分析地介绍外来社会思潮；等等。面对这些新的问题，加强网络政治教育尤其重要。当前，西方政治文化占据了网络世界的大部分空间，西方敌对势力正在不遗余力地利用互联网的跨国界性，向社会主义国家进行政治渗透。在网络环境下成长的新一代民办高校大学生，面临着思想迷惘和政治信仰危机的严峻考验。对此,我们必须运用互联网开展相应的马克思主义政治观教育,使他们成为具有远大理想和爱国情操的社会主义建设人才。

开展网络政治教育,主要包括政治理想、政治信念、政治方向、政治立场、政治情感等方面的教育。其中,引导民办高校大学生树立中国特色社会主义的共同理想;继承和发扬中华民族优秀文化传统,防止网络消解我们的民族文化;培养民办高校大学生的爱国主义情感是政治教育的重要内容。

(1)加强理想信念教育。引导民办高校大学生树立中国特色社会主义的共同理想,是网络政治教育的一项核心内容。因为理想信念在人的主观精神世界中居于核心地位,起着主导和统领的作用。正是基于此,江泽民曾指出,在全社会形成共同理想和精神支柱,是有中国特色社会主义的根本。科学的信念和崇高的理想既是我国社会主义现代化建设和民族复兴事业的强大精神动力,也是大学生健康成长、成就事业、开创未来的精神支柱和前进动力。然而,在互联网时代,由于西方敌对势力大肆宣传散布资本主义的意识形态、价值观念,肆意攻击马克思主义和社会主义制度,一些大学生产生了思想迷惘和政治信仰危机。因此,在开展理想信念教育过程中,要突出"四个自信"教育,即道路自信、理论自信、制度自信和文化自信。

(2)重视传统文化教育。网络环境下的民办高校思想政治理论课教学必须重视对大学生进行中国传统文化的教育,引导他们继承和发扬中华民族优秀文化传统,防止网络消解我们的民族文化。在网络时代的今天,伴随着网络语言的英语化,美国等西方国家依据其信息量的绝对优势,向其他国家特别是发展中国家进行文化覆盖,使我国面临着文化霸权主义的严重威胁。这就给我们在民族文化的传承上、意识形态和价值观的教育方面带来了挑战。因此,引导民办高校大学生继承和发扬中华民族优秀文化传统,防止网络消解我们的民族文化,便成为网络政治教育的重要内容。中华传统文化是一个具有顽强生命力的文化,它在绵延数千年的历史长河中,形成了自己独有的特色和精神,是中华民族生生不息、代代相传的力量所在,也是中华民族对于人类文明的独特贡献。要教育民办高校大学生充分认识中华优秀传统文化的当代价值,并将中华文明传承下去,发扬光大;要科学地汲取外来文化的精华,给中华传统文化注入新的活力,要抓住网络为我们提供的有利时机,将更多的优秀文化资源放在网上,让世界更多的人了解中华文明,了解中华优秀的文化传统和民族精神,这对实现中华民族伟大复兴的中国梦具有特殊的意义。

(3)强化爱国主义教育。大学生是国家和民族的希望,青年有担当,国家有前途,民族有希望。他们是实现全面建设小康社会的主要力量,爱国情感的强弱,将直接关系到社会的进步和发展,关系到整个国家和民族的前途和命运。因此,必须强化爱国主义教育,以增强他们的民族自豪感、自尊心、自信心和自强精神,增强他们的爱国热情和报国之决心。首先,将爱国主义融入到民族精神教育中去。民族精神是一个在民族长期的生产和生活实践中形成与发展的多数成员所具有的内在品质、心理特征、精神风貌、价值取向和人生追求。经过五千多年的历史积淀,中华民族形成了以爱国主义为核心的团结一致、爱好和平、勤劳勇敢、自强不息的伟大民族精神。民族精神是一个民族发展的不竭动力,也是大学生成长成才的强大动力。因此,要引导大学生在中华民族精神中汲取力量,培养爱国情怀和创新能力,保持艰苦奋斗的作风和昂扬向上的精神状态。其次,爱国主义教育要引导大学生处理好人类共同利益和国家利益之间的关系。由于网络社会的道德具有全人类性,因此,一方面网络行为要服从于网络社会的整体利益;另一方面鉴于信息本身成为国家利益的一个组成部分,信息量成为衡量国家之间利益的重要参数,对信息的开发、控制和利用成为国家之间利益争夺的重要内容。所以,大学生既要具有全球意识,又要具有爱国主义精神,把维护人类共同利益和维护本民族国家的利益统一起来。

(三)民办高校网络思想政治理论课教学体系的基础性内容

网络社会以自由、开放而著称,但是"自由不意味着别的,严格地说,自由只是在道德的土壤中得到水分和养料的滋养,才不会被滥用。正如民主制不能被加到毫无准备的人身上。自由只能在这样的地方才能有效地发挥作用,那里有宽容的价值标准,尊重他人的观点,愿意与不同意见的人磋商与和解,由公民的道德感和责任感决定的。同样,个人的真正自由必须以道德成熟为前提,以道德教育为前提。"①网络的诞生和存在,对人类道德标准的要求不是低了而是更高了。因此,加强网络道德教育,提高大学生的网络道德素质,就成为网络环境下民办高校思想政治理论课教学的一项十分重要的任务。

1. 网络道德教育

(1)加强伦理意识和道德责任感教育。网络社会是一个虚拟的世界。虚拟的网络社会大大拓展了大学生思维和行为的空间,为其创新与发展提供了更加广阔的天地,同时也大大增强了其道德行为的自由度和灵活性。这就必然对民办高校大学生网民的自律意识、责任意识以及主人翁意识和法纪观念等提出新的

①[美]保罗.库尔茨.保卫世俗人道主义[M]. 北京:东方出版社,1998:54.

更高的要求。正如埃瑟·戴森所言:“网络在赋予个人强大权利的同时,也要求个人为他们自己的行动以及他们所创造的世界担负起更大的责任。”①事实已经表明,在网络这个虚拟的世界里,大学生很容易在隐匿、自由、开放的网络环境中迷失自己,表现为经不起虚拟世界里消极内容的诱惑,容易忘掉自己的社会角色、社会责任,随意地在网上散布虚假、无聊的信息,对他人进行辱骂和诽谤等。这些不负责任的做法,对于网络的正常秩序实际上是一种破坏,不利于网络文明的建设与发展。因此要加强民办高校大学生的伦理意识和道德责任感教育,使其养成良好的网络道德习惯。阿尔伯特·爱因斯坦在《我的世界观》一文中说得好:“在我们的制度、法律和社会风尚中,凡是在道德上有价值的东西,都是来自无数个人正义感的表达。社会机构如果不以一个个活生生个人责任感作为依靠和支撑,那么他们在道义上就是苍白无力的。因此,唤醒和支持个人道义上的责任感所作的努力,是对整个社会的重要贡献。”②

(2)加强网络道德规范教育。网络道德规范是指在计算机信息网络专门领域内,调节人与人、人与社会的特殊利益关系的道德价值观念和行为规范。目前,国际上有关网络道德规范虽没有形成系统的理论,但还是取得了一定成果。如著名的美国计算机伦理协会制定的《计算机伦理十诫》,其内容是:第一,你不应当用计算机去伤害他人;第二,你不应当干扰他人的计算机工作;第三,你不应当偷窃他人的文件;第四,你不应当用计算机进行偷盗;第五,你不应当用计算机做伪证;第六,你不应当使用或拷贝没有付过钱的软件;第七,你不应当未经许可而使用他人的计算

①埃瑟·戴森.2.0版数字化时代的生活设计[M].海口:海南出版社,1998: 80.

②卡林·瓦尔特编.我与他[M].北京:生活·读书·新知三联书店.1994:501.

机资源;第八,你不应当盗用他人的智力成果;第九,你应当考虑你所编制程序的社会后果;第十,你应当用深思熟虑和审慎的态度来使用计算机。从计算机伦理的观点来看,它作为与信息网络技术密切相关的职业伦理和场所境遇伦理,反映了这一高新技术对人们道德品质和素养的特定要求,体现出人类道德进步的一种价值标准和尺度,具有一定的人类共同性。因此,国外有关计算机伦理的研究成果,对于我国构建网络道德规范有着重要的参考意义,值得我们认真分析和借鉴吸收。

另外,美国特拉华州立大学规定,新生入学后必须接受一次计算机使用方面的道德教育,校方为此专门制定了一本计算机网络使用守则,经过短期培训后,学生还必须参加一次以守则为内容的网上考试,成绩合格者才有资格使用校园网。这些做法都是值得借鉴的。有调查表明,现在民办高校大都比较重视计算机知识的传授,而不大注重进行计算机使用的道德要求的教育,以至于造成了这样一种奇怪现象:走进网络,就会发现这里存在着种种不健康、不道德甚至是违法的现象。原因固然很多,但其中非常重要的一点就是某些网络使用者缺乏起码的网络道德。因此,要加强对大学生进行网络道德规范教育,使他们自觉遵守网络社会的道德规范,做网络中有道德的人。“一方面自己不去对信息环境造成污染,不制造和排放无用、有害的信息垃圾,另一方面应充分利用信息技术和信息服务以及信息法规、防御和抵制信息污染可能造成的危害。同时,养成良好的信息生活方式,注意‘信息卫生’,从而做到既充分享用信息技术带来的精神快乐和益智功效,又保持健康正常的日常生活。”①

①周昌忠.普罗米修斯还是浮士德——科技社会的伦理学[M].武汉:湖北教育出版社,1999:138.

网络道德规范教育的具体内容包括:尊重、诚信、负责、自爱、自律、文明礼貌等。教育民办高校大学生自觉做到以下几点:①用正确的观点分析问题,在论坛上发表言论时真实地表达自己的观点,但要遵守国家法令和社会公德,不散布反动的、迷信的、淫秽的内容,不散布谣言、不搞人身攻击。②提倡网络文明用语。要注意语言美,不谈论庸俗的话题,不使用粗俗的语言。③严格自律,用审慎的态度对待网络,不看暴力或色情的网络内容,推动网络主流文化的发展。④抵制任何利用计算机技术损害国家、社会和他人利益的行为,与不道德的行为作坚决的斗争。⑤尊重知识产权,培育知识产权意识,不盗用或抄袭他人的程序,不使用盗版软件。⑥用自己的智慧来推动校园网络的建设,使其内容更为丰富多彩。

2. 网络法制教育

规范网络社会,一方面要加强网络伦理教育,培养人们具有良好的网络道德素质,另一方面也离不开网络法律法规的保障。因此,加强网络法制教育,引导大学生树立网络法治观念,对于维护网络秩序,发展网络文明是不可缺少的。在互联网上,网络犯罪正成为日益严重的网络社会问题。网络犯罪不仅表现形式多种多样,而且具有与常规犯罪明显不同的特征。网络犯罪的涌现,使得传统的法律体系已经越来越不适应网络社会发展的需要。因此,加强网络法制建设,建立全面、有效的、结构严谨的法律体系来规范网络环境显得非常必要。

然而,当前民办高校对网络法规的教育和宣传力度都还很不够,大学生只是零零星星地从传媒包括网络上了解到少些的网络法规。笔者从访谈中了解到,大学生深感有必要学习法规,以指导控制自己的行为,防止上网过程中有意或无意中出现违法行为。但由于各种原因,老师很少在《法律基础》等课程中讲述有关网络相关法规或案例,教育内容与大学生的现实需要存在较大差距。虽然我国的网络法制建设目前还处于起步阶段,但已经有了一些关于信息网络方面的法律法规,这些网络法规如果得不到人们的遵守和执行,那么,再多的法律法规的制定也将是徒劳的。因此,要大力加强网络法制的宣传与教育,通过宣传和教育使大学生了解、熟悉网络法律法规,加深对网络法制的重要性的认识,从而提高他们的网络法治意识,自觉地遵守网络的法律规范,做知法、守法的网民。

(四)民办高校网络思想政治理论课教学体系的拓展性内容

网络思想政治理论课教学内容要随着网络思想政治理论课教学实践的发展而发展。随着近年我国经济社会的快速发展,网络思想政治理论课教学要注意开发新鲜的内容,既包括和谐社会思想教育、创新精神教育、网络交往文明教育和网络生态教育。

1. 和谐社会思想教育

和谐,就是指和睦、协调,是指世间的事物处于均衡、协调、平顺的发展状态。和谐是中华民族传统文化的核心。构建社会主义和谐社会,是中国共产党对领导中国革命和建设事业的科学总结,是对马克思主义理论的创新和发展,也是当今建设中国特色社会主义的必备条件和基本要求。建设和谐社会就是要解决社会公正、公平问题以及解决有公正、公平问题引起的社会矛盾、社会冲突,就是对人们的现有的利益进行重新调整和分配,网络思想政治理论课教学要加强和谐社会思想教育,引导民办高校大学生正确认识在网上所反映的各种矛盾与冲突;正确对待网上的各种有害社会稳定与群众利益的鼓动、挑衅与诱惑;正确识别网上欺骗、虚假、垃圾信息,推动我国社会主义和谐社会的建设,维护往来的正常运行。

2. 时代精神教育

这里所强调的时代精神,是在新的历史条件下形成和发展起来的、具有民族特质、顺应时代潮流的思想观念、价值取向、精神风貌的总和。具体包括:坚持解放思想、实事求是、与时俱进、勇于创新,知难而进、一往无前、艰苦奋斗、务求实效、淡泊名利、无私奉献等内容,其中改革创新是时代的核心内容。创新是一个民族进步的灵魂,是一个国家兴旺发达的不竭动力,也是一个人在网络时代生存和发展的重要品格。大学是培养人才的摇篮,是开发人才资源的基地。民办高校思想政治理论课教学担负着培养创新人才的重任,尤其是要培养大学生自强不信的创新进取精神,使他们具有明确而坚定的目标、强大而持久的精神动力、顽强而刚毅的意志;具有不畏艰难困苦、不怕挫折失败的勇气与精神。网络社会有一个突出的现象,就是创新成为促进发展的重要因素,青年创新典型屡见不鲜。因此,利用具有创新特色的网络,开展创新精神的教育,对于培养民办高校大学生成为创新型人才具有重要意义。

3. 网络安全教育

从目前的情况来看,我国网民的网络信息安全意识普遍比较淡薄,甚至存在着诸多的错误倾向,如认为国外报道的发达国家发生的信息安全事件,在我国不可能发生。要改变这种现状,就要切实加强网络安全教育,以提高人们的网络安全意识。

首先,要充分认识网络安全的重要意义。在当今世界,由于高度发达的信息网络越来越成为经济发展的重要支柱和动力,成为提高社会生活质量的基础设施,因而现在一个国家的经济安全越来越依赖于信息网络安全,而经济安全又直接关系着国家的安全。

因此,网络安全对于一个国家整体安全状况有着至关重要的意义。当代发展中国家普遍面临着网络霸权的威胁,一些西方大国利用信息及信息技术的优势,妨碍、限制、压制和破坏其他国家对信息的自由运用,甚至利用信息把本国的价值观念、意识形态强加于别国的头上,以谋求用政治军事手段难以得到的霸权利益。他们还利用在信息领域的主宰地位,通过互联网上的电子邮件、电子报刊及其他信息媒体展开新一轮的宣传战、心理战。西方国家推行的网络霸权和“文化侵略”严重威胁着发展中国家的政治、科技、文化安全,使发展中国家面临的网络安全问题更加突出,形势更为严峻。

其次,要不断提高信息网络安全意识。随着全球信息化的高速发展,大量建设的各种信息网络系统已成为国家的关键基础设施。网络信息安全问题成为我国亟待解决的、影响国家全局和长远利益的重大关键问题。当前我国的信息与网络安全面临着如下巨大的风险:第一,我国基础信息产业薄弱,许多核心部件都是国外设备制造商生产的,关键部分完全受制于人。我们的电脑软件面临市场垄断和价格歧视的威胁,微软已经垄断了我国电脑软件的核心市场。因此,我国的信息网络面临着国外势力预埋的信息网络隐患的危险。第二,我国在引进信息技术和设备的过程中安全保护能力有限。一方面,我们缺乏相应的知识和经验,另一方面,对于信息安全的自我保护意识也较为欠缺。第三,我国信息网络犯罪有蔓延之势。所以,我们在看到我国信息网络的快速发展的同时,必须重视对全体网民的网络安全教育,不断提高他们的信息网络安全意识。

4. 网络生态文明教育

网络现已成为民办高校大学生借以相互交流、共享信息的生存空间,高校成为民办大学生学习和生活须臾离开不得的生存环境。然而网络环境危机已露出端倪,倘若对此置若罔闻,就极有可能为之付出巨大的代价。因此,开展网络文明教育,帮助大学生树立正确的网络生态文明观,就成为网络环境下民办高校思想政治理论课教学发展的重要内容之一。网络生态文明教育首先是使民办高校大学生树立网络生态文明意识。保护网络生态实质上就是保护人类的生存空间,所以,应该像对待自然生态危机一样对待网络生态危机,像善待地球一样善待"网络";其次要教育民办高校大学生遵守网络生态文明的基本原则:即无害与公正原则、尊重与允许原则和可持续发展原则。其中"无害原则""对分析信息技术领域里出现的道德两难的困境是很有帮助的",同时它也是网络生态文明的底线要求。公正原则要求大学生在享受网络便利的同时,应关心他人的存在和别人的感受,关心网站的利益,关注网络中社会分层问题、网络资源配置的公正问题以及不同文化生存的公正问题。可持续发展原则要求大学生善待自己、善待网络,用自己的文明网络行为,来保证和维护网络生态的健康持续发展。

(五)民办高校网络思想政治理论课教学体系的应用性内容

1. 培养大学生的网络道德素养

(1)加强教育,提高民办高校大学生网络道德意识。首先,通过开展网络道德教育,使民办高校大学生充分认识网络道德的重要性。一方面,网络社会本身需要道德。网络社会尽管是一种高度虚拟化的社会,但究其本质意义来说,它依然是人的社会。有人存在的地方就需要有道德的存在,这是不以人的意志为转移的。因为如果没有一套道德的系统,人与人之间就会丧失共同生活的基本条件。于是社会便只有两种选择,要么是回到比现在要恶劣得多的自然状态,要么是回到以暴力威慑来避免任何行为过失的极权主义专制统治。由此看来，必须承认道德对于整个社会生活的维持，对于大多数的人都是有益的。网络社会是一个与现实社会相对应的人的新的社会存在方式。在这个相对自由的空间里，人们的社会生活方式特别是交往活动方式发生了实质性的变化，人们的思想观念、道德情感、价值取向也随之发生了改变，并产生出一些新的道德要求。为了维护网络社会的正常运转，生活在网络社会中的人们就需要用网络道德来进一步规范自己的行为。网络道德是维持网络社会正常运转的润滑剂和调节器。另一方面，网络社会的人同样需要道德。网络是人的活动场所，人的道德修养和道德品质不仅应当体现在现实社会的行为中，同样也应当体现在网络行为中。由于网络社会的特性，网络更是成为一个人道德修养的“自留地”，成为检验人的道德品质的试验场。在网络社会，加强网络道德修养与掌握网络技术处于同等重要的地位。在网络交往中，只有人人都认同网络道德，具备网络文明素养，才能从根本上杜绝网络越轨行为，使网络交往保持一个良好的秩序。美国特拉华州立大学信息科技专家里昂教授说：“电子时代对人们的行为规范提出了更高的要求，让同学们认识到这一点是非常重要的。”①该校规定，大学新生入学后必须接受一次计算机使用道德方面的教育。校方为此专门制定了一本计算机网络使用守则，向学生解释诸如攻击计算机网络和发送伪造的电子邮件等行为是错误的。经过短期培训后，学生还必须参加一次以守则为内容的网上考试，成绩合格者才有资格使用校园网。美国特拉华州立大学的这种做法，是值得陕西民办高校借鉴的。

其次，使民办高校大学生认识网络道德及其特点，自觉遵守网

①刘守旗.网络社会的儿童道德教育[M].南京：江苏教育出版社，2003：218.

络道德。所谓网络道德,是指网民利用网络进行活动和交往时所应遵循的原则与规范,以及在此基础上形成的新型伦理道德关系。与现实社会中的道德相比,网络道德至少有以下三大特点:第一,网络道德是一种自主自律型的道德。网络社会中的道德不像传统道德那样,主要依靠舆论来规范个体行为,而是靠网民以“慎独”为特征的道德自律。因为在虚拟的网络社会中由于以数字化的信息为中介,人与人之间的关系更多地表现为一种间接的匿名性、面具化的性质,在这种情况下,直面的道德舆论抨击难以进行,个体的道德自律就愈发显得重要。也就是说,现实社会中的道德规范在虚拟社会中往往会失败;只有上升到道德习惯和道德信念层次上,才能更有效地规范个体的网络行为。第二,网络道德是一种多元开放型的道德。如前所述,自由、开放是网络社会的一大显著特点。网络化交往方式拓展了人们的交往范围,冲破了国家、地区、民族的界限,任何人都可以按照自己的兴趣,方便地、及时地进入网络社会交流与分享信息,不同的文化和道德观念、不同的道德意识和道德行为都可以在这里交汇,产生冲突、碰撞和融合,从而使网络道德呈现出一种多元、开放的特点。第三,网络道德是与现实道德既有联系又有区别的一种新型道德。网络道德的形成与发展不是无源之水,它依然深深扎根于现实社会之中,因而,网络道德的建构显然必须依照人类共享的道德准则加以进行。但由于网络道德所依赖的物质基础与现实道德的基础不同,因此,它是一种与现实道德不同的新型道德。大学生对网络道德及其特点的认识和把握,有助于其自身网络道德的“价值内化”。

(2)教会选择,提高大学生的道德判断力。传统的道德教育在本质上是一种“教会顺从”的教育,受教育者要无条件地吸纳和认同既定的道德价值、道德规范和道德理想,因而,也谈不上对大学生进行选择、判断与辨别能力的培养。但是,随着网络社会的到来,过去那种信息匮乏的时代一去不复返了,民办高校大学生一下子有了很多的选择的机会和可能性,这本身是好事,但选择的时代无疑需要一定的选择能力。因为网络信息包罗万象,有积极的,也有消极的,在这种情况下,唯有学会选择,才能走出道德的迷惘。美国心理学家科尔伯格提出的道德判断能力的发展是道德发展的核心思想,对我们进行网络思想政治理论课教学是有借鉴意义的。面对鱼龙混杂的网络社会,传统的"美德袋"教育模式显然已经不适应时代的要求,发展大学生对是非、正误、美丑的道德判断能力,从而使其以不变应万变、适应变幻莫测的网络社会,乃是当务之急。

首先,要培养民办高校大学生的自主选择意识。所谓自主选择意识,主要是指道德主体能清晰地明了自己自主拥有选择的权利、自由和相应的责任,并趋向选择的一种主观意图或愿望。有了自主意识,大学生就会以一种批判的态度审视各种道德观和价值观,并根据所处的情境做出自己的道德思考、判断和选择。

其次,要给予民办高校大学生进行道德选择的自由。自由是道德选择能力培养的基础。然而我们长期沿袭的灌输式思想政治理论课教学恰恰忽视乃至否认学生的自由,几乎全部由老师替学生做出选择,不考虑学生的需要和意愿,从而也就取消了学生承担道德责任的基础,以至于培养出来的个体缺乏社会责任感。可以设想,在虚拟的网络环境中,一个责任缺失的个体将会做出怎样的行为?他对网络环境的建设会产生怎样的影响?当然,这里说的自由不是任性,想干什么就干什么。

再次,重在培养学生的选择能力。网络信息的海量性使学生产生选择困难,因此,选择能力的培养很重要。网络信息的海量性是指网络领域信息资源的无限丰富性和快速变更性，它突破了传统媒体，如书刊、广播、电视等储存、传播信息的局限，实现了信息跨时空的交换与连接。网络信息的海量性不仅表现在信息的容量、信息的种类、信息的来源、信息的方式的多样性，而且表现在信息流变、传递、交换的快速性。正如曼纽尔·卡斯特所说的那样："所有种类的信息全都包藏于媒介之中，因为媒介变得十分全面、多样、富于延展性，使得媒介在同一多媒体文本里吸收了所有人类过去、现在和未来的经验。"浩如烟海的网络信息一方面为学生发展提供了取之不尽的资源，另一方面给学生造成了强大的"信息压力"和"信息选择"的困难。"信息压力"主要指学生面对网络信息的量增和变更，感受的是相互比较的直接和竞争的强烈，觉得发展太快、信息太多、应对太累，压力太大；反映在心理层面，就是"心躁"，即急躁、浮躁、焦躁、烦躁。这种心理特征表明学生的内心充满着矛盾。同时，在信息质的评价与选择上，由于存在着价值多元、多样和多变的社会背景，评价与选择的主观认定与客观参照借助信息必定互换更替，这就是在网络领域所产生的信息新潮、浪潮甚至狂潮，不断地更替评价与选择标准，一方面有利于期望值的攀升，产生激发作用，但另一方面也会使许多人在网络的信息海洋中像一叶漂泊不定的小舟不知驶向哪里，无从选定，犹豫不决，一切都想选择与一切都无法选择的迷惘也会使学生产生焦虑。吉登斯曾针对现代人对价值选择的困惑，指出，在现代性发达的当代社会中，个体的价值的选择面临很多困难，其中一个重要的困难在于社会的多元特征，特别是现代社会的裂变，"知识和信息爆炸"，使得个体在五花八门的知识、信息和行为模式之间无所适从，现代性使个体遭遇种种复杂的选择。因此，教会大学生学会选择，是民办高校思想政治理论课教学在网络环境下所面临的一项新的课题。只有将它解决好，网络资源才会对民办高校大学生的发展产生正面的、积极的影响。

（3）倡导“慎独”，增强网络道德自律能力。“慎独”一词，始出《中庸》：“君子慎其独。”是指一个人在独处时，无人监督，有做坏事的环境、条件和可能的时候，能自觉地严格要求自己，坚持自己的道德信念，不做任何不道德的事情。“慎独”的内涵极为丰富，包含着慎始、慎隐、慎微、慎欲、慎辨、慎终等具有积极意义的道德精神。在网络迅猛发展的今天，基于网络环境的特殊性，借鉴传统的“慎独”精神教育上网的大学生，对于培养起网络自律能力还是很有必要的。与现实社会相比较，网络社会是一个更趋于自律型的社会。虽然现实社会也讲慎独，但现实生活中的人们独处的机会不像目前的网络社会那样普遍，对个体行为起重大作用的往往是显形的强大的道德舆论压力，这种压力是人们行为的规约力量。而在以网络技术为基础的网络社会中，由于它的超时空性和人们交往的匿名在线等特点，决定了人们的网络行为具有较大的自由度和灵活性，人与人之间的关系具有间接性质，直接的道德舆论抨击难以进行，现实的道德所依靠的公共监督的功能在网络社会中大大弱化。所以，加强网络道德教育，就必须大力倡导“慎独”精神，进而提高大学生的道德自律能力。“慎独”还是一种道德修养方法，即从微处做起，从隐处做起。由于互联网没有中心，缺乏有效的监控机制，故可以使人随意地在网上做出破坏行为。如1998年我国第一例被以“破坏计算机信息系统”的罪名逮捕的国内一著名高校的研究生杨某，从1996年起就频繁从事网络小破坏，破译他人网络密码，非法使用他人的信息资料，结果给他人造成巨大的经济损失。放眼整个互联网，类似的小小操作释放巨大能量，造成极大破坏作用的事例很多。因此，倡导“慎微”，就是帮助大学生树立起“恶小不为”的网络道德意识，重视自己在网络中的行为细节，自觉防微杜渐。

(4)培养网德，形成民办高校大学生良好的上网行为习惯。网络社会所要求的道德是一种以慎独为特征的自律化的道德，是一种社会化要求最高的道德，是一种世界性的社会公德。也就是说，传统社会中在服从低层次上的道德在网络社会中往往失效；只有上升到道德习惯和道德信念高层次上的道德，才能有效地规范个体网络行为。所以，加强网络道德教育重在培养民办高校大学生的网络道德品质，或称为网络德性，形成良好的上网习惯。

网德的内容包括：爱国、守法、明礼、诚信、节制、正义、无伤、私密、责任和义务等十大主要网络德性。爱国是指当徜徉于无边无际的虚拟空间时，始终牢记“我”心依然是中国心；守法是指遵守国家关于网络社会中的各项法律法规和国际公认的法律规范；明礼是指在网络交往中也要注重礼仪、礼貌和礼尚往来；诚信是指在网络交往中以诚为本，讲究信用，而不能相互欺骗，充满虚伪；节制是指网络生活或者网络交往要适度、要坚持手中道，不能太过，更不能成天沉湎于网络中，忘乎所以；正义是指个人在享用网络资源的同时，不能损害他人平等地享用网络资源的权利；无伤是指网络交往强调行为双方的自愿，但是这种自愿是以不伤害第三方的利益为前提的；私密是指在强调网络的开放性的同时，更应尊重个人的隐私权神圣不可侵犯；责任和义务是指在网络空间追求个人自由和个性张扬的同时，不能忽视自己应尽的道德责任和义务。这些德性要求既吸收了传统德性之精华，又体现互联网的时代精神，是网络社会所需要的道德品质的集中体现。

养成良好的上网习惯，既包括良好的上网心理习惯，也包括良好的上网行为习惯。良好的上网心理习惯主要是指良好的上网心理需要、动机、兴趣、信念、理想和网络观。良好的心理习惯贯穿于包括认知、情感和意志过程在内的整个网络心理活动过程。大学生要自觉形成良好的上网动机，满足自己积极的人生发展需要，实现理想的人生目标。良好的行为习惯，主要是指大学生上网时间、频率及各种安排应当遵循合理的规律，并做到行为文明：既乐于上网，又有所约束和节制；既满足心理的需要，也要保持充沛的精力和体力；既充分地发挥个性尽情娱乐，也要体现大学生较高的文明层次。民办高校应针对目前网络道德存在的主要问题，制定合理的、操作性较强的网络道德规范，如明辨真伪不轻信、保持真诚不撒谎、履行责任不妄言、遵守协议不侵权、提高警惕不放任、拒绝诱惑不沉溺等。引导大学生自觉遵守《全国青少年网络文明公约》，努力做到"五要五不要"即：要善于网上学习，不浏览不良信息；要诚实友好交流，不侮辱欺诈他人；要增强自护意识，不随意约会网友；要维护网络安全，不破坏网络秩序；要有益身心健康，不沉溺虚拟时空。形成良好的网络行为习惯是网络道德教育的归宿和根本目标。

2. 培养民办高校大学生健康的网络心理素养

民办高校大学生心理的不成熟和不健康是构成其网络中行为失范的一个重要因素。大量个案表明：许多网络上瘾的大学生或网络信息污染的始作俑者和沉迷者，往往都性格孤僻，缺乏理想，缺少责任感，甚至出现各种各样的网络心理问题，如网络伪装心理、畸形网恋，网络成瘾综合征、网络依赖性人格障碍等。因此，网络环境下的高校思想政治理论课教学要关心大学生的网络心理健康，通过开展网络心理健康教育和咨询辅导工作，使大学生克服不良的网络心态和心理疾患，提高心理预防能力，进而达到网络心理健康的八条指标："①在网络和现实社会环境中保持旺盛的求知欲望和浓厚的学习兴趣;②在网络和现实社会环境中具有独立生活的能力;③面对网络,具有正确的自我意识,能悦纳自我;④具备完整统一的网络和现实人格品质;⑤网络活动中具备良好的心境和情绪协调、控制能力;⑥具备良好的网络环境适应和环境改造能力;⑦具备良好的网络交际和现实交际能力;⑧具有符合年龄特征的网络心理行为。"①

(1)增强民办高校大学生自我保护的意识。网络的诱惑很多,特别是网络中泛滥的色情、暴力信息,很容易诱使人的性心理畸形发展。网络色情是在虚拟世界里出现的一种新的色情传播形式,主要是以图片、文字、色情短剧、中介色情、寻找性伙伴等为主。在市面上无法购买的色情图片,在网上可以轻易浏览及获得。据我国台湾学者李丽芬、周瑞德发表的《网络色情监看报告》介绍,全球最受欢迎的250个色情网站每天有5358889上网人次,而全球有近23万个色情网站,全球每天观看色情网站的人数十分可观。在一份对3000名大中学生进行的随机调查显示,曾光顾色情网站的达到了46%。根据陕西5所民办高校的调查,有9.8%的人曾经查阅黄色的图片和文字,5.4%的人曾经发布过不健康的信息。色情网站鼓励和暗示访问者通过非正常的途径获得一种满足,而这种满足又是现实社会中无法获得的,长期下去,访问者必将沉迷在一种自我意识的幻觉中,而且极有可能逐步走向一种犯罪的道路。网络的暴力倾向也堪忧。据有人统计,在因特网上流动的非教育信息中,70%涉及暴力。网络暴力主要体现在网络游戏中。当前流行的绝大多数电子游戏,其内容都充斥着各种暴力成分。在游戏中,青年扮演着施暴者的角色,让自我个体在虚拟世界中体验着真实

①陶国富,王祥兴.大学生网络心理[M].上海:立信会计出版社,2004:371.

的格斗屠杀的快感,在虚拟的暴力游戏中忘记了自身的现实生活。暴力游戏所呈现的是赤裸裸的断杀和暴虐,在一定程度上刺激了人们争强好胜、动则暴力的心理,容易引发人性中残忍和冷酷的一面,产生暴力和极端的倾向。面对网络的诸多诱惑,需要大学生建立自我保护机制,做到上网有"节",上网有"度"。除此,学校应加强大学生的网络安全意识教育,培养其自我保护意识和能力。

首先,提高民办高校大学生对网络的认知。网络的显著特点是快捷、及时地获取信息,时空的变化只在点击的瞬间。民办高校大学生中有不少人,经常花大量时间漫游于五花八门的网站,快速地浏览变幻无穷的信息。然而随着时间的推移,大量后继的信息会使人的感受程度降低,思维活动受到抑制。从心理活动的规律看,当外界输入的信息超过人的正常负荷后,信息便容易对人的心理造成压力和混乱,使人难以进行深层思考和判断,出现认知障碍。另一方面,网络多元文化并存,不同的价值观和是非观念经常处在冲突和碰撞之中,尤其是一些西方强势国家借助其网络优势,大力向全世界推销其政治标准和价值观念;频繁接触网络,易使部分分辨能力不强的大学生受到负面影响,是非观念日益淡化,出现价值取向和道德认知上的紊乱。民办高校的大学生们面对充满诱惑力的网络世界,面对虚假的、过剩的信息无法判断真伪,思想政治理论课教学工作者应指导大学生遵循"有益"的标准,有选择地获取信息,在选择过程应中学会辨别是非,去粗取精,去伪存真。

其次,提高大学生对网络"虚拟社会"的警惕性。大学生大都喜欢上网聊天,进入聊天室后就与自认为是志同道合的朋友大聊特聊,平时不敢暴露的内心世界在这里可以无所顾忌,甚至认为自己找到了知己,于是留姓名、地址、电话。甚至网上聊天,网下约会。殊不知，这种不设防带来了许多问题。特别是那些偏执性的“网恋”者，教育者更应多一分关心，及时询问和加强沟通，让他们对网上交友、“网恋”多一分清醒、少一分沉醉，时刻保持清醒的头脑和高度的警惕性，以免上当受骗。

(2)锻炼民办高校大学生自我控制的能力。网络社会需要民办高校大学生具有较强的自我控制力，既要学会充分地利用网络，又不能沉溺于网络。如果过分沉溺于网络空间，长期在网上冲浪，就会渐渐失去自我，改变个性。有些大学生经常深夜躲在宿舍上网聊天，看光盘，玩游戏，结果导致白天上课精力不集中，学习成绩下降。这显然是一种自我控制能力比较差的表现。就像现实生活中的很多诱惑一样，网上的诱惑的确也不少，面对网上的种种诱惑，要想不为所动，就需要大学生具备较强的抗诱惑能力和自我控制能力。具体应该从以下几个方面做起：①要理智地控制上网时间和次数，不长时间泡网。②对网上经常出现的色情图片信息，应洁身自好，千万不要掉入色情陷阱。③网上交际不能代替现实中的社交活动，因此必须调整身心，纠正错位的思维定式，并在此基础上处理好各种人际关系，保持与周围人员的正常交往。④不要把上网作为逃避现实生活问题或者排遣消极情绪的工具，借网消愁愁更愁。⑤上网之前先定目标，并且给自己限定上网时间。每次上网之前先花两分钟想一想要上网做些什么，并且预计一下大概需要多长时间。民办高校大学生上网应该有较强的目的性和时间性，不论是为了获取信息还是休闲娱乐，都应该有节有度。不要因为上网影响了正常的学习、工作和生活。要清楚地认识到网络只是我们生活的一部分，而不是生活的全部。

(3)培育民办高校大学生健全的网络人格。法国教育家斯普朗格说:“教育绝非单纯的文化传递,教育之为教育,正在于它是一个人格心灵的‘唤醒’,这是教育的核心所在。”①开展网络心理教育,目的就是要培养和健全大学生的网络人格。大学生健全的网络人格是指具有健全的网络心理生活的人的人格,能够在网络环境中保持清醒的认识和理性思维,正确认识网络世界、正确看待网上世界与现实世界的差距;能够正确处理网上与网下的人际关系,正确对待虚拟空间和现实空间的区别;能在发生心理冲突时做出合理的判断和选择,采取理智的应对方式;能在网上生活中有效地进行自我管理,学会进行自我心理调适。只有具备良好的自我意识和健全人格的网络心理,才有可能成为适应网络和现实社会的人。

3. 提高民办高校大学生的网络信息素养

网络时代信息素养已经成为社会成员普遍承认的一项重要的个人素质,它同批判思维、解决问题的能力一起,构成了受教育者进行创新和学会如何学习的基础,是每个公民适应数字化生存新环境的基本生存能力。培养民办高校大学生的网络信息素养,是网络环境思想政治理论课教学工作的一项重要任务,也是网络时代发展对思想政治理论课教学内容创新的要求。

(1)民办高校大学生网络信息素养的现状。大学生作为比例最高的触网群体,他们运用和利用网络的能力一定程度上反映了我国网民的网络素养水平。从我们所了解到的大学生在网络环境中所出现的种种不良的现象和问题,可以看出,大学生群体的网络素养需要很大的提高。根据贝静红的调查,发现民办高校大学生网络素养现状具有如下特征:①大学生网络应用能力不

①鲍宗豪. 网络时代:高校创新人才培养的改革取向[N].中国教育报,2002-12-20(3).

高。“能够很好地利用网络资源”的大学生比例相当低，仅占17%。②大学生对网络媒介特质的认知能力较弱。有相当数量的大学生对网络中的不良信息认识不足，预防更不足，4%的民办高校大学生居然“不知道”网络中存在不良信息，69.7%的民办高校大学生认为网络中存在的不良信息“不太会”或“绝对不会”对自己产生不好的影响；同时调查显示民办高校大学生对网络文化霸权现象也缺乏认识。③具备一定的信息批判意识，对待国内外敌对势力反动宣传信息的态度较理智，但同时在各类媒介竞争白热化、信息大爆炸的信息环境中，大学生对媒介信息可信度存在一定程度的迷惘和困惑，有 13.3%的大学生对“您认为哪一种媒介传播的信息可信度最高”这一问题表示“说不清”。④大学生网络接触行为自我管理能力较差，网络媒介使用的自制能力和计划意识有待提高。56%的大学生表示“上网时间超过自己预计的时间”。⑤大学生利用网络发展自己的意识和能力较弱，大学生最常登录的网站类别是娱乐类（占 59%）、新闻时事类、招聘求职类和专业知识类，娱乐是目前在校大学生的主要上网目的，有51%的大学生以为“上网不能直接促进专业学习，但能增强综合素质”，可见大多数大学生还不能有效利用网络促进自身发展。⑥大学生网络安全意识总体上较弱，对网络的虚拟性认识不足，17.4%的大学生认为跟网友“只要谈得来就可以在现实生活中交往”。⑦大学生网络道德素养有待提升，有 27.4%的大学生对网络黑客表示崇拜，认为他们电脑、网络技术炉火纯青，值得佩服，更让人担忧的是，居然还有 36.96%的大学生表示“有机会也想试试”。[1] 整体相较而言，民办高校大学生的网络素质普遍偏低，原

---

①贝静红.大学生网络素养实证研究[J].中国青年研究，2006(2)：17-21.

因之一在于他们对网络认识有偏差,相当多的大学生面对网络会有种不知所措的感觉,他们不知道利用网络到底能做些什么。于是很多人随潮流涌向“玩”网大道,不知疲倦地聊天、游戏;固执地认为网络就是休憩的场所,把网络当成“大龄儿童”品玩的“玩具”。原因之二,单一的技术崇拜。一些民办高校大学生认为个人的素养无足轻重,只要学好技术就可以走遍天下。这种思想必然导致其对思想道德素质培养的忽视,极不利于人的全面发展。

(2)提高民办高校大学生的网络信息素养。“信息素养”(Information Literacy)最早是由美国信息工业协会的会长 Paul Zurkow Ski 于 1974 年提出的。它是指在各种信息交叉渗透、技术高度发达的社会中,人们应具备的信息处理实际能力和对信息筛选、鉴别和使用的能力。信息素养是现代文明人的重要素质,是网络时代教育的重要内容。信息素养作为一种高级的认知技能,同批判思维、解决问题的能力一起,构成了学生进行创新和学生如何学习的基础,它是信息时代每一个社会成员的基本生存能力。具体说来,信息素养包括信息意识和情感、信息能力、信息道德和信息法律意识四个方面。信息意识指对信息的敏锐度,捕捉、分析、判断和吸收信息的自觉程度;信息情感只是用信息的态度和兴趣;信息能力主要包括信息获取能力、信息处理能力、信息表达能力和信息传递能力;信息道德是指整个信息活动中的道德,是调节信息制造者、信息服务者、信息使用者之间相互关系的行为规范的总和,包括信息交流与传递目标应与社会整体目标相一致,承担相应的社会责任与义务,较强的创新精神等;信息法律意识主要包括遵守信息法律法规,自觉抵制各种各样的违法、淫秽、迷信和反动信息,尊重知识产权,尊重个人隐私等。民办高校大学生的网络信息素养的提高也应该涵盖上述内容,应该引起高度重视。

三、民办高校网络思想政治理论课教学方法与模式的创新

随着网络思想政治理论课教学的普遍开展,积极构建与创新民办高校思想政治理论课教学方法,既是有效实施网络思想政治理论课教学的迫切需要,也是推动思想政治理论课教学方法科学化的客观要求。同时,教学方法及其创新是提高网络思想政治理论课教学实效的关键,因此,在理论上积极构建网络思想政治理论课教学的方法体系尤为重要。

(一)网络时代需要思想政治理论课教学方法创新

现代思想政治理论课教学理论告诉我们,人的思想品德的形成,主要不是取决于外部灌输了多少观点、思想、概念和结论,而是取决于教育对象在思想和情感上的相容与接纳,在于形成道德信念。因此,网络环境下的大学生思想政治教育过程,"不是教师的简单地告诉学生的过程,而是需要师生、生生共同针对问题进行探索、交流和质疑的过程"。[①] 因此,其教学方法的创新势在必行。民办高校思想政治理论课教学者应直面挑战,积极利用教育信息化的资源和优势,这样教学方法的现代化才不至于成为一句流于形式的口头禅,真正体现出时代的特征和科学的内涵。

网络思想政治理论课教学是在网络社会这一新的背景和环境下产生的,就其载体而言,所依托的网络技术不仅科技含量高而且更新快;就其内容而言,更加注重丰富性和新颖性;就其教育过程而言,更强调平等沟通和疏通引导;等等。因此,网络环境下

---

①胡树祥.网络思想政治教育研究[M].成都:电子科技大学出版社,2005:168.

的高校思想政治理论课教学,决不能照搬照抄传统教学方法的内容和形式,而是要依据网络特征积极创新。但是,从近些年的实践探索来看,由于教育者对互联网的快速发展认识不够,以及对网络思想政治理论课教学方法的创新意识不强,故导致目前其教学方法依然比较滞后和乏力,大多处于被动应付、单兵作战、单点突破的状态,缺乏系统性和有效性。所以,只有尽快构建和创新网络思想政治理论课教学的方式方法,才能不断破解实践中遇到的各种新情况和新问题,增强思想政治理论课教学的有效性和前瞻性,开创思想政治理论课教学的新局面。

构建行之有效的网络思想政治理论课教学方法,既要依据思想政治理论课教学的基本规律,又要符合网络的特征和技术属性。“网络的技术属性和本质特征是确立网络思想政治教育原则和方法的基本规律性的依据”①,因此,网络思想政治理论课教学方法的构建与创新要紧跟网络发展,适应网络特点。

首先,要了解并掌握人机互动模式下思想信息获取与交流的主要形式。人机互动,包括敲击键盘、滑动鼠标或者触摸显示屏以及其他可能发展出的人机交互形式,主要通过电子邮件、BBS、博客、QQ 及微信网上聊天等来实现。人机互动模式下思想信息获取与交流的形式很多,从互动的对象来看,可分为网络二元互动(一对一)、网络媒体传播(一对多)、网络多元互动(多对多);从互动的时间来看,可分为实时互动和非实时互动;从互动的形式来看,可分为网络合作、交流、模仿等。网络思想政治理论课教学方法的构建与创新要从各种网络互动形式和一系列网络行动中,努力发现网络使用者的利益诉求和思想倾向,跟踪事态发展

①胡树祥.网络思想政治教育研究[M].成都:电子科技大学出版社,2005:168.

和社会热点，体察社会万象和国情民意，营造舆论氛围，引导价值走向。

其次，要认识和把握网络思想政治理论课教学的主客体意识和实践活动的过程与特点。与传统思想政治理论课教学相比，网络思想政治理论课教学中的教育对象具有明显的不确定性、游离性和差异性，教育者很难把握哪些网络受众会成为自己的特定对象，从而使教育者的意识和实践活动具有明显的目标不确定性；由于教育者身份隐匿或模糊，教育实践活动灵活，教育对象对教育者的信任程度不高，对教育内容的认同接受和内化践履不够，故导致其意识和实践活动都具有明显的离散性；网络和网络信息的交互性特点，使教育者与教育对象之间的意识和实践活动具有明显的交互性；而数字化信息是对人的主体性的扩展，使网络思想政治理论课教学主客体的关系呈现明显的平等性。这些新的特点，直接关系到网络思想政治理论课教学方法体系的构建与创新。

总之，面对互联网给高校思想政治理论课教学带来的诸多机遇和挑战，而民办高校思想政治理论课教学工作者更不能墨守成规，应该积极顺应时代，在继承传统思想政治理论课教学方法的基础上，勇于改革和创新，以适应新时期教学发展的需要，使思想政治理论课教学工作更加有效。

（二）运用多媒体技术，实现思想政治理论课教学方法的现代化

将多媒体技术应用于思想政治理论课教学的各个环节，是一种全新的教学方式，也是我们改革思想政治理论课教学方法、促进教学手段现代化的一个值得关注和探讨的焦点。多媒体技术是 20 世纪 90 年代以来科学技术发展的重要成果，它把计算机的

交互性和强大的信息处理能力结合起来，可以综合处理和管理文本、图像、声音及活动视频等。利用先进的多媒体教学系统，不仅可以提高教学的趣味性，而且大大拓宽了思想政治理论课教学的空间，从而达到提高教学实效的目的。具体说来，多媒体教学手段具有以下几个特征：

第一，便捷性。教师借助计算机、互联网等先进手段，可以在短期内获得人工难以获得的大量资讯。譬如，教师借助“中国期刊网”的网络检索功能，迅速了解学科现状和动态；也可以利用搜索引擎，瞬时搜集所需的图片、动画、音乐等，然后将他们组合在一起，构成内容丰富的教学课件。这样，在上课过程中只需边演示边讲解，省去了大量的板书时间，提高了知识的传播密度，教学节奏快、时间省、效率高。

第二，交互性。传统教学方式在信息通道方面较为狭窄，且反馈形式单调、缓慢，不利于师生之间的交流与沟通。而网络所具有的交互性，使师生互动的交互式教学得以实现。教师可以通过网络或网页发布教学信息、指导答疑等；也可以通过实时交互软件进行个体化的交流。同时，教师和学生，都可以实现与计算机的互动，即通过一定的计算机指令，按照人的意愿对文字、图像、声音等进行处理，并把结果综合地表现出来，从而创造出一种以教师为主导、以学生为主体、以学习活动为中心的新的教学方式。

第三，新颖性。多媒体教学作为一种新型的教学手段，引入到思想政治理论课教学中具有明显的新颖性，契合了当代民办高校大学生的心理特点。通过多媒体技术在思想政治理论教学中的运用，可以将理论与纷繁复杂的现实生活联系起来，运用大量形象生动的实践材料来支撑理论，同时又运用理论分析、解决现实生活中的异彩纷呈、瞬息万变的社会政治、经济、文化现象。采用多媒体教学,内容形象、显示生动,直观性强,特别是彩色图像包含着大量信息。在显示时,多媒体技术还提供了3D动漫手段,给人较强的感染力和冲击力。

在实践教学中,采用多媒体教学手段是跟上教育改革发展形势的需要,是网络时代教学方法和手段创新的需要。它可以在较短的教学时间内,通过立体化的教学形式,将抽象的概念具体化,静止的理论动态化,复杂的问题形象化,进而从根本上改变传统教学的枯燥乏味局面,促进思想政治理论课教学效果的提高。

1. 化静为动,激发学生学习思想政治理论课教学课的积极性

传统教学方式基本上靠粉笔、黑板和教师的嘴巴,这样的方式对于当代大学生已经很难有吸引力和感染力了。多媒体技术和互联网等手段的运用,使教师授课的发挥空间从传统的二维黑板扩展到一个更加形象和自由的多维空间,而且,由于多媒体集文字、图片、影像、声音于一体,它既可以向学生提供形象生动的图像画面、悦耳动听的音乐,又能提供形式多样的感性材料,可以更好地满足学生的心理要求,充分调动学生的听觉、视觉,集中学生的注意力,加深印象,巩固记忆。有研究资料证实,同单纯的语言信号对人脑形成的刺激相比,声音、图像、文字、动画并用对人脑产生的刺激高出6倍之多。所以,采用多媒体进行教学,不仅可以有效地激发学生课堂学习的兴趣,而且大大提高了学生参与教学的积极性。

2. 营造情境,增强学生对所授内容的理解

传统的教学过程往往是纯粹的理论灌输,没有直观的印象,学生难以产生情感上的共鸣。使用多媒体于教学中通过插入影像和图片的方式,使教师灌输的内容变成让“事实说话”,则可以

给学生以直观、具体的印象，有利于其对学习内容的理解和掌握；教师还可以用电视教学片代替教师的讲解，即把一些理论性较强且与教学内容相一致的电视片完整地播放给学生看，以丰富教学环节，实现教学目的。例如，在讲我们党实事求是思想路线的形成、重新确立和丰富发展的过程时，仅凭教师的语言讲授是难以让学生产生深刻印象和理解的，因为对于大多出生在上世纪 90 年代的大学生们，普遍对这一段历史感到陌生。此时，使用多媒体教学手段，播放大型文献纪录片有关片段，再现历史情境，使学生更真切地理解党的思想路线的深刻内涵。

3. 灵活多样，增添思想政治理论课教学的魅力

传统的教学模式比较单调、缺少变化，使用多媒体手段进行教学，可以改变过去思想政治理论课教学教师“满堂灌”的做法，把教师讲授与课堂讨论结合起来，边讲边议，利用丰富的音像资料和便于操作的特点，让学生充分参与到教学过程中来。教师还可以把课件放到网上，让学生随时调阅学习，并能方便及时地向老师提问题，请求老师的辅导。教师则可以做到对学生的日常学习进行全程跟踪，对学生上网学习时的提问进行答疑辅导，并对他们的学习状况、思想状态进行调查分析，以改进和调整教学内容和方式，提高教学质量。教师还可以利用网络平台，指导学生就某些热点问题进行网上讨论，培养其理论分析能力、解决问题的能力。

总之，多媒体及互联网在教学中的应用，为思想政治理论课的教学提供了充足的教学资源，多样的教学方式和手段，不仅为教师提供了前所未有的教学场景，使教师有效地改革教学方式、教学手段，也为学生提供了广阔的学习空间和多样的学习方式。因此，多媒体技术及互联网等现代化教学手段的普遍

使用，是网络时代提高思想政治理论课教学水平和实效的必然选择。

（三）探索网络思想政治理论课教学的新模式

1. 网络思想政治理论课主题探究教学模式

所谓网络思想政治理论课主题探究教学模式，是指在教学中运用网络信息技术，将教学的某些内容整合为有探究价值的主题，制作成学习的网页，组织引导学生进行探究性学习，从而实现思想政治理论课教学目标的一种教学模式。具体说来，包括以下几层含义：(1)主题探究教学模式的价值取向偏重于网络环境下学生学习的主动性、探究能力、创新意识和信息素养的养成。因为，现代社会是一个学习型的社会，教会学生主动学习、自主探究、科学地获取信息和整理信息，形成结论是思想政治理论课教学教师的重要任务。(2)主题探究教学模式的教学手段主要运用互联网。互联网集声、文、图、像于一体，巨大的信息容量为学生创造了一个广阔的时空范围、乐学的园地。(3)主题探究教学模式将教材内容整合为有探究价值的主题。这种整合包括两个方面：一是探究主题必须是开放性的，是教材中涉及的有探究价值的内容；二是探究主题必须是学生感兴趣的内容，能更好地调动学生探究学习的积极性。(4)主题探究教学模式中师生关系是一种合作伙伴的关系。教师要由传统教学中的中心地位、知识权威变成探究活动的组织者、引导者、合作者。教师制作主题探究学习网页，为学生提供探究学习的资源，并与学生共同进行网络主题探究学习。使学生由原来接受知识的被动者变成主题探究学习的主体，能够以互联网为亲历环境，通过各种探究角色的扮演，自主地、协作地利用互联网资源进行探究学习。网络思想政治理论课主题探究教学模式旨在，激发民办高校大学生自主探索的积极情感和创新意识,提高他们发现问题和解决问题的能力,培养大学生与他人分享和合作的精神,促进其全面发展,提高教学效果和质量。

实施网络思想政治理论课主题探究教学模式需要教师做到以下几点:

第一,要处理好学生主体和教师主导的关系。以现代信息技术为依托的网络环境下思想政治理论课主题探究教学不同于单向灌输的传统教学,师生关系已经发生了根本变化,教师必须重新认识自身的角色——充当学生学习的指导者和协作者。教师要注重对学生进行启发和引导,特别是对学生从网上获得的各种信息进行及时的点拨,引导学生运用思想政治课的基本原理来分析社会问题。通过提问、讨论和辩论,使学生之间的思想碰撞,把学生中不正确的思想认识引导到积极健康、正确的轨道上来,使学生真正理解和接受马克思主义的基本理论,并自觉应用马克思主义的基本原理作为自己和行为的指南,实现知识、能力和觉悟的全面提升。

第二,要珍视学生独特的感受、体验和理解。由于思想政治理论课的教学内容时代性强,与社会实际联系密切,具有开放性、发展性的特点,民办高校大学生对重大的社会热点问题又具有高度的敏感性,并且在基础、能力和经验等方面存在着较大的差异,所以在探究过程中,每个学生都会产生不同的感受和体验,常会就一些问题产生自己独有的观点。虽然他们有些可能不成熟、不科学甚至不正确,但这些都是学生积极投身和亲历探究时间之后所获得的,作为教师应该珍视学生的真实感受,尊重他们的各种不同见解,并适时、恰当地给予引导,从而形成正确的观点。

第三,要以多元化的过程性学习评价为主。网络环境下思想政治理论课教学课主题探究教学模式不仅强调知识的掌握，而且更注重学生探究能力和创新能力的培养。因此，教师要深入到探究过程中，及时了解学生探究活动的进展情况，采取有效手段对学生的探究活动进行监控；要鼓励每一位学生不断进取、不懈探索，努力成为创新型人才。

2. 网络思想政治理论课研究性学习模式

网络思想政治理论课研究性学习模式，是指在教师的指导下，以学生为学习的主体，以网上信息、数据库、光盘、课本等为学习资源，以互联网学习平台下的师生交互、生生交互的民主氛围为学习环境，学生借助信息技术工具，自行查找、分析、交流、处理信息，完成意义建构的一种探究性的学习模式。该模式具有三大特点：(1)学习内容问题化。即由教师讲学习内容转化为各种形式的有价值的问题，并在网络上呈现出来，为学生在课内外的研究性学习设置逻辑起点。(2)学习过程探究化。学生主动地获取有教师汇集整理并放置在网络上的相关资料，在获得基本知识之后，围绕相关问题进行自我探究或集体讨论，教师以平等的姿态参与和引导学生的讨论，使教学过程由传统的传承型转变为探究型。(3)学习活动网络化。在教学活动中，改变过去教学内容主要来源于教科书的单一状况，强调培养学生从网络资源中获取素材，自我改造、重组、创造教学内容的能力，培养学生从网络获取资源的能力和习惯。

网络思想政治理论课研究性学习模式由四个阶段构成。第一阶段：创设情境、发现问题阶段。教师通过计算机多媒体网络展示一个案例或创设与学习内容相适应的情境，激发学生的学习兴趣，使学生乐意参与到问题的探索中来。第二阶段：自主探索、研究问题阶段。这一环节要求学生围绕研究问题，利用各种多媒体网络提供的信息与资源，根据自己的实际和知识特点进行独立的思考、探索。教师要为学生起“导航”作用，介绍基本的科学研究方法和分析处理信息方法，告诉学生研究过程中要注意的问题等。第三阶段：小组合作、协作学习阶段。学生在自主探索的基础上，通过计算机网络与小组成员开展讨论、交流，通过不同观点的交锋来补充、修正、加深对在研问题的理解，从而完善自己的研究成果。第四阶段：成果交流、效果评价阶段。在这个阶段，各小组将自己的研究成果进行网络交流，教师和学生共同对其进行评价。

3. 网络思想政治理论课专题教学模式

网络思想政治理论课专题教学模式，是指根据现代教育理念，将教学内容设计为若干个专题，并利用计算机网络提供的信息资源，设计相关的专题网站，使教学内容的意义扩展和深化，应用于思想政治理论课的教与学全过程以及研究性学习全过程的教学模式。该模式有两个显著的特点：(1)以专题为教学的主要形式，实现教学内容的整合。(2)以专题网站为依托，引导学生自主学习。

网络思想政治理论课专题教学模式的构建要重点把握以下三点：

第一，精心选择网上资源，设计并制成教学专题网站。网上资源的选择既要坚持与教学内容紧密相关，又要坚持与学生的思想实际、生活实际有紧密地联系，给学生以思想启迪和道德教育。而网站的设计既要注意形式的美观大方，给学生提供良好的视觉界面，也要注意内容版块的丰富性，除了基础知识版块，还应有扩展知识版块，中心问题版块，网上交流讨论版块、网上习题版块等，使之成为学生自主学习、发表讨论意见的区域，开阔视野、激发探究问题兴趣的园地。

第二,认真设计思想政治理论课网络课堂的教学过程。首先,教师要根据教学目标,或从社会热点问题出发,或从身边实际问题出发,或从学生学习中存在的疑难问题出发,提出学习任务,创设学习情境。其次,教师要采取多种方式,激活学生的思维状态,积极引导他们进行探究学习。再次,在学生学习过程中,教师要适时地给与点评,包括对学生发言中所展现出的积极因素给予肯定,所暴露的问题予以及时地指出,所出现的偏激的观点加以正确的引导和在讨论结束前对整个学习过程进行小结等。网络环境下思想政治理论课教学课专题教学模式的提出和应用,必将激发学生对思想政治理论课教学课的学习兴趣,有效地培养其分析问题和解决问题的能力,提高教学效率。

第三,充分利用学校已有的网站资源,在陕西省各民办高校已经开通的校园网站上建立链接式的思想政治理论课网页。可以在页面上设置课程导航、参考书籍、辅导答疑、热点讨论等学生感兴趣并能帮助学生学习提高的栏目。另外,还可以与现有的一些知名的国内优秀网站合作,推出网络上的马克思主义理论与思想政治教育的专题活动,以配合网络思想政治理论课的教学。

21 世纪是网络大发展的时代。然而,思想理论教育运用网络开展教学才处于起步阶段。必须承认,作为思想政治理论课教师,还有不少人尚未充分认识互联网给思想政治理论课教学带来的机遇和挑战,还没有完全体会到网络在思想政治理论课教学中的作用,其必然影响到思想政治理论课的改革与发展。因此,作为思想政治理论课的教师必须转变理念,从战略高度重视互联网在思想政治理论课教学中的应用,充分利用网络技术,不断创新思想政治理论课的教学方法与模式,努力使思想政治理论课教学体现时代性、增强实效性。

第七章　民办高校思想政治理论课教师队伍建设

随着改革开放的不断深入，社会主义市场经济得以确立与发展，再加上国际互联网的广泛性和开放性，各种西方的社会思潮和价值理念不断涌入国内，高校大学生群体受到极大的影响，道德理想信仰和生活价值观念的冲突不断冲击着现代大学生的“三观”及生活方式和发展理念，使得一部分大学生越来越崇尚自我、张扬个性，更多关注个人自我价值的实现。面对新的教育形势，高校思想政治理论课如果继续传统的思想灌输和说教则显得苍白无力，民办高校思想政治理论课更是面临着严峻的考验和挑战，每一位思想政治教育工作者都必须思考如何应对，怎样更新教育理念、丰富内容及创新方法，以适应高校新形势的发展和社会主义市场经济的形势，切实把握新时代大学生的思想脉搏和政治倾向，持续担当为中国特色社会主义事业培养人才的社会重任。

高等院校办学与教育质量的高低关键在于是否拥有一支高水平的教师队伍，教师是教学主体，不仅可以衡量一所高校教育教学的水平，亦是高等教育事业振兴与发展的前提。邓小平认为,教师是发展教育事业的主要力量,是培养人才的关键,是办好教育的核心。他说:“一个学校能不能为社会主义建设培养合格的人才,培养德智体全面发展、有社会主义觉悟的有文化的劳动者,关键在教师。”①他认为振兴民族的希望在教育,振兴教育的希望在教师。作为大学思想政治理论教育的主体,其教师队伍的构成、质量、水平直接影响到整个高校思想政治理论教育的水平和效果,直接关系到大学生的思想政治信仰和个性品格特征,而民办高校相对于公办高校而言更加任重道远,更要不断加强教师队伍建设。“05 方案”实施五年来,民办高校教师队伍培养模式不断创新发展,尤其是思想政治理论课教师队伍建设取得了较大的成效。自 2006 年开始的民办高校思想政治理论课课程体系改革,涉及一系列调整与变革,包括课程体系建设、教材建设、教师队伍建设等。到目前为止,改革已初见成效,同时也存在着一些值得重视的问题。2008 年 9 月《中宣部教育部关于进一步加强高等学校思想政治理论课教师队伍建设的意见》出台,各地更是进一步明确目标要求,认识到了民办高校思想政治理论课教师队伍建设的重要性、紧迫性和总体要求,进一步感受到强烈的责任感和使命感。

百年大计,教育为本。胡锦涛指出:“民族振兴的希望在教育,教育振兴的关键在教师。有了高素质的教师队伍,才能培养出全面发展的合格人才。”如今 2010—2020 年国家中长期教育改革和发展规划纲要更是为民办高校思想政治理论课教师队伍建设提供了一个更宏大的视野、更宽阔的平台。只有坚持“全面协调可持续”的科学发展理念,不断提高思想政治理论课教师队伍

①邓小平文选:第二卷[M].北京:人民出版社,1983:108.

建设的科学化、专业化水平,以正确理论为指导、以科学规划为保障、用科学决策来推进,才能造就一支高素质的高等学校思想政治理论课教师队伍,以应对日益严峻的民办高校思想政治理论教育现状,为国家培养思想政治素质过硬、专业知识扎实的复合型人才。也只有充分重视和加强教师队伍建设,提高教师的整体素质,才能适应新时期社会发展所需人才培养和高等教育改革与发展的需要。

一、民办高校思想政治理论课教师队伍建设的指导思想和理论依据

"文化大革命"后,我国自高考恢复以来,高等教育规模和教育水平日益发展,党和国家利用和提供各类资源为高等教育现代化服务,促使我国高等教育逐步推进到大众化教育的进程。高等教育中的思想政治理论教育和学科建设更是备受重视,2004 年,《中共中央国务院关于进一步加强和改进大学生思想政治教育的意见》强调指出:"加强和改进大学生思想政治教育,提高他们的思想政治素质,把他们培养成中国特色社会主义事业的建设者和接班人,对于全面实施科教兴国和人才强国战略,确保我国在激烈的国际竞争中始终立于不败之地,确保实现全面建设小康社会、加快推进社会主义现代化的宏伟目标,确保中国特色社会主义事业兴旺发达、后继有人,具有重大而深远的战略意义。"

思想政治理论教育和思想政治工作的关键还是在于教师。高等学校思想政治理论课是大学生思想政治教育的主渠道和主阵地,思想政治理论课教师队伍是高等院校教师队伍的核心队伍,是马克思主义理论和党的路线、方针、政策的宣传者,社会主义意识形态和精神文明的传播者,是大学生健康成长的指导者和

引路人。切实加强民办高校思想政治理论课教师队伍建设，提高他们用中国特色社会主义理论体系教育武装大学生、用社会主义核心价值体系引领社会思潮的能力和水平，对于培养和造就有理想、有道德、有文化、守纪律的社会主义事业的高素质建设者和接班人具有重大而深远的意义。

长期以来，随着科教兴国与可持续发展战略的提出与贯彻实施，中共中央和教育部相继出台了一系列文件和政策强调思想政治理论教育工作的重要性，从中共中央国务院发布《关于进一步加强和改进大学生思想教育的意见》（中发〔2004〕16 号文件），到《中共中央宣传部 教育部关于进一步加强和改进高等学校思想政治理论课的意见》（教社政〔2005〕5 号），再到 2008 年的《中共中央宣传部 教育部关于进一步加强高等学校思想政治理论课教师队伍建设的意见》，不断强调和提升对大学生思想政治教育工作地位和作用的认识高度，对大学生思想政治理论课课程建设和教师队伍建设的重视前所未有。2016 年全国高校思想政治工作会议上，习近平指出，长期以来，高校思想政治教育队伍兢兢业业、甘于奉献、奋发有为，为高等教育事业做出了重要贡献。要拓展选拔视野，抓好教育培训，强化实践锻炼，健全激励机制，整体推进高校管理干部和共青团干部、思想政治理论课教师和哲学社会科学课教师、辅导员班主任和心理咨询教师等队伍建设，保障这支队伍后继有人、源源不断。为全员育人、全程育人和全方位育人工程而指明了教师队伍建设方向，国家的重视为思想政治理论课建设带来的机遇前所未有，我们必须抓住机会，利用新时期的一切有利条件和发展机遇，并以习近平新时代中国特色社会主义思想以及各类教育规划和文件精神为依据，进一步强化思想政治理论课学科建设和教师队伍发展，不断增强思想政治理论课的教育教学实效性。

民办高校思想政治理论课教师队伍建设的总体要求是:坚持以马克思列宁主义、毛泽东思想、邓小平理论和“三个代表”以及科学发展观重要思想为指导,深入贯彻落实习近平新时代中国特色社会主义思想和十九大精神,以教学科研组织建设为平台,以选聘配备为基础,以培养培训为抓手,以学科建设为支撑,以制度建设为保障,以实现教学状况明显改善为目标,培养一批坚持正确政治方向、理论功底扎实、善于联系实际的教学领军人物、中青年学术带头人和骨干教师,努力建设一支政治坚定、业务精湛、师德高尚、结构合理的教师队伍。

树立和落实习近平新时代中国特色社会主义思想,是民办高校思想政治理论教育发展的重要指导思想,立德树人是人才培养新思想的灵魂与核心。加强民办高校思想政治理论教育工作必须做到以人为本,即要把思想政治理论教育工作者和学生的思想政治素质发展放在首位,确立教师和学生的主体地位,才能抓好思想政治理论课教师队伍建设和强化学生思想政治工作。思想政治理论教育是以人的思想改造为目标的,要合乎人的思想和心理发展,体现规律性和科学性。随着社会的进步和新时期思想政治工作的复杂性,人们的思想理念和价值取向越来越多元化和功利化。一方面是思想政治理论教育工作的教师本身也面临着许多理想与现实的纠结,另一方面是教育对象大学生同样处于一个社会大变革的时期,在思想观念、价值信念等方面存在着多种冲突。大学生处于社会化的关键时期,学校也是一个小社会,处于各种关系中,人的需要就变得更加多样复杂,这就决定了要用科学的发展的观点做好大学生的思想政治教育工作。思想政治理论课以及日常思想政治工作要适应学生的特点和时代发展的需求，既要全面又要有一定的现实针对性，不能过于理想化、脱离现实。既要进行共产主义理想教育和科学的社会主义价值观体系的“灌输”，也要注重满足大学生多方面、多层次、多样化的现实需求，切实解决好他们最关心、最直接的现实问题，强调现实的人文关怀和心理疏导，以有效缓解和解决大学生在新的形势下面对外界的多元思想和诱惑产生的思想矛盾、心理冲突以及理念上的困惑，增强思想政治理论课和教育工作的针对性。打铁还要自身硬。只有正确把握和理解科学发展观的科学内涵，深化其在高校教师队伍尤其是思想政治理论课教师队伍建设中的凝聚力和内在推动力，认真加以贯彻落实，才能在融合社会时代发展与我国意识形态教育特色的过程中不断发展创新，增添新的内容，保持思想政治理论教育的先进性和有效性。

贯彻落实《中共中央宣传部 教育部关于进一步加强高等学校思想政治理论课教师队伍建设的意见》则是思想政治理论教育队伍进一步发展的具体要求。《意见》首先强调了加强高等学校思想政治理论课教师队伍建设的重要性、紧迫性和总体要求，认为思想政治理论课教师是高等学校教师队伍的一支重要力量，是党的理论、路线、方针、政策的宣讲者，是大学生健康成长的指导者和引路人。进一步加强思想政治理论课教师队伍建设，提高教学水平，用中国特色社会主义理论体系武装大学生，用社会主义核心价值体系引领各种社会思潮，把他们培养成德智体美全面发展的社会主义建设者和接班人，对于全面实施科教兴国战略和人才强国战略，确保实现全面建设小康社会、加快推进社会主义现代化的宏伟目标，确保中国特色社会主义事业兴旺发达、后继有人，具有十分重大而深远的意义。同时指出，改革开放以来特别是党的十八大以来，各地各高等学校采取多种措施加强思想政治理论课教师队伍建设,取得了较好成效,积累了一定经验。广大思想政治理论课教师爱岗敬业、勤奋工作,取得了明显成绩。但是,从总体上看,思想政治理论课教师队伍的状况,还不能很好地适应新形势新任务的需要。特别是一些学校不同程度地存在对思想政治理论课认识不足、重视不够;教师队伍整体素质有待提高,数量不足,优秀中青年学术带头人缺乏;学科支撑薄弱,教学科研组织亟待规范等问题。在思想政治理论课新方案全面实施,教材建设取得突破性进展的情况下,加强教师队伍建设、提高教师队伍的素质和水平,显得尤为迫切。因此《意见》强调要把思想政治理论课教师队伍建设纳入教育事业发展和人才队伍建设的总体规划,加强领导,统筹安排。强调思想政治理论课教师要全面提高思想政治素质和业务素质。学习与践行方永刚精神,牢固树立坚定的理想信念,不断提高为思想政治理论教育事业服务的责任感和使命感;努力学习、刻苦钻研,不断增强马克思主义理论素养和人文社会科学知识基础;深入实践,了解学生,提高教学艺术和教学能力;注重道德修养,提升精神境界,做教书育人的典范。

另外,《意见》还就思想政治理论课教师的选聘配备工作、培养培训工作、学科支撑、政策和制度保障等方面提出了具体的要求和意见,文件共有六个部分。明确了思想政治理论课教师肩负的责任,提出了当前和今后一个时期加强教师队伍建设的总体要求。强调要培养一批坚持正确的政治方向、理论功底扎实、善于联系实际的教学领军人物、中青年学术带头人和骨干教师,建设一支政治坚定、业务精湛、师德高尚、结构合理的教师队伍。2016年全国高校思想政治工作会议讲话及十九大关于意识形态教育的精神要求构成了引领当前高校思想政治理论教师队伍建设与发展的纲领性文件。

二、民办高校思想政治理论课教师队伍结构的现状分析

思想政治理论课教师队伍结构既要关注教师队伍中的各种要素数量的构成比例,亦要注意各要素之间的彼此影响和相互组合的关系。比如年龄层次、学历水平、职称比例、学源结构等,一是比例是否合理,一是能否形成新旧交替的连贯性、可持续性。这直关教师队伍的稳定和教育教学的质量,进而影响到学生的人生价值理念和社会主义事业的建设发展大局。

目前,从总体上看,经过长期的积累和培养,陕西民办高校思想政治理论教育的师资队伍取得了很大的成绩,已建立起一支以中青年骨干教师为主体,思想政治素养较高、知识、年龄、学历层次结构较合理、相对稳定的专业教师队伍,教学水平不断提高,教育效果不断增强;但也存在着一些不足,比如对新形势下思想政治教育的重要性认识还不够,教育内容优化调整还不到位,学科建设力量和理论发展尚为薄弱,科研团队研究能力还需加强等等,特别是优秀中青年教育科研团队和学术带头人严重短缺。具体存在以下几方面的问题和不足:

(一)价值多元,专业性发展不足

相关调查统计显示,公共理论课教师和专业课教师的职业道德状况并无显著差异,情况是基本乐观的。但报告称,近年来,民办大学教师的价值观发生了深刻变化,呈现出多元化发展趋势。例如,很多教师高度认同中国特色社会主义,但也有一些教师持自由主义、新马克思主义、民族主义、保守主义等观点。调查数据

表明,对坚持中国特色社会主义道路的看法,尽管存在一些认识上的差异,但有70%以上的教师认为必须坚持社会主义道路。虽然我们国家还存在许多问题,人们对这些问题还有不满情绪,但从总体上说,民办大学教师对当前国家的发展道路是充满信心的,而且希望长期坚持下去。同时,有39.8%的人认为多党竞争和代议制民主好;但大多数教师认为,其并不符合中国的国情,选择社会主义是中国历史发展的必然。从民族认同、社会稳定等指标看,教师有较强的民族认同感。职业道德状况总体乐观,但在公平公正与敢讲真话方面略显不足①。

随着民办高校学科建设和科研水平的快速提升,对各学科教师的知识结构提出了更高的要求。根据中共中央和国务院以及教育部的明确要求(教社政〔2005〕5号文件和〔2005〕9号文件),从2006—2007学年起民办高校思想政治理论课进行了重大调整,这意味着在许多民办高校曾经开设了十多年的思想政治理论课程体系,将被全新的课程体系所取代。这一体系下新的课程组合,即“4+1”模式,已经开始占领高校思想政治理论课的讲台;关于课程体系建设,中国政法大学课题组在调研中,征集了近百所民办高校的思想政治理论课教师关于教学改革的建议和意见。在有效问卷中反映出的基本情况是好的:认为新课程体系的完整性、结构的合理性“较强”“很强”的比例较高,课程内容的理论性“较强”,新课程内容的现实感“很强”和“较强”的教师在统计中达到三分之二,也认为新课程体系教育目标十分明确或比较明确。

但是也有不少教师认为新的课程体系由于课程内容整合较

①大学生思想政治教育调研报告[R/OL]. 中国青年研究. 2005(7)[2018-05-01]. http://www.cycs.org/InsInfo.asp? InsID-1&ID=13824,专题研究报告〔2005〕第4号。

多,全面把握的难度较大,目前一些教师独立讲述课程有一定的现实困难,比如马克思主义基本原理概论,部分学校存在着需要过去讲授马克思主义哲学、政治经济学、科学社会主义课程的几位教师接力才能完成。这一现象在一些教师年龄结构不合理的尤其是年龄偏大的教师中更为突出。一些任课教师认为,课程内容比过去涵盖学科内容广了,涉及多领域,对于学生系统掌握知识有很大的好处,但教学中处理不好就讲不出马克思主义理论系统性和整体性,往往会造成无法整合的问题,直接影响到教学的实际效果,对于课程改革的最终目标的实际打了折扣,说明思想政治理论课教师队伍存在着知识结构的专业性与马克思主义教学完整性的矛盾。

相关调查表明,在专业出身和知识结构上,年龄较大的教师多以科学社会主义、中共党史、历史等学科为主,相对年轻的教师以思想政治教育、经济学、政治学、法学等学科为主,这同当前思想政治理论课的教学内容和教育要求有一定的差距。而另一方面教师的科研要求不断提升,教学课时大量缩减,教师普遍感到力不从心,短时期内难以解决。从学科建设上,马克思主义理论是一级学科也是一个新学科,长期以来,国内对马克思主义理论的研究一般划分为马克思主义哲学、马克思主义经济学、科学社会主义等领域的研究,它们分属哲学、经济学、政治学等学科门类,对马克思主义学科从整体上研究和建设不足,因此,相关的人才培养较为薄弱。马克思主义理论和思想政治教育专业的博士,一般都具有马克思主义哲学或者经济学的专业知识,中共党史专业的博士往往对某一个时期或某些重大事件、人物有较深的研究,历史学的博士可能对中国历史有着较为完整的把握,但是,对于马克思主义基本原理这种大而全的整合性学科就显得力所不足。这些专门人才的知识结构,在课程改革前是完全能够胜任马克思主义哲学、政治经济学、科学社会主义以及毛泽东思想概论等某门课程的教学需要的;但对于改革后需要全面把握马克思主义原理、马克思主义中国化、以马克思主义的观点解读中国历史等各门课程的要求,就显得有些力不从心,这种现实情况使得一些民办高校只能通过接力的方式才能完成某门课的教学任务。这一教学方式虽然有利于各章内容专业性的加强,但同时也会使课程内容的整体性受到影响①。

(二)骨干教师队伍薄弱、缺乏拔尖人才

思想政治等公共理论课教师在学术声望、道德水平、学生欢迎程度、专业水平、经济收入方面与专业课教师相比处于劣势,在重视程度、经费投入和教材建设方面相对滞后,因此相对而言高水平学科带头人较少,骨干教师队伍薄弱,科研力度有所欠缺。

具体讲思想政治理论课属于综合性基础理论课,涉及政治学、经济学、社会学、教育学以及科学社会主义、党史等多门学科,必然要求教师博学多闻,广泛研读多学科常识和一些交叉学科知识,否则无法顺利有效地完成思想政治教育教学任务。此外近几年思想政治理论课课程改革综合性越来越强,面临的理论与社会现实的冲突越来越复杂多样,致使教学难度也不断增加。随着社会主义市场经济体制的建立和国际互联网的发展,民办高校大学生的思想价值观念也出现多元化倾向,也对思想政治理论课的教育教学提出了严峻的考验。这些都需要思想政治理论课教育工作者不断与时俱进、学习提高自身的理论素质和教育教学水平。

---

①卫灵.高校思想政治理论课程体系改革研究[J].思想政治教育研究,2008(3):49—52.

但从调查看，思想政治理论课教师却普遍教学任务繁重，教师把大量的时间和精力花在教学方面，科研工作显得薄弱。

另外，从师资来源上看，有相当一部分教师所学专业只是和思想政治理论课相近或相关，真正思想政治理论教育专业出身的比例并不高，往往缺乏相应的专业理论知识和教学方法，因此，学科建设和团队发展方面存在较大的不足。只有部分基础较好的民办院校拥有较为完备的学科建设团队和高水平的学科带头人，相当一部分民办院校缺乏学科建设团队和学科带头人，这从每年的国家级和省部级科研课题的申请数据中就可以清楚地看出各民办高校学科建设力度和骨干教师队伍的科研状况。

随着思想政治理论教育专业体系进一步健全，硕博培养单位的增多，民办高校思想政治理论课教师队伍的学历层次逐年提升，硕士及以上学位的青年教师比例逐年升高。但仍然存在问题，一是教师数量和学生数量的比例严重不足。二是学历层次虽有提升，但博士比例偏低。三是性别比例不协调，思政教师和辅导员队伍中女性所占比例普遍较高。四是高职称比例不足。一方面民办高校思想政治理论课专业学科建设缓慢，另一方面公共课课程教学任务较重，科研量相对不足。相对于其他专业，思想政治理论教师队伍的教学任务重而科研不足，因而高级职称往往增加缓慢，也影响到教师的教学积极性。

（三）实践教学缺乏有效的保证机制

理论联系实际一直是我们重视并且一直强调的根本教学方法，但实践难题却始终是影响思想政治理论教育教学实效性的瓶颈和关键。长期以来，思想政治理论课在教育教学中都存在过于强调理论灌输，难以联系社会实际，主要方式也是以课堂讲授为主，社会实践偏少的问题。主要是因为思想政治理论课的课时减少，而教学内容偏多、任务偏重，导致社会实践没有时间上的有效保证。同时，社会实践不仅仅是学生的问题，也是该课教师应该加强的内容。试想教师缺乏社会实践，对社会现实流于表面的理解而缺乏真实的感受是不可能做到真正的理论联系实际，也不可能讲授给学生更深刻的思想政治理论的内涵和实质，最终的结果只能是教教材、讲理论、唱高调，不仅不易被学生接受，还容易引发反感。

实践中，民办高校因为经费问题往往优先照顾热门专业，而对于思想政治理论课等公共基础课教师实践方面的投入不足，相对于其他专业教师，思想政治理论课教师“走出去”的机会偏少，在实践教学方面缺乏经费保障。

另外，民办高校为迎合社会和市场经济发展的需求注重在大学生专业知识和技能上的培养，专业课程在教学计划中的课时比重和实践安排越来越高，而思想政治理论课等基础课程课时不断被压缩减少，加上思想政治理论课内容上缺乏创新，教学方法和手段又过于单调呆板、缺乏生动性，吸引力小，其地位和影响力不断降低。其他方面的问题，比如缺乏足够的现代教育技术整合能力，教育方式较为简单粗疏不细腻，内容单调缺乏引导，必然会影响到思想政治教育的实效性，也与当下教育信息化、现代化的需求还有很大的差距。

究其原因，一是教育行政部门及部分民办高校领导对思想政治理论课的重要地位和作用的认识有误区，尽管中共中央宣传部和教育部很重视民办高校思想政治理论课在人才培养中的重要作用，但具体到高校发展的实际情况都是流于应对，而缺乏实际行动，在实际工作中经常缩减人员编制，在职称评定、学科建设、经费投入等方面都有大打折扣。诸如教师工作量制定不合理，往往大班额、超负荷工作，严重影响到思想政治理论课教师工作积极性和教育教学的实际效果。

三、加强民办高校思想政治理论课教师队伍建设的对策与措施

《中共中央宣传部 教育部关于进一步加强高等学校思想政治理论课教师队伍建设的意见》是新时期民办高校思想政治理论课教师队伍建设的纲领性文件。《意见》就进一步加强高等学校思想政治理论课教师队伍建设提出具体的目标、任务和政策措施要求。依据《意见》要求，民办高校加强思想政治理论课教师队伍建设的对策和措施应注意以下几个方面问题：

（一）提高认识，提供保障，加强培训

《意见》明确指出，虽然改革开放以来特别是党的十六大以来，各地各高等学校采取多种措施加强思想政治理论课教师队伍建设，取得了较好成效，积累了一定经验。但总体上思想政治理论课教师队伍的状况，还不能很好地适应新形势新任务的需要。许多学校尤其是专业性较强的学校不同程度地存在对思想政治理论课认识不足、重视不够的现象。

随着社会进步和发展对于专业性人才和综合型人才的要求越来越高，更多的民办高校为迎合社会市场的需求而培养更多的高素质人才，在专业发展和学科建设等方面做足了功夫，引进了大批高学历的专业人才，学科团队建设搞得轰轰烈烈，投入大标准高，但相对于专业发展在长线基础学科教育方面投入显然不够，市场经济条件下民办高校教育的产业化发展模式和倾向不能有效提升当代大学生的思想政治素养和心理发展水平。因此民办高校领导要摆正思想政治理论教育的地位，正确认识和对待其

学科建设和教师队伍发展,以科学发展观为指导,树立以人为本、以学生全面发展为重的观念。因此,民办高校思想政治理论教育既要在观念上重视,也要在实际教育中加强,切实提高思想政治理论课程建设和学科发展,积极利用心理学、教育学、社会学等其他交叉相关学科知识,增强思想政治理论课的效果和吸引力,发挥其教育效能,为社会输送思想政治理论素养较高,专业技能娴熟的全面型人才。

民办高校领导和教师首先应该充分认识到:思想政治理论课程直接关系到国家和社会稳定发展与民办高校培养人才的综合素质,民办高校思想政治理论教育教师队伍不能单纯地依靠思想政治理论课教师,协同党政干部、群团的干部、辅导员班主任及其他专业教师总体优势,同心同向打造一支全员、全程、全方位育人团队。民办高校思想政治教育的教师队伍应该包括三部分:一是思想政治理论课教师,二是辅导员班主任,三是党团干部、管理人员和其他专业老师。当然主体仍然是该课程专业教师和辅导员队伍。他们的教学质量、专业水平和思想政治素质直接决定着思想政治理论教育的实效性。虽然思想政治理论课教师承担着大量的理论教育工作,而辅导员则承担着大量的日常思想教育工作,但仅靠这两支队伍来完成大学生思想政治教育是不现实的,还要把其他教职员工也纳入这个团队中来,实现全员、全程、全方位育人目标。

思想政治教育师资团队建设必须有共同的目标,即实现思想政治理论学科教育和日常思想政治工作的行动方向和价值诉求有机统一。各学科教师和教育力量联合行动,以思想政治理论课教师和辅导员为核心组织成各种层次和功能的教育团队,一方面要结合思想政治教育领域的新问题来不断创新教育内容和方式方法；一方面要将大而化之的思想政治理论教育和日常学习生活结合起来，细化为师生教育教学以及交往行为的日常指标以提升教育的实效性。比如成立大学生思想行为研究小组、思想政治教育研究中心等，充分发挥民办高校多学科优势，创造一个有利于思想政治教育工作能够顺利开展和不断扩展的文化环境和学术环境，真正发挥整体优势，激发教师的教学热情，强化教师的教育引导和服务意识。

1. 切实提供政策和制度保障

教社科〔2008〕5 号文件指出，要完善教学管理制度，建立健全教学保障机制和完善实践教学制度；同时完善教师队伍建设的考核评价体系和教师职务评聘体系，建立高等学校思想政治理论课教育教学测评体系，把思想政治理论课建设作为高等学校教学水平评估体系的重要组成部分，列为二级指标，加大其权重和显示度；还明确要求建立教师表彰奖励机制。

教学和科研评估机制的改革，要重视新进思想政治理论课教师和其他思想政治教育工作者加快学科知识的更新、创新思维和教学模式、加强师生之间的交流沟通，鼓励创新、尝试多样化的教学手段和方法，以提高和刺激思想政治理论教育的发展。教学评估应注重专家、同行和学生三方评教比例恰当合理，避免专家同行为主的形式，也要避免学生至上的做法。

前面也提及，思想政治理论学科的教科研工作和教师的工作性质不同于其他专业学科。因此科研评估机制也要兼顾到学科性质和特点，既要注意避免科研方面的单打独斗，又要避免团队近亲繁殖、排斥其他学科的倾向，注重多学科的协作与配合，合理配置学科人才，适当认可和提高项目参与者的成果比重，切实鼓励团队合作和建设。在加强以老带新的效果和提供更多的机会让新进教师和年轻教师参与科研项目的同时，也要培养年轻教师独立立项、独自进行科研的能力。

除了教学科研评估机制的改革可以提升思想政治理论课教师队伍的积极性以外，薪酬收入分配制度的变革也可以稳定教师队伍，吸引优秀人才到思想政治教育教师队伍中来。合理的薪酬体制和科学的收入分配制度可以保证教师基本的生存和发展需求，在维持教学和科研正常运转的情况下，吸引更优秀的青年学者和优秀人才到思想政治理论教育和科研一线工作。民办高校薪酬制度和收入分配机制应该重视年轻教师尤其是高学历高水平的青年人才的实际需要，从教学任务、课程改革与创新，到科研课题的审批和经费保障，都应该适当倾斜。

建立科学的完善的思想政治理论课教师考评考核机制是稳定教师队伍、提升教师的工作积极性和教学效果的关键措施和有效保证。不同学科的量化考核有不同的侧重点和考评指标。思想政治理论课课程不同于其他学科课程，思想政治理论课教师的教育教学也有别于其他专业性较强的学科教学，如果过于强调教材内容知识的传输和讲解而无视育人的功能显然是不科学的。对思想政治理论课教师的考核，更应重视和强调教育效果而非教学成绩、强调教师与学生的心理沟通和心理解惑，以及对学生思想意识和价值观念等的引领和疏导，虽然这些很难制定量化指标，但也可以通过学生评价等途径有效促进教师队伍的发展和建设。

2. 重视教学科研的组织建设

《中共中央宣传部 教育部关于进一步加强和改进高等学校思想政治理论课的意见》（教社政〔2005〕5 号）以及《〈中共中央宣传部 教育部关于进一步加强和改进高等学校思想政治理论课

的意见〉实施方案》(教社政〔2005〕9号)的通知强调,要加强教学研究,重点加强对各门课程的教学目的、主要内容以及理论体系和教学体系的研究;加强各门课程之间以及与中学相关课程之间相互关系的研究;加强教学方法的研究,优化教学手段。开展教学观摩活动,组织社会考察。组织制作"精彩一课"、多媒体课件,实现立体化教学。组织研制陕西民办高等学校思想政治理论课教育教学资料数据库,为思想政治理论课教育教学和科研搭建信息资料服务平台。

2008年,《中共中央宣传部 教育部关于进一步加强高等学校思想政治理论课教师队伍建设的意见》第二部分《大力加强高等学校思想政治理论课教学科研组织建设》明确要求,建立健全教学科研组织机构和科学选配教学科研组织负责人。一方面,各民办高等学校应当建立独立的、直属学校领导的思想政治理论课教学科研二级机构。该机构是思想政治理论课教学部门和马克思主义理论研究机构,又是马克思主义理论学科点的依托单位。其职责是:统一管理思想政治理论课教师,负责思想政治理论教学、科研、社会服务和相关管理工作;负责马克思主义理论学科建设、人才培养和教学科研梯队建设等工作。另一方面,要选配好教学科研组织负责人。将思想政治理论课教学科研组织负责人遴选配备和培养培训工作,纳入学校干部队伍建设规划。要选拔政治强、业务精、作风正、懂管理的学术带头人和骨干教师,作为思想政治理论课教学科研组织负责人。

因此,民办高校教科研工作要着力抓好教学科研组织建设和学科建设两个关键环节,全力推动思想政治理论课教师队伍建设。要把思想政治理论课教学科研组织机构建设和马克思主义理论学科建设有机地紧密地结合起来。民办高校独立设置思想政治理论课教学科研组织机构，搭建高质量平台，凝聚高素质队伍，以提高教学质量。这一机构主要是思想政治理论课教学部门，也是马克思主义理论研究单位和马克思主义理论学科点依托单位，统一管理思想政治理论课教师，开好全校公共的思想政治理论课程，同时抓好马克思主义理论科学研究和社会服务工作。要把为思想政治理论课服务作为马克思主义理论学科建设的核心问题和重要任务，真正解决思想政治理论课教师在学科上的依托和归属问题，同时吸引相关学科的教学科研骨干充实到思想政治理论课教师队伍中来。

各民办高等学校应当根据学校的教学科研实际情况以及教师队伍状况合理配置和建设相对独立的、直属学校领导的思想政治理论课教学科研机构。将思想政治理论课的课程建设、教材建设、教学方法改革、教师队伍建设、学科建设以及教学中重要理论和实际问题的研究等作为重要选题，列入国家教育科学研究和人文社会科学研究规划中，项目单列，单独评审，单独检查，推出一批高水平的思想政治理论教育教学研究成果。陕西各民办高等学校要设立专门项目，开展科学研究，不断提高思想政治理论课教师的科研能力。一方面便于统一管理教学、科研和相关学生思想政治工作，提升教育教学效果；另一方面便于整合多种力量，发挥整体优势，既能加强学科建设，又利于选拔和培养思想政治素质高、教科研业务能力强的学术带头人和骨干教师力量。

3. 做好选聘配备工作，实现统筹发展

针对师资队伍结构现状分析中存在的一些问题，关键在于合理配置和优化思想政治理论课教学师资的选聘配备工作及团队建设。思想政治理论教育是一个长期的基础理论教育，因此科学合理的规划和配备培养合理的教师队伍是必要的。《意见》中也明确要求各高等学校要根据专任为主、专兼结合的原则，按照学生人数以及实际教学、科研和社会服务的需要，合理核定专任教师编制，配备足够数量和较高质量的思想政治理论课教师。本专科思想政治理论课专任教师要总体上按不低于师生1∶350～400的比例配备。

民办高校领导必须充分认识市场经济条件下思想政治教育教学师资队伍选聘和团队建设的必要性、重要性和长期性，应把思想政治教育师资的配置和团队建设当做教师队伍建设和学科发展的重中之重来抓，无论民办高校的发展定位、类型、办学特色如何，都需要优先配备和强化思想政治理论课的教育师资队伍。做到有层次、有计划地培养和引进人才，建立完善的培训计划，充实思想政治教育的师资队伍，调整教师岗位和职称比例，调动广大思想政治教育教师队伍的积极性。

不断深化人事制度改革，完善教师职称聘任制。《意见》指出实行教师任职资格准入制度。思想政治理论课教师必须坚持正确的政治方向，热爱马克思主义理论教育事业，具有良好的思想品德，有扎实的理论基础和相应的教学水平、科研能力。新任教师原则上应是中国共产党党员，具备相关专业硕士以上学位，工作期间应兼职从事班主任或辅导员工作，了解教育对象，熟悉教育规律。

改革和完善教师岗位职务职称聘任制度，深化用人机制改革，除了思想政治方面和工作责任能力等的要求外，还要建立以竞争为核心的聘用体制，实行评聘分开，能上能下，能进能出的灵活竞争性机制。按照《意见》要求要建立开放、灵活的人才配置机制，吸引、鼓励校内相关专业学术带头人和教学骨干，专职或兼职承担思想政治理论课教学任务，积极争取从社会各界聘任理论研究、教学单位和实际部门的专家学者和领导干部承担一定的思想政治理论课教学。注意发挥离退休哲学社会科学著名专家学者在思想政治理论课教育教学中的作用,有条件的民办高等学校应积极探索建立校际之间的教学协作机制。同时加强岗位职责管理,建立长效激励机制和科学的教师考核评估制度,促进教师自觉提高自身素质、业务能力以达到整体素质得以强化的最终目标。加强思想政治理论教育学科带头人和中青年骨干教师队伍的建设,通过有效激励措施和政策,建立完备的思想政治理论课教学队伍和思想政治教育体系。

4. 加强培养培训工作

要适当增加思想政治理论课教师参加全国性和学术性培训、学习、交流的机会。相关访谈和调研表明思想政治理论课教师有着强烈的培训、学习、交流的愿望,渴望参与各种提高培训和学术交流,年轻教师的愿望迫切,尤其是地方性民办高校。因此中央宣传部、教育部和各类高校要联合起来创造条件,系统安排和强化思想政治教育教师的思想政治素养的学习提升和业务技能等方面的培训,不断提升思想政治教育师资队伍自身的思想政治素养,拓展知识视野和促进教师业务能力等的全面提升。

《〈中共中央宣传部 教育部关于进一步加强和改进高等学校思想政治理论课的意见〉实施方案》(教社政〔2005〕9号)在加强对思想政治理论课教师的培训方面提出:新课程开设前,要抓紧组织好对所有任课教师的培训。以掌握教学大纲的基本要求,熟悉教材,了解教学方法、手段为重点,着力提高教师的思想政治素质、专业水平和教学能力。中宣部、教育部负责组织中央部委直属民办高等学校思想政治理论课骨干教师的培训;各省(区、市)宣传部门、教育部门负责组织本地骨干教师的培训;各民办高等学校负责本校教师的培训和集体备课工作。

2008年接着出台《中共中央宣传部教育部关于进一步加强高等学校思想政治理论课教师队伍建设的意见》也明确强调，建立和完善培训体系和切实提高教学水平，并要求组织开展社会实践和学习考察活动以及重视教师的继续教育工作的开展。要求各地各民办高等学校要制订教师培训规划，建立和完善有重点、分层次、多形式的培训体系，努力使培训工作经常化、制度化。比如在岗前培训、课程轮训、骨干教师研修和在职培训等方面加强重点培训；在教学水平的提升上要求思想政治理论课教师要在教材体系向教学体系转化上下功夫，真正做到融会贯通、熟练驾驭、精辟讲解。要紧密联系改革开放和社会主义现代化建设的伟大实践，了解和掌握大学生思想政治状况，探索符合教育教学规律和大学生特点的教学方法，提倡启发式、参与式、互动式、案例式、研究式教学；要定期评选思想政治理论课"精彩一课"和"精品课程"，定期组织教学观摩活动，推广先进教学方法，促进优质教学资源建设和共享等等。

有条件的学校要积极创造条件，组织教师开展社会实践、学习考察和学术交流活动，促使教师进一步了解国情，了解世界，开阔视野，丰富教学素材，通过继续教育计划提高教师整体素质。

2010—2020年国家中长期教育改革和发展规划纲要也就提升教师队伍业务水平提出：完善培养培训体系，做好培养培训规划，优化队伍结构，提高教师专业水平和教学能力。通过研修培训、学术交流、项目资助等方式，培养教育教学骨干、"双师型"教师、学术带头人，造就一批教学名师和学科领军人才。

目前，陕西思想政治理论课教师队伍建设已经形成了较为完善的培训机制，关键在于各类高等院校领导真正的重视起来，让从事思想政治理论教育的教师和辅导员能够有充分的机会进入到培训机制的运行中去。

民办高校思想政治教育师资培训的主要形式有:一是在职攻读专业硕士学位和专业博士学位点的设置和扩大,优化教师的学历层次和学源结构。二是各个层次的思想政治理论教育研讨会的系统化和常规化,不断加速思想政治教师的知识更新,及时把握思想政治理论发展的前沿动态、拓宽知识面、更新教学方法、改进教学方法等。三是以骨干教师培养为主的师资进修班体系。四是陕西各民办高等院校的访问学者交流制度。各民办高校也有自己的校内培训和青年教师成长计划,很多学校推行的青年教师岗前培训制度,青年教师导师制,青年教师定期的教学观摩活动以及教学基本功赛事项目等。还可以利用其他形式的针对所有教师的一些培训项目和教育机制,比如计算机和多媒体教育技术的培训机制等来提升教师的教学水平和能力。关键还是在于多创造机会并鼓励思想政治教育的师资力量积极地参与进去,甚至应该对于思想政治教育师资适当的倾斜,以提升思想政治教育师资队伍的价值感和积极性。

(二)加强学科建设和学科支撑

《〈中共中央宣传部 教育部关于进一步加强和改进高等学校思想政治理论课的意见〉实施方案》提出,要大力加强学科建设。同时,《实施方案》要求,中宣部、国务院学位委员会、教育部抓紧开展设立马克思主义一级学科的有关工作。高等学校要加强"马克思主义理论与思想政治教育"硕士点和博士点的建设。要积极开展马克思主义理论体系研究,开展马克思主义发展史、马克思主义中国化研究,开展中国近现代史研究,开展思想政治教育研究,为加强高等学校思想政治理论课建设,培养思想政治教育工作队伍提供有力的学科支撑。民办高校思想政治理论学科建设及学科支撑更是薄弱环节,急需加强建设力度。

增强思想政治理论教育专业意识和学科建设观念,尽快促进和加强学科建设。首先思想政治理论课教师要牢固确立专业意识和学科建设理念,破除以往的传统的“课程意识”,树立新时期的思想政治理论教育学科的专业意识和理论观念。根据马克思主义理论学科的性质、特点和要求,民办高校思想政治理论课教学和思想政治工作可以进一步凝练学科方向,把思想政治理论教育从内容到教学、从理论教育到相关学科教育教学作为学科建设的主方向,做好思想政治理论教育专业的本、硕、博等系列的大学生和师资力量的培养及培训工作,为马克思主义理论研究和思想政治理论课教育教学培养高水平的人才。完善一级和二级学科体系的配套建设,为思想政治理论课提供相应的学科和理论支撑。

加强专业学科建设,也可以为思想政治理论课教师提供更好的科研平台和学科发展支撑。思想政治理论教育专业学科的高水平建设和高效的教育团队建设可以不断提升教育教学水平,也可以加强和深化思想政治理论课的教学科研工作。

加强专业学科建设还有利于规范和统一思想政治理论的教育教学和科研工作,在强化思想政治理论课教师队伍建设的科学化、专业化的同时,也更能突显其学科地位和作用,突出特点和优势,切实提升思想政治理论教育的实效性。

(三)形成自我发展的良性机制

适应知识经济时代发展的要求,加强思想政治理论课教师队伍建设要强化学习型团队要求。上世纪 90 年代,国际上关于高等教育改革出台了两份重要文件:一份是联合国教科文组织在

1995年所提出的《高等教育的转变与发展政策》;一份是该组织于1998年世界高等教育大会宣言《21世纪的高等教育:展望和行动》。二者的基本立场都强调在跨世纪之际高等教育改革的三个重要方向:一是关联(relevance),指高等教育机构应能适当回应社会需求,包括扩大各年龄层接受高等教育的机会、加强学校教育与用人单位的关联性、加强高等教育对改进其他阶段教育的责任、加强学校向社会提供学术服务的责任;二是质量(quality),即全面提高教学与科研质量,通过对高等教育机构进行持续、系统化的评估,引导这些机构努力提高教学、科研水平,改善办学环境,提高学生素质;三是国际化(internationalization),即强调各国应广泛开展学术合作与交流,满足目前及未来人类追求持续发展的需要。

联合国教科文组织还提出"向学习化社会前进"的目标任务,提出21世纪教育的特征是终身学习。我国十六大报告中也明确提出:"要形成全民学习、终身学习的学习型社会,促进人的全面发展。"学习型组织的发展浪潮开始席卷各个领域,尤其在教育领域更是蓬勃发展。加强学习型思想政治理论课教师队伍建设是民办高校思想政治理论课课程任务的必然要求。

高校思想政治理论课肩负着培养社会主义建设者和继承人的光荣使命,加强民办高校思想政治理论课教师队伍建设,不断改进和提升思想政治理论课教育实效性意义重大、影响深远。思想政治理论课教师要牢固树立"育人为本"的理念,认真分析新形势下思想政治理论变化发展和大学生的思想倾向性问题,深入研究和改进教育教学方式方法,联系社会生活实际、形势政策和学生思想实际,不断增强思想政治理论课的说服力和感染力,增强思想政治理论课教育教学的实际效果。该学科教师队伍建设归根结底是为了提升其教育教学水平和能力，提高教育的实效性，教师自身的建设和自我发展的主动性和积极性更是关键中的关键。作为从事该专业教育的教师，更应该明确自身的作用，提高对自身教学内容和工作特殊性的认知，增强责任感和使命感，自觉地从理想信念、知识结构、教学改革、科学科研等方面加强自身的发展和建设。

因此，思想政治理论课教师首先要明确自身特殊的使命，增强社会责任感和使命感，积极主动地提升自身思想政治素养，牢固树立坚定的马克思主义理想信念，释放出自身激情和热情，真正做到懂马列、信马列、用马列，在学生面前做到言行一致才能真正成为学生的引路人。

第八章　民办高校大学思想政治教育的实践环节的有效组织与实施

民办高校思想政治理论课实践教学是一项涉及面广的系统工程，有效组织与实施思想政治理论课实践教学，除了党和政府的大力倡导，政策支持外，还需要社会的理解与支持，学校的高度重视和部门间协作配合，更需大量的人、财、物的投入。因此，为了保证参与实践教学过程的全员性、实践的持续性和实施的实效性，在遵循思想政治理论课组织实施的理论依据、基本原则、具体要求和主要步骤的基础上，必须建立和形成有效组织与实施思想政治理论课实践教学的长效机制。

一、民办高校思想政治理论课实践教学组织实施的主要依据

民办高校思想政治理论课的实践教学在长期的发展过程中已经积累了较为丰富的经验，形成了独特的实践教学模式。这些依据主要包括马克思主义理论、教育学、心理学和法律法规等方面依据。在实际教学过程中，有效地组织与实施思想政治理论课实践教学，必须遵循实践教学的基本理论依据。

（一）民办高校思想政治理论课实践教学的马克思主义理论依据

高校思想政治理论课实践教学的有效组织与实施，需要有一定的马克思主义理论作为指导，这对民办高校尤为重要。其中，马克思主义的认识论、全面发展理论和人的本质理论等方面的理论是与思想政治理论课实践教学紧密相连、息息相关的，是思想政治理论课实践教学应遵循的基本指导思想。

1. 马克思主义的认识论

马克思主义的认识论是实践教学最基本的理论指导思想。马克思主义的政党学院和国家学院都非常重视实践活动在形成个体思想政治素质中的作用，尤其是实践教育对青年学生成才的意义，主张通过实践教学的方式来进行思想政治教育。

马克思主义认识论认为，实践是认识的来源，只有不断实践，人们才能对事物的认识从现象到本质，从片面到比较全面。实践是认识发展的动力，促使人们的认识随实践的发展而发展。实践是检验人们认识正确与否的唯一标准，实践是人们认识的出发点和归宿。思想政治教育要引导人们形成正确的认识必须把实践作为教育的基本途径。

马克思、恩格斯在批判旧唯物主义时指出："从前的一切唯物主义（包括费尔巴哈的唯物主义）的主要缺点是：对对象、现实、感性，只从客体的或者直观的形式去理解，而不是把它当作感性的人的活动，当作实践去理解，不是从主体方面去理解。"①这对我们把受教育者作为积极活动的主体，通过教育者在实践活动的过程中获得思想道德方面的直接经验来提升教育效果，提供了

①马克思恩格斯选集：第1卷[M]．北京：人民出版社 1995：24.

理论依据。

列宁非常强调实践育人的作用，他认为，仅仅学习共产主义理论是不够的，强调理论与实践的统一，强调把实践活动与学习马克思主义的理论、共产主义知识和科学文化知识结合起来，才能提高认识，提高思想道德素质，培养共产主义的接班人，否则，“学习共产主义只限于领会共产主义著作、书本、小册子里的东西，那我们很容易造就出一些共产主义的书呆子或吹牛家”①。

毛泽东说：“人的正确思想，只能从社会实践中来……”“一个正确的认识，往往需要经过由物质到精神，由精神到物质，即由实践到认识，由认识到实践这样多次的反复，才能够完成。”②，毛泽东同志深刻地阐述了实践和认识的辩证关系，认识来源于实践，认识又指导实践活动开展，如此循环往复，推进认识的深化和实践的发展。

邓小平、江泽民继承和发展了马克思主义重视德育教育的实践特性的思想。邓小平特别注重教育的实践问题，要求在教育的过程中理论与实践的结合，与中国实际国情的结合。邓小平在1978年全国教育工作会议上就强调指出，为了培养社会主义建设需要的合格人才，我们必须认真研究在新的条件下，如何更好地贯彻教育与生产劳动相结合的方针。理论与实际结合，学用一致，是培养全面发展的新人的根本途径，是逐步消灭脑力劳动和体力劳动差别的重要措施。江泽民在北京大学建校一百周年大会上的讲话指出：“（青年学生）要健康成长，不仅要学习书本知识，而且要向社会实践学习，自觉地投身于火热的改革开放和现代化建设实践。人民群众的社会实践，是知识常新和发展的源

---

①列宁选集：第4卷[M]. 北京：人民出版社，1995：282.

②毛泽东著作选读：下册[M]. 北京：人民出版社，1986：840.

泉，是检验真理的试金石，也是青年锻炼成长的有效途径。青年人要立志到祖国和人民最需要的地方去，到条件艰苦的地方去，磨炼意志，砥砺品格，把学到的知识用于实践，在实践中继续学习提高。艰辛知人生，实践长才干。这是古往今来许多人成就一番事业的经验总结。"①深刻地阐述了参与社会实践对青年成才的重要意义。

2. 马克思主义关于人的全面发展的理论

马克思主义关于人的全面发展的理论，也是民办高校思想政治理论课实践教学应遵循的又一重要理论。在《德意志意识形态》一文中，马克思、恩格斯首次正式提出"个人的全面发展"的科学概念，此后他们在诸多著作之中系统地对这一概念展开了分析与阐述。马克思主义认为，人的全面发展包括多方面的内容，如人的需求、能力、社会关系、自由个性等等。换言之，在人的发展过程中，"人以一种全面的方式，也就是说，作为一个完整的人，占有自己的全面的本质"②。因此，马克思主义关于人的全面发展理论是要实现人的自由、全面和谐的发展，它可以通过以下几个方面表现出来：

（1）人的全面发展表现在人的需求的充分满足。马克思将人的需要看作是人的本性，认为人对外部世界的各种需要实际上体现着他的内在本性；人为了满足自己对外部世界的各种需要不断地参与到实践活动中，并通过实践活动在满足需要的基础上产生新的、更高级的人的需要。对于现实生活中的人，充分满足其需求是马克思主义倡导的人的全面发展的重要方面。

（2）人的全面发展表现在人的能力的全面发展。人的能力

①江泽民. 在庆祝北京大学建校100周年大会上的讲话[M]. 人民日报，1998-5-5.
②马克思恩格斯全集：第42卷[M]. 北京：人民出版社，1979：123.

主要是指人的体力与智力、自然能力与社会能力、潜在能力与现实能力等人所具有的不同类型的能力。一般来说,人的能力展示和再现了人的本质力量,在社会本质上体现了人的内在力量,是马克思主义关于人的全面发展理论十分重视的一个价值目标。

(3)人的全面发展表现在人的社会关系的全面发展。人的社会关系是指人们在社会交往中形成的各种错综复杂的关系,这种关系具有一定的普遍性和可控性,比如,人与社会的关系、人与人之间的关系、人与其自身的关系、人与自然的关系等。只有在特定的社会关系或社会交往活动之中,人的能力才能形成并得到体现与发展。马克思指出,人的本质在其现实性上是一切社会关系的总和,社会关系在一定程度上决定了人的发展程度。如何构建丰富、全面的社会关系,也是人的全面发展的内在要求。

(4)人的全面发展表现在人的个性的自由发展。个性发展是人的全面发展的根本内涵,集中体现了人的本质力量的发展程度。人的个性的自由发展,是强调作为生命有机体的个人在发展中内在的各种构成要素之间的均衡、协调发展和认知、意志、情感等诸多心理因素的完善与发展。每一个人都可以从实际出发,按照自己所具有的各种特性,如禀赋、爱好、性格等,自主选择有利于自身发展的路径,最大限度地发挥自己的潜能。这种个性的自由发展是人的全面发展的必然要求。

(5)人的全面发展表现在人的主体性的全面发展。主体性是人所特有的属性,是指人们在创造自己的社会历史活动中表现出来的自主性、创造性和能动性等。这种主体性使得人成为自然界、人类社会以及自我发展的主体,不仅成为人的全面发展的重要内容,而且还是实现人的全面发展的重要条件。

(6)马克思主义关于人的全面发展的理论非常注重强调每

个社会成员自由而全面的发展。这种思想,有助于通过实践教学活动来充分发挥大学生的积极性、主动性和创造性,有助于满足学生个体不同方面的需要,推动其自我价值的真正实现。因此,它是民办高校思想政治理论课在教育教学过程中一直追求的根本目标与价值取向。

3. 马克思主义关于人的本质理论

关于人的本质问题,是马克思首次明确提出来的。马克思认为:"人的本质不是单个人所固有的抽象物,在其现实性上,它是一切社会关系的总和。"①他认为,人的本质的社会性是从人的社会存在来看的,既包括体现动物本能活动的自然属性,又包括建立在物质资料生产基础之上的人们在相互交往中形成的社会属性。而人始终是处在社会实践活动中的,实践性也是人的本质的十分重要的一个方面。"我们不是从人们所说的、所想象的、所设想的东西出发,也不是从只存在于口头上所说的、思考出来的、想象出来的、设想出来的人出发,去理解真正的人。我们的出发点是从事实际活动的人。"同时,社会关系从整体上可被分成物质性关系、精神性关系这两大类,它们在不同的阶级社会中、不同的社会历史条件下都会随之相应地发生变化,使得人的本质呈现出变动性、阶段性等诸多特征。

马克思主义关于人的本质理论表明,人是不能脱离实践活动而生存与发展的。当代大学生在成长的过程中同样不能离开实践活动,这就要求将大学生的学习过程看成是不断实践的过程。只有这样,大学生才能把所学的书本知识转化为自己的能力,构建和谐融洽的社会关系,实现个体的社会化,成为社会意义上

①②马克思恩格斯选集:第1卷,北京:人民出版社,1995:56,73.

的人。

由以上可以看出，马克思主义基本理论充分强调了理论与实践相结合的必要性、实践活动对人的成长的重要作用、人的全面而自由的发展、人的本质的社会性和实践性等，为我们在民办高校思想政治理论课的教育教学中进行实践教学提供了重要的马克思主义理论依据。

（二）民办高校思想政治理论课实践教学的教育学依据

教育学依据也是高校思想政治理论课实践教学在组织实施过程中必须遵循的重要依据，它主要体现在以下两个方面：

1. 实践教学很好地体现了活动德育课程的要求

活动德育课程是德育课程中很重要的组成部分，由于人类的学习离不开直接经验也离不开间接经验，所以活动课程和学科课程不是对立关系，而是互补关系。把实践和活动纳入课程，进行系统设计开发，已成为现代教育科学发展的新趋势。现代意义上的活动课程的首创者是美国教育家杜威，他认为："细心考察一下学校教育中永远成功的教学方法，无论是算数、阅读、地理或是外国语的教学，将会表明这种教学方法之所以有效，全靠它们返回到日常生活中引起思维的情况。它给学生一些事情去做，不是给他们一些东西去学，而做事又是属于这样的性质，要求进行思维或者有意识地注意事物的联系，结果他们学到了东西。"①同时他还反对传统的学科课程。虽然杜威的活动课程理论由于不能使学生很好地掌握系统的科学文化知识和使儿童按部就班地学习曾受到过广泛的批评，但他强调提倡和实验过的活动课程模式产生了世界性的积极影响。

---

①赵祥麟，王承绪.杜威教育论著选［M］. 上海：华东师范大学出版社，1981：182.

我国著名的教育学家陶行知先生继承了杜威的教育理论又弥补了其不足，提出了“教学做合一”的生活教育理论。陶行知先生的生活教育理论非常强调“做”，强调生活实践，认为：“教的方法根据学的方法，学的方法根据做的方法，教与学都以做为中心。在做上教的是先生，在做上学的是学生。”①陶行知先生不仅强调实践，而且强调认识要指导实践，强调了获得直接经验和间接经验的统一，他说：“‘教学做合一’即生活法亦即教育法，为要避免去瞎做、瞎学、瞎教，所以指出，‘在劳力上劳心’，以期理论与实践之统一。”②

今天的活动课程已经成为一种与学科课程相并列的课程类型，学科课程与活动课程相互补充，有机渗透，才能使学生形成完整的知识结构，也才能使学生既可以系统地学“深”，又可以联系实际学“活”。因此，思想政治理论课不仅应包括“学科”课程，如系统地学习“马克思主义基本原理”“中国近现代史纲要”和“思想道德修养与法律基础”等课程，还应包括“活动”课程，即开展实践教学，设计校内和社会实践教学课程，并将二者结合起来，共同提高思想政治理论课的教学实效。

2. 实践教学符合主体性教育的要求

主体性教育理论是在吸收西方文艺复兴以来的主体性教育思想的基础上结合中国改革开放的实际建立起来的一种时代的教育理论，是我们时代的教育哲学，它推动着中国教育思想和实践从传统走向现代。

实践教学在思想政治教育中的特点则是提供了教学活动内容的丰富性和学生选择学习内容的自主性，从而为学生主体性的

---

①张立思.当代世界的思想政治教育[M].北京：中国人民大学出版社，1999：78.

②苏崇德.比较思想政治教育学[M].北京：高等教育出版社，1995：102.

发展开拓了广阔的空间。学生通过对思想政治理论课教育内容的主动探索,从而不断改进自己已有的认识和经验,这是一个建构自己的认知结构,提高分析问题、解决问题和理论创新的能力的过程。

纳入教学计划的实践教学,以广阔的社会生活为背景,并且教学过程中以学生为中心,教师起组织、参与、引导和示范等作用,师生之间平等互助,教学相长,营造出一种宽松、开放的教育环境,使学生在潜移默化中受到教育。

总之,在民办高校思想政治理论课教学过程中加强实践教学,符合主体性教育的要求,也符合现代教育发展的趋势。

(三)民办高校思想政治理论课实践教学的心理学依据

学生是思想政治理论课实践教学的主体,不同的学生往往具有不同的特征。为实现有效组织与实施思想政治理论课实践教学的目标,有必要以心理学为指导来分析学生的具体情况。作为思想政治理论课实践教学的重要依据,心理学依据主要体现在以下几个方面:

1. 实践活动在人的素质发展过程中具有重要意义

根据发展过程或规律的不同,我们将人的素质分为两种类型。"一类是与知识活动相对应的素质成为'知识活动素质'。另一类是与实践活动相对应的素质,称为'实践活动素质'。"①人的素质发展既包括知识活动素质的发展也包括实践活动素质的发展。

在人的知识活动素质发展过程中,学生通过知识学习获得间接经验占着主要的地位,但实践活动和直接经验对于学生知识活

①陈佑清.两种活动在两类素质发展中的作用及其关系[J].华中师范大学学报,2005(7):127—131.

动素质的发展也有重要作用。实践活动至少在个体认知活动素质发展的起点上具有奠基性的意义，并且学生在学习书本知识时，如果在其认知结构中没有相应的可以同化吸收它的知识，则一定的直接经验和实践活动显得尤为重要。

一个人良好的道德素质不仅是一种知识活动素质，更是一种实际活动素质。如果学生只积累了道德知识，而不通过道德实践活动去进行情感体验，内心冲突或意志表现、品德的同化和顺应机制就不能良好地展开，良好的品德素质也就无法形成。

2. 实践教学可以充分利用社会环境对人的影响和发挥榜样的作用

行为主义心理学认为，刺激决定反应，环境决定行为。也就是在个体习得行为过程中，重视环境刺激与个体反应之间的关系。通过对环境中的刺激进行设计和操作，既能建立起预期的反应，也能通过反复的强化形成或消退复杂的行为。班杜拉提出著名的社会学习理论，认为人们通过对模式或榜样的观察就可以学习到新的行为方式，儿童道德判断方式和行为方式就是通过对他们周围的道德榜样的模仿而建立。并且，"示范榜样不仅指现实生活中的人，也包括文字符号、图像信息、语言描述、艺术形象等"①。虽然行为主义心理学忽视自主的学习行为和学习结果，但它强调了人可以从环境中直接学习，榜样示范是道德教育的主要手段，对进行教育活动仍具有非常积极的借鉴意义。

在民办高校思想政治理论课中也应该重视环境的影响，通过优化和利用环境来进行实践教学活动。比如参观革命烈士纪念馆、进行公益劳动、勤工助学等。这些思想政治理论课实践教学

---

①戴锐，吴树烈.社会实践德育问题的探讨[J].中国教育学刊.2006(3)：2831.

活动有利于发挥环境和榜样对人的影响作用，有利于学生形成正确的世界观、人生观和价值观。

3. 实践教学有利于实现主内的、自律的教育方法和主外的、他律的教育方法的统一

一些近代的理性主义教育家和现代的进步主义、存在主义和结构主义教育家认为，人的心理活动不是消极被动地进行而是积极主动进行的，并且这些活动是自主的、可控的，人作为一种理性的动物能够而且理所当然地自主控制和调适自己的心理活动，心理活动在本质上是自律而非他律的。因此，在教育过程中应采取主内的、自律的方法，充分尊重和信任学生的能力，发挥学生自身的积极主动性。

与此同时，一些近代的经验主义和现代的行为主义教育家认为，心理活动从内容的丰富到形式的完善都是经验材料持续不断作用的结果，心理的内容有赖于系统的灌输而不是自身的发现。因此，在教育过程中应采取主外的、他律的方法，突出外部的经验、纪律和教师在学生心智发展中的重要地位。

以上两者在人与教育和环境关系的问题上，都比较片面。实际上，学生在学习过程中，既有改造周围环境及其自身的自由意志，又对外界环境、教材和教师具有依赖性。因此，主内和主外的教育方法，自律和他律的教育方法，应在教育实践活动中恰当地统一起来，形成优势互补。

在组织和实施实践教学过程中，充分尊重了学生的主体性，让学生进行自由选择，参与到实践活动中去，增强道德认识，培养道德情感，提高道德责任感，学生能在实践教学的过程中成为自我教育、自我发展的主体。并且，实践教学在社会大环境中进行，有相应的实践教学大纲，与课堂理论知识密切联系，教师的精心

组织和安排，充分重视了环境、教材和教师的影响。总之，通过实践教学，主内的、自律的教育方法和主外的、他律的教育方法能够有机地统一于思想政治理论课的教学目的之下，达到教育方法的最优化。

（四）民办高校思想政治理论课实践教学的法律法规依据

我国是实行依法治国的社会主义国家，全面依法治国是党和人民治理国家的基本方略。从微观层面来讲，教育的发展也必须遵循相应的法律法规。实践教学是高校思想政治理论课教育教学的重要环节，有其内在的法律依据和法规依据。而陕西民办高校在思想政治理论教育方面，本身起步晚、基础弱、得不到重视的现实局限，更应该落实相关法律法规来保证其思想政治教育工作顺利开展。

1. 法律依据

法律是由国家制定或认可的、依靠国家强制力进行社会调节的一种手段，是维护社会和谐稳定、良性运行的重要保障，在社会建设中发挥着越来越大的作用。教育是社会建设的重要组成部分，它的发展是与法律政策的完备分不开的。随着社会的不断发展与进步，世界各国纷纷认识到教育在国家社会发展中的重要地位和作用，逐步通过制定教育方面的法律政策来促进本国教育事业的发展、普及。同样，我国也不例外。在教育的发展方向、人们的教育权利与义务、学校办学定位等方面都有明确的法律规定，为包括实践教学在内的各种教育活动的有效开展提供了重要的法律依据。

我国的教育立法工作是从上世纪八九十年代开始的，《中华人民共和国教育法》（1995 年）和《中华人民共和国高等教育法》（1998 年）是规范教育教学活动的专门法律，对思想政治理论课的实践教学也做出了具体说明,为思想政治理论课实践教学的顺利开展提供了法律依据。例如,《中华人民共和国教育法》第四十七条指出:“国家机关、军队、企业事业组织及其他社会组织应该为学校组织的学生实习、社会实践活动提供帮助和便利”;《中华人民共和国高等教育法》第四条指出:“高等教育必须贯彻国家的教育方针,为社会主义现代化建设服务,与生产劳动相结合,使受教育者成为德、智、体等方面全面发展的社会主义事业的建设者和接班人”,等等。在这里,法律条文强调了社会实践是教育教学过程中不可忽视的重要环节,思想政治理论课教学要结合社会实际,社会各界要支持学生的社会实践活动。因此,上述法律就为我国高校思想政治理论课创新实践教学模式提供了重要的、专门性的法律依据。

2. 法规依据

我国民办高校思想政治理论课在培养合格的社会主义建设者和接班人中的特殊作用,历来受到我党的高度关注。改革开放以来,针对如何更好地推进思想政治理论课教育教学工作,中央以“意见”“决定”“通知”等不同形式相继颁布了一系列重要文件明确了新形势下思想政治教育工作及其课程教学的具体要求,强调要加强实践教学,进一步提高思想政治理论课的实效性。比如,要精心组织学生进行自由活泼的课堂讨论,积极组织学生参加丰富的切实的社会实践和社会调查,以培养他们发现、提出和解决理论问题及实际问题的能力①;社会实践是德育的重要途径,学校要把劳动教育、军政训练、社会实践纳入教学、教育计划,有组织地开展各类社会实践活动,在活动中加强思想政治教育,

①教育部社会科学司. 普通高校思想政治理论课文献选编 1949—2006[M]. 北京:中国人民大学出版社,2007:107.

学校应努力争取和借助社会各种教育力量，与社会企事业、部队、农村、机关共建社会实践基地，等等。[①] 所有这些思想政治理论课实践教学方面的法规文件都为思想政治理论课实践教学的有效组织与实施提供了重要法规依据。

二、民办高校思想政治理论课实践教学组织实施的基本原则

民办高校思想政治理论课实践教学有其内在的发展规律，在组织和实施的过程中需要遵循一定的基本原则。这些原则主要包括坚持方向性、思想性与科学性相统一的原则，坚持实效性、时代性与创新性相结合的原则，坚持覆盖性、针对性与安全性相结合的原则，坚持指导性、主体性与整体性相结合的原则，坚持同步性、代表性与可操作性相结合的原则，坚持联系学生、联系教师与联系社会相结合的原则等等。

（一）坚持方向性、思想性与科学性相统一的原则

方向性、思想性和科学性相统一的原则，是民办高校思想政治理论课课程的性质特征的直接体现，是在组织和实施思想政治理论课实践教学的过程中需要坚持的首要原则。思想政治理论课教学的方向性是指在教学中必须坚持以马克思主义、毛泽东思想和中国特色社会主义理论为指导，坚持社会主义的方向，全面贯彻和落实党和国家的教育方针与政策，是要解决“为谁培养人”的问题。思想政治理论课教学的思想性是指在教学中要注重培养学生的精神动力和精神价值，以社会主义理论信念教育为第一要务，以社会主义核心价值观为核心内容，积极引导大学生

①教育部社会科学司．普通高校思想政治理论课文献选编 1949—2006［M］．北京：中国人民大学出版社，2007：167.

树立正确的世界观、人生观和价值观，增强其对马克思主义、社会主义、中国特色社会主义道路的深入理解，从而使其确立对中国特色社会主义道路、中国特色社会主义制度、中国特色社会主义理论体系以及实现中华民族伟大复兴的“中国梦”的坚定信心。思想政治理论课教学的科学性是指在教学中思想政治理论课的指导思想、教学内容、实施方法等方面的正确性，它符合教学与学生成长的客观规律，有助于用科学的理论武装人、正确的方法教育人。实践教学，作为思想政治理论课教学的有效实现形式，理应坚持思想政治理论课的方向性、思想性和科学性，并将三者有机结合起来，才能为思想政治理论课实践教学的良性运行提供基础性前提与条件。

（二）坚持实效性、时代性与创新性相结合的原则

实效性、时代性与创新性相统一的原则，是实现民办高校思想政治理论课教育教学目标的必然要求，是思想政治理论课实践教学应该遵循的原则之一。实效性，通常是指在实践活动中所确立的预期目标与实践活动中所取得的客观结果之间的张力关系，是实践活动中的结果对于目标是否实现以及其实现的程度，也就是指实际效果问题或实际效益问题。它要求思想政治理论课的实践教学应该取得一定的教学效果，这种效果既可以表现在帮助当代大学生理解和领会马克思主义的基本理论和增强受教育者对马克思主义理论的认同感，也可以表现在提高当代大学生分析问题、解决问题的能力和思想政治素质等方面。时代性是强调思想政治理论课的实践教学必须与时代同行，符合时代的发展要求，充分体现当今鲜明的时代特色。在和平与发展成为时代主题的条件下，经济全球化以及政治多极化的趋势在加速发展，一些不确定的因素也在增加；同时，我国正处于改革的深水区、发展的

关键期和社会矛盾的凸显期，在这一阶段中，各种思想观念相互交织、不断碰撞，带来诸多这样那样的新问题；实践教学只有紧跟时代的步伐，与时俱进，才能更容易引导当代陕西省民办高校大学生接受现实事物和提高其正确分析、解决现实问题的能力。创新是一个国家和民族兴旺发达的不竭动力所在，思想政治理论课教学是为我国社会主义现代化建设培养合格人才服务的，这就要求思想政治理论课的实践教学也必须具有创新性的特征。只有不断创新，思想政治理论课的实践教学才能不断实现其教学活动方式、活动载体、教学理念、评价机制等方面的创新，使得教学活动更加贴近当代民办高校大学生的生活思想实际，不断提高思想政治理论课教学的实效性。由以上可以看出，实效性、时代性与创新性是相互统一的整体，三者能够有效地确保思想政治理论课实践教学的强大生命力。因此，坚持实效性、时代性与创新性相结合，是思想政治理论课的实践教学必须坚持的重要原则。

（三）坚持覆盖性、针对性与安全性相结合的原则

覆盖性、针对性与安全性相结合的原则是从实践教学的内容层面对思想政治理论课实践教学提出的一个基本要求。覆盖性是指教师在组织实践教学的过程中，引导尽可能多的学生积极参与到实践教学活动中来，让学生在实践活动中接受教育进而提升自己的综合素质与能力，而绝不是仅仅让极少数学生参与实践活动，将实践教学活动变为少数精英学生的“精彩表演”。换言之，覆盖性着重强调参与实践教学活动的学生数量是多数而不是少数，充分体现了教育的公平性原则。针对性是从学生需求的角度对思想政治理论课实践教学提出的要求，是指实践教学的设计要以学生为本，充分考虑学生的不同情况，比如年级、专业、民族、性别、成长背景、性格特征等不同方面，力争使学生在实践教学过程

中都能够接受他们内心所需要的各种教育和锻炼,使其健康地成长成才。安全性是一切教学活动都要遵循的重要原则,特别是在社会实践教学过程中,确保师生的安全更是处于第一位的要素,确定安全负责人、制定相关安全制度、做好应对突发情况的相关预案等显得尤为重要。这就是说,坚持覆盖性、针对性与安全性相结合的原则,也是适合思想政治理论课实践教学发展的内在要求的重要原则。

(四)坚持指导性、主体性与整体性相结合的原则

坚持指导性、主体性与整体性相结合的原则,是民办高校思想政治理论课实践教学的内在要求。指导性贯穿在整个实践教学活动之中,它是指教师作为实践教学活动的组织者和负责人,对包括实践主题的选择、实践过程的确定、实践活动的具体展开、实践活动的分析总结等在内的实践环节进行指导,确保实践教学活动在方向、方法、内容等方面的正确性,并及时纠正教学过程中出现的各种思想偏差。主体性强调形式的主体地位,它是指在整个实践教学过程中,学生不仅是接受知识与教育的客体,而且还是自我认识与自我教育的客体,是整个实践教学活动的具体实施者、执行者;教师要及时、多方面地听取学生的建议和意见,在尊重学生的个性与创造性的基础上,充分发挥其指导作用来实现师生双方之间的良性互动,而不是包办一切,搞“一言堂”。整体性是指思想政治理论课实践教学是一个具有特定的结构和功能的有机整体,可以从基本结构、类型结构、目标结构、运行结构、功能结构等不同层面表现出来。比如,从基本结构来看,思想政治理论课的实践教学包括实践教学的主体、客体以及中介体等要素;从运行结构来看,思想政治理论课的实践教学包括实践教学的方案设计、组织实施、反馈调节、考核评价等方面。实践教学要充分

考虑到校内校外的所有资源，做到统筹安排、分工合作、优势互补、资源共享、整体推进。只有从整体上合理安排各个要素，形成合力，才能有效地推动民办高校思想政治理论课实践教学的良性、可持续发展。因此，指导性、主体性与整体性相结合，也是在思想政治理论课的实践教学中需要坚持的一个重要原则。

（五）坚持同步性、代表性与可操作性相结合的原则

同步性、代表性与可操作性相结合的原则，是从实践教学的内容层面上对思想政治理论课实践教学提出的具体要求。同步性是指实践教学的内容必须与课堂理论教学的内容保持一致，让学生在参与实践活动中寻求、理解课堂所学的理论知识，同时又带着从实践中获得的直接感受重返课堂以丰富所学的理论或追求更多的理论知识，真正学会用理论指导实践，用实践检验、提升理论，将理论与实践有机结合起来。代表性是指思想政治理论课实践教学的内容选择要具有典型性。一般来说，思想政治理论课实践教学的资源是相当丰富的，但是由于经费、时间等条件的限制，实践教学不可能将所有资源都纳入教学活动中来，这就需要在各种资源中按照是否具有较高的思想价值、是否具有明确的教育目的等标准进行取舍，选出具有典型性的人物、事例、场所等作为实践教学的使用资源。可操作性，是指具备充足的条件确保已选择的实践教学活动的顺利实施。实践教学活动方式的选择，要紧紧围绕教学内容的同时，还要顾及实践教学活动中所需的资金、物力等已具有可靠的保障，有助于思想政治理论课实践教学的有效开展；离开了可操作性，实践教学方案是无法真正组织实施的，这样的实践教学不仅流于形式，还会引起学生厌烦、抵触情绪，直接影响到思想政治理论课教育教学的实际效果。坚持同步性、代表性与可操作性相结合的原则，能够使思想政治理论课的

实践教学围绕理论教学内容有效地组织实施，从而促进思想政治理论课教学质量的不断提高。

（六）坚持联系学生、联系教师与联系社会相结合的原则

在思想政治理论课实践教学过程中，联系学生、联系教师与联系社会相结合的原则也是需要坚持的一个重要原则。实践教学是否能够搞得好，往往与是否贴近学生实际、贴近教师实际、贴近社会实际有很大的关系，这就是说实践教学很多活动的组织实施要建立在了解学生、教师和社会实际的基础之上。学生是实践教学的主要参与者，了解学生主要体现在了解学生的生活、学习、思想状况、性格特征、认知能力等方面，在充分了解和掌握学生实际的情况下从学生身心发展的客观规律出发有目的有选择地确定实践教学活动的主题，比如学生普遍关心的问题或是在实际生活中碰到的一些问题，让学生在实践中感受到课堂所学知识的有用性、正确性和科学性，消除他们所认为的政治理论“高高在上”的错觉，自觉将理论内化为他们的信念，并进一步外化为他们的行为准则。教师是实践教学活动的指导者和组织者，教师的自身素质如何直接制约着思想政治理论课实践教学的实际效果；如果思想政治理论课教师的思想道德素质、理论水平以及社会责任感都较高的话，他们就能够以饱满的热情投入到整个教学活动中去，那么相应的教学的实际效果也就较高；反之，教学的实际效果也就较差；搞好思想政治理论课实践教学就要求关注教师的实际情况，包括严格选拔程序，加大培训力度，解决实际问题，为教师有效地组织实施实践教学创造必要的条件。联系社会就是要求实践教学要与历史和现实紧密地结合起来，绝不能孤立地脱离现存的社会。当前，国际形势在深入发展，我国的改革开放在加速推进，诸多新的矛盾和问题涌现出来。如何引导当代民办高校大

学生正确面对这些新矛盾、新问题,是思想政治理论课实践教学应关注的现实课题;实践教学只有密切联系社会实际,才能帮助当代大学生运用所学理论知识理性分析各种社会现象,使其思想逐步得到升华,树立起科学的世界观、人生观和价值观。因此,坚持联系学生、联系教师与联系社会相结合的原则,是在尊重社会历史实际的基础上通过充分调动学生和教师的积极性、主动性和创造性来不断提升思想政治理论课教育教学效果的内在要求,是思想政治理论课实践教学过程中需要遵循的重要原则。

三、民办高校思想政治理论课实践教学组织实施的具体要求

民办高校思想政治理论课实践教学的有效开展,离不开对思想政治理论课各门课程实践教学要求的准确把握。一般来说,民办高校思想政治理论课主要包括"毛泽东思想和中国特色社会主义理论体系概论""思想道德修养和法律基础""马克思主义基本原理概论"与"中国近现代史纲要"四门主干课程。为便于实践教学的顺利进行,本节将对这四门课程实践教学的相关要求做具体的说明,以期对思想政治理论课实践教学的有效组织与实施起到借鉴参考作用。

(一)"毛泽东思想和中国特色社会主义理论体系概论"课程实践教学的具体要求

"毛泽东思想和中国特色社会主义理论体系概论"课程的实践教学是为了让学生更好地理解与掌握马克思主义中国化的基本理论成果,帮助当代大学生自觉地树立起中国特色社会主义的理想信念,形成正确的世界观、人生观和价值观,学会在实践中运用马克思主义的立场、观点和方法分析、解决问题,为其将来投身

于中国特色社会主义的伟大实践中做好充分的思想理论准备。下面，将以马克思主义中国化内容为例，做具体的说明。

马克思主义中国化两大理论成果

本章学习知识点主要包括马克思主义中国化的科学内涵；毛泽东思想和中国特色社会主义理论体系各自的形成、发展、主要内容和历史地位；实事求是思想路线与马克思主义中国化理论成果的精髓。在实践教学过程中，应紧紧围绕这些理论知识开展实践教学活动。

1. 实践教学目标

本章实践教学，将使马克思主义中国化及其理论形成过程具体化，让学生了解和把握马克思主义为什么要中国化、马克思主义中国化的科学内涵及其历史进程，特别是要掌握马克思主义中国化进程中所发生的两次历史性飞跃，进而把握马克思主义中国化理论成果的时代要求、主要内容、历史地位以及贯穿其中的精髓即实事求是等诸多问题，从而树立科学的观念，自觉学习和实践马克思主义理论的最新成果。

2. 实践教学设计

本章实践教学主要采取文献阅读、辩论讨论、影音欣赏等多种形式来完成实践教学的教学目标。

(1)文献阅读。马克思主义中国化既是当前学术研究的重点、热点问题，也是困扰当代大学生的重大理论问题。要求学生利用课余时间阅读书籍、历史资料、文献、论文等，明白马克思主义中国化是中国革命、建设、改革的迫切需要，是历史的必然，是人民的选择；组织学生对中国历史上的知行观进行了解、讨论，理解知与行、理论与实践、马克思主义理论与中国革命、中国社会主义建设的辩证关系。

(2)课堂讨论。组织学生以“马克思主义中国化是历史的必然”和“马克思主义中国化给我的启示”为题进行课堂讨论，加深学生对马克思主义中国化必然性的认识；组织学生对“什么是真理的标准”“科学认识的基本原则”等问题进行讨论，深刻理解实事求是是马克思主义中国化理论成果的精髓。

(3)影音资料。组织学生观看大型纪录片《复兴之路》、电影《邓小平》，使学生从直观上把握和理解马克思主义中国化的艰辛历程；组织学生观看相关影像资料，直观地认识和把握实事求是思想路线的形成发展过程，感受毛泽东、邓小平等领导人在开辟、恢复、发展实事求是思想路线中的政治智慧和勇气，增强学生探索求知的勇气和精神。

(4)参观考察。组织学生以小组形式，到农村、工厂进行实地调研和考察，实地感受改革开放以来我国社会主义建设取得的伟大成就，撰写调研报告或考察心得并在课堂上进行交流，加深对马克思主义中国化及其成果、思想路线的理解与把握。

3. 实践教学的相关资料

在这里，列出一些供实践教学使用的教学资料。

资料一：阅读书目。

(1)叶险明：《关于马克思主义中国化的历史与逻辑研究中的两个问题》，载于《哲学研究》2001 年第

2 期。

(2)郑德荣:《毛泽东与马克思主义中国化》,东北师范大学出版社 1997 年版。

(3)何萍、李维武:《马克思主义中国化探论》,人民出版社 2002 年版。

(4)丁俊萍:《马克思主义中国化的历史必然性》,载于《理论视野》2003 年第 6 期。

(5)许全兴:《毛泽东与孔夫子:马克思主义中国化个案研究》,人民出版社 2003 年版。

(6)汪青松:《马克思主义中国化与中国化的马克思主义》,中国社会科学出版社 2004 年版。

(7)庄福龄:《毛泽东与马克思主义中国化》,载于《北京大学学报》2004 年第 2 期。

(8)[美]本杰明.史华慈:《中国的共产主义与毛泽东的崛起》,陈玮译,中国人民大学出版社 2005 年版。

(9)郭国祥、丁俊萍:《论中国化马克思主义产生、发展的历史必然性》,载于《探索》2006 年第 3 期。

(10)程东阳:《论马克思主义中国化的理论与实践》,载于《毛泽东思想研究》2007 年第 1 期。

资料二:邓小平的人格特征。

邓小平独特的经历造就了他坚强的性格和意志;形成了他透过历史看现实的彻底唯物主义精神;铸造了他在复杂的社会运动中高超的领导艺术和鲜明的革命风格。

尤其感人的是他嘱托自己的后事安排要朴素、简化,去世后捐献角膜、解剖遗体供医学研究等,使得他一生的最后一个篇章也写得非常圆满、非常辉煌！

对此，江泽民做了高度评价，这“充分体现了邓小平同志的高风亮节。什么是彻底的唯物主义者，什么叫鞠躬尽瘁、死而后已，小平同志用自己的光辉一生做出了最有力的回答”。

（摘自：《论邓小平风格》，中广网，2002 年 9 月 1 日）

（二）“思想道德修养和法律基础”课程实践教学的具体要求

“思想道德修养和法律基础”课程的突出特点是具有鲜明的实践性。从本质上来说，该课程的实践教学是在马克思主义理论的指导下的思想、道德、法律的社会传递和大学生个体的思想、道德、法律的直接体验两者相统一的过程，促使学生努力把道德认知转化为自己的道德行为。下面，将主要以追求远大理想坚定崇高信念的内容为例，从实践教学目标、实践教学设计、实践教学的相关资料等方面做具体的说明。

追求远大理想　坚定崇高信念

本章学习知识点主要包括：理想与信念；马克思主义的科学信仰；中国特色社会主义的共同理想；民族精神和时代精神；理想实现的长期性、艰巨性和曲折性。在实践教学过程中，应紧紧围绕这些理论知识开展实践教学活动。

1. 实践教学目标

本章实践教学，将帮助学生深刻认识理想、信念的含义和特征；了解树立马克思主义科学理想信念对当代大学生成长、成才的重要意义;明确理想实现的长期性、艰巨性和曲折性;学会辩证地看待在未来人生历程中将要遇到的顺境和逆境,做到既要高瞻远瞩,又要脚踏实地,通过自己坚持不懈和持之以恒的努力,达到理想的彼岸。

2. 实践教学设计

本章实践教学主要采取学习讨论、主题演讲、影视欣赏等多种形式来完成实践教学的教学目标。

学习讨论组织学生围绕"只有共产党才能救中国,只有社会主义才能发展中国","坚定科学理想信念,反对错误理想信念"等主题展开学习和讨论,使学生认识理想的层次和境界,从而树立科学的理想信念,并以此规划人生的发展方向和发展道路。

主题演讲:结合教材第三节中引用的《史记·太史公自序》中的精彩内容,组织学生开展"讲历史经典,看逆境成才"主题演讲活动,重温历史人物成长、成才的经典故事,认清实现理想的长期性、艰巨性和曲折性。

影视欣赏:组织学生观看大型电影片《仰望星空——纪念钱学森先生100周年诞辰》,使学生直观地了解我国著名科学家钱学森先生立志高远、辛苦求学、情系祖国、治学严谨、功勋卓越的一生,启发学生自觉以钱老为榜样,把自己的志向同祖国和人民联系在一起,堂堂正正做人,踏踏实实做事,为祖国的繁荣富强做出自己的贡献。

3. 实践教学的相关资料

在这里,列出一些供实践教学使用的教学资料。

资料一:钱学森。

钱学森(1911—2009),1911年12月11日出生于上海,祖籍浙江省杭州市临安县,是中国杰出的爱国科学家,是航空领域、空气动力学学科的第三代擎旗人,是工程控制论的创始人,是20世纪应用数学和应用力学领域的人物。1923年进入北京师范大学附属中学学习;1929年9月考入交通大学机械工程系;1934年6月考取清华大学第二届公费留学生;1935年9月转入美国加州理工学院航空系,成为世界著名动力学教授冯·卡门的学生,并很快成为冯·卡门最得意的弟子。他先后获航空工程硕士学位和航空、数学博士学位。1938年7月至1955年8月,钱学森在美国从事空气动力学、固体力学和火箭、导弹等领域研究,并与导师共同完成高速空气动力学问题研究课题和建立"卡门—钱近似"公式,在28岁时就成为世界知名的空气动力学家。钱学森同志也是为新中国的成长做出无可估量贡献的老一辈科学家团体之中,影响最大、功勋最为卓著的杰出代表人物,是新中国爱国留学归国人员中最具代表性的国家建设者,是新中国历史上伟大的人民科学家;被誉为"中国航天之父""中国导弹之父""火箭之王""中国自动化控制之父"。国务院、中央军委授予"国家杰出贡献科学家"荣誉称号,获中共中央、国务院、中央军委颁发的"两弹一星"功勋奖章。2009年10月31日上午8时6分,在北京逝世,享年98岁。

(摘自:http://blog.sina.com.cn/s/blog_a184c9f001013qek.html)

资料二:方永刚先进事迹。

方永刚,男,生前系海军大连舰艇学院政治系中国特色社会主义理论教研室教授。1963年4月出生,1992年12月入党。曾任教研室教员、讲师、教授。2008年3月病逝,年仅44岁。

方永刚同志长期从事政治理论教学和研究工作,为宣传党的创新理论、发展军队教育事业做出了突出贡献。他对党充满深厚感情,对党的创新理论具有坚定信仰,二十多年孜孜以求、刻苦钻研,注重运用党的创新理论解决重大理论和现实问题,先后出版《党的创新理论专题研究》等16部专著,完成10多项政治理论研究课题,荣获“全军政治理论研究优秀成果”一、二等奖等28个。他在学院率先提出让科学发展观进入课堂,编写出科学发展观教学读本等教材,连续多年教学质量被学院评为A等。他为部队和地方讲课辅导1000多场次,广泛宣传党的创新理论,被群众誉为“大众学者”“平民教授”。2006年1月,他在被确诊为结肠癌晚期的情况下,争分夺秒地抓紧工作,利用化疗间隙从医院返回学院,为学员上完该学期最后课程。

方永刚同志2007年被中央军委授予“忠诚党的创新理论的模范教员”荣誉称号,被评为“全国道德模范”。中宣部、教育部、总政治部联合发出通知,号召全社会向方永刚同志学习。

(摘自:http://dangjian.people.com.cn/GB/14800840.html)

(三)“马克思主义基本原理概论”课程实践教学的具体要求

“马克思主义基本原理概论”课程的实践教学,是为了引导学生在正确理解和把握马克思主义基本原理的基础上,学会运用基本原理去分析、解决现实问题,从而帮助学生树立起正确的世界观、人生观和价值观,自觉地坚持党的路线、方针和政策,更加坚定地坚持中国特色社会主义的理想信念。下面,将以世界的物质性与发展规律的内容为例,主要从实践教学目标、实践教学设计、实践教学的相关资料等方面做具体的说明。

世界的物质性及其发展规律

本章学习知识点主要包括:物质的概念及其属性;意识的起源、本质和作用;世界的物质统一性和唯物主义一元论;世界的存在状态;对立统一规律是唯物辩证法的根本规律;主观能动性与客观规律性的辩证统一。在实践教学过程中,应紧紧围绕这些理论知识开展实践教学活动。

1. 实践教学目标

本章实践教学,将帮助学生了解辩证唯物主义的物质观、运用观和时空观;正确、深入认识人类意识现象的起源、本质和作用等问题;明确一切从实际出发、实事求是是辩证唯物主义一元论根本要求;树立科学的世界观,形成对客观世界普遍联系和永恒发展的普遍规律的深刻理解,重点掌握唯物辩证法的根本规律——对立统一规律;在实践的基础上,使学生逐步提高运用马克思主义的立场、观点和方法分析问题、解决问题的能力。

2. 实践教学设计

本章实践教学主要采取影视欣赏、辩论讨论、史料结合等多种形式来完成实践教学的教学目标。

影视欣赏:通过观看文献纪录片《宇宙之谜》《史前世界》等,使学生在掌握科学知识的基础上认识到物质世界的客观实在性及其对人类的现实性,确立尊重事实、从实际出发的基本观点;观看纪录片《强国之路》中有关农村联产承包责任制的部分内容,与“大跃进”时期的案例进行比较,探讨尊重客观规律与发挥主观能动性之间的关系,明确一切从实际出发,尊重客观规律,是我们制定正确的路线、方针、政策的基础,增强贯彻、执行党的思想路线的自觉性和坚定性。

辩论讨论:结合有关材料,组织学生对意识之谜进行讨论,使学生对意识的起源、本质等问题有一个较为深入的认识,尤其是明确其对物质的依赖性,以及与世界的客观实在性原理相辅相成,深化对世界的物质统一性原理的理解,增强在实践中运用唯物主义观点、方法的自觉性。

史料结合:结合“水稻亩产十三万斤”“出炉记”等“大跃进”时期的历史资料,说明实事求是、尊重客观规律,是我们党制定正确的路线、方针、政策的基础,是我国社会主义各项事业取得胜利的保障。

3. 实践教学的相关资料

在这里,列出一些供实践教学使用的教学资料。

资料一:喜为人母的“猪孩”。

“猪孩”的发现大概是十几年前的事。据其家人介绍,1974年12月23日,王显凤出生在辽宁省台安县高力房镇锅柽子村一个特殊的家庭中。她的母亲因早年患大脑炎而导致痴呆，属中度残疾；她的父亲是聋哑人。小显凤出生后，父亲忙于每天的生活，根本没有时间照顾她，小显凤整天饥一顿饱一顿的，经常饿得哇哇大哭。当王显凤会爬以后，为了能够填饱肚子，便开始摸摸索索地四处找东西吃。有一天她从炕上摔下来，不分东南西北的小显凤不知不觉爬进一窝刚出生不久的猪崽儿中间，她本能地与小猪崽儿一起拱在母猪肚皮下吃起奶来。老母猪似乎并不讨厌这个外来的“孩子”。小显凤吃饱喝足后，和小猪崽儿一起，偎在母猪的怀抱中睡着了。晚上，劳累了一天的父亲在猪身边发现了小显凤。他扒拉开猪崽儿，将小显凤抱回了炕上。谁知，第二天小显凤又回到了母猪身边……

就这样，王显凤正式开始了她与猪为伴的生活。她终日与猪为伍，看到的是猪的形象，听到的是猪的声音，自然模仿的也是猪的行为。

王显凤实在是一个太特殊的孩子。11年关键的生长发育期都是在与猪为伴的极为特殊的环境里度过，造成了她心理的严重畸形。当时，对她进行的一系列科学检验和测量的结论令人沮丧。据一位一直跟随王显凤从事研究工作的工作人员回忆说，当时11岁的王显凤感知世界混沌一片，没有大小、长短、多少、上下、颜色、数的概念，几乎没有记忆力、注意力、想象力、意志力和思维能力，甚至表现的情绪也极为原始简单，只有怨、惧、乐，却没有悲伤。据测量表明，她的智商为39。而作为正常人最低标准——生活基本自理人的智商应该是70。

对王显凤的帮助实在倾注了很多人的辛苦和汗水，中国医科大学组织了9人考察组，鞍山市社会福利部门、鞍山市心理研究所决定免费为其进行治疗和教育。

尽管如此，大家没有灰心。全国教育系统先进教师姜云香把王显凤领回自己的家中，采用特殊引导的教育方法帮助王显凤认字、念诗，培养其独立生活的能力。7年后，经过全面科学的测定：王显凤的智力相当于小学二三年级水平；她的智商也从39的重度智残，达到69，接近于正常人的最低水准70；而她的社会交往能力基本达到了正常人水平。

1999年5月，经人介绍，王显凤与村民李俊相识，并于同年12月结了婚。

2002年5月2日凌晨，他们的小宝宝在夫妻俩的期盼中降生了。小宝宝有点瘦，但是非常健康。

（摘自：http://unn.people.com.cn/GB/channel2200/2202/200205/29/182940.html）

资料二："大跃进"运动。

在社会主义改造与第一个五年计划取得伟大胜利的情况下，1958年5月党的八大二次会议正式通过了社会主义建设总路线，号召全党和全国人民，争取在15年或者更短时间内，在主要工业产品的产量方面赶上和超过英国。会后，全国各条战线迅速掀起了"大跃进"的高潮。8月，中共中央政治局在北戴河举行扩大会议，确定了一批工农业生产的高指标，提出1958年钢产量要在1957年535万吨的基础上翻一番，达到1070万吨，作为1958年实现"大跃进"的主要步骤。会议还决定在农村普遍建立人民公社。会后,全国开始了全民炼钢和农村人民公社化运动。同时,交通、邮电、教育、文化、卫生等事业也都开展“全民大办”,把“大跃进”运动推向了高潮。这就使经济建设中的高指标、瞎指挥、浮夸风泛滥开来。直到1960年冬,中共中央和毛泽东开始纠正农村工作中的“左”倾错误,“大跃进”才被停止。“大跃进”造成了国民经济比例严重失调,使社会主义建设事业受到重大损失。

(摘自:http://cpc.people.com.cn/GB/33837/2534783.html)

(四)“中国近现代史纲要”课程实践教学的具体要求

实践教学,是“中国近现代史纲要”课程的重要环节,在提高学生的学习兴趣、加强对国情的深刻理解方面发挥着十分重要的作用。因此,该课程的实践教学,有助于培养学生在实践学习中进行自我教育的能力,帮助学生树立正确的马克思主义的观念、社会主义的观念、党的观念,实现思想政治理论课“内化育人”的教学目标。下面,将主要从实践教学目标、实践教学设计、实践教学的相关资料等方面对该门课程每一章的内容做具体的说明。

反对外国侵略的斗争

本章学习知识点主要包括:鸦片战争前的中国与世界;资本—帝国主义侵略的危机;近代中国社会的主要矛盾及历史任务;中国反侵略斗争失败的原因和教训。在实践教学过程中,应紧紧围绕这些理论知识开展实践教学活动。

1. 实践教学目标

本章实践教学,将帮助学生从感性上认识资本—帝国主义入侵给中华民族带来的深重灾难,进一步认识近代以来中国社会贫穷落后的根源,深刻理解社会制度腐败和经济技术落后是近代反侵略斗争失败的根本原因。

2. 实践教学设计

本章实践教学主要采取影视欣赏、资料阅读、讨论辩论、社会实践等多种形式来完成实践教学的教学目标。

影视欣赏组织学生观看《复兴之路——千年变局》《虎门销烟》《大清炮队》《甲午风云》等,使学生从感性上认识资本—帝国主义是近代中国社会一切灾难的总根源。

资料阅读:指导学生阅读胡绳《从鸦片战争到五四运动》、茅海建《天朝的崩溃——鸦片战争再研究》等文献资料,引导学生理性看待近代中国社会的深刻变迁。

讨论辩论:组织学生以“近代资本—帝国主义入侵是有功还是有罪”为题进行辩论,使学生进一步认识西方资本—帝国主义入侵对近代中国社会产生的深刻影响。

社会实践:组织学生到一些重要历史博物馆参观,实地感受资本—帝国主义入侵给中华民族带来的危害,增强民族意识和爱国主义意识;组织学生搜集林则徐等近代人物活动的资料,深化对中华民族反侵略斗争的认识。

3. 实践教学的相关资料

在这里,列出一些供实践教学使用的教学资料。

资料一:鸦片走私致使白银大量外流。

盖自鸦片流入中国,我仁宗睿皇帝知其必有害也,故告诫谆谆,例有明禁。然当时臣工,亦不料其流毒至于此极,使早知其若此,必有严刑重法,遏于将萌。查例载:凡夷船到广,必先取具洋商保结,保其必无夹带鸦片,然后准其入口。尔时虽有保结,视为具文,夹带断不能免。故道光三年(1823)以前,每岁漏银数百万两。其初不过纨绔子弟,习为浮靡,尚知敛戢。嗣后上自官府缙绅,下至工商优吏,以及妇女僧尼道士,随在吸食,置买烟具,为市日中。

(摘自:黄爵滋《请严塞漏卮以培国本折》

资料二:毛泽东同志关于近代中国反侵略斗争失败的分析

我国从19世纪40年代起,到20世纪40年代中期,共计105年时间,全世界几乎一切大中小帝国主义国家都侵略过我国,都打过我们,除了最后一次,即抗日战争,由于国内外各种原因以日本帝国主义投降告终以外,没有一次战争不是以我国失败、签订丧权辱国条约而告终。其原因:一是社会制度腐败,二是经济技术落后。

(摘自:毛泽东《把我国建设成为社会主义的现代化的强国》)

第九章　民办高校思想政治实践教学的有效组织与实施的长效机制

实践教学在高校思想政治理论课教育教学过程中发挥着不可替代的作用，对于民办高校提高思想政治理论课教学的实效性也具有十分重要的意义。为确保实践教学的顺利开展，我们应从实际出发建立健全与实践教学相关的长效机制，以推动实践教学能够有效地组织实施。这些长效机制涉及诸多方面，主要分为两大类，即思想政治理论课实践教学组织实施的保障机制和考评机制。

一、民办高校思想政治理论课组织实施的保障机制

思想政治理论课实践教学是一项涉及面广的系统工程。它需要党和国家高度重视和社会理解与支持，更需要学校重视和部门间协助配合，也需要大量的人、财、物的投入。为了保证参与实践教学过程的全员性、实践的持续性和实施的实效性，必须建立和形成实施思想政治理论课实践教学的保障机制。

（一）加强领导，进一步提高对思想政治理论课重要性的认识

思想政治理论课实践教学的健康有序进行，需要对其有正确

的认识,从各方面加强领导、管理和指导。在实际的教学过程中,我们既要提高对实践教学的认识,又要加强对实践教学的领导,才能保障思想政治理论课实践教学的有效开展。

1. 充分认识实践教学在思想政治理论课教育教学中的地位和作用

民办高校思想政治理论课实践教学的这种重要的地位和作用,可概括如下:

(1)实践教学是思想政治理论课教育教学的内在要求。实践性是马克思主义理论最显著的特点,实践性以及由其所规定的科学性是马克思主义的理论品格。正如邓小平所指出的,马克思主义从来就不是教条而是行动的指南。马克思主义理论的实践性要求思想政治理论的教育教学要加强实践教学环节,把理论教学与实践教学结合起来,引导学生走出课堂、走进社会、贴近生活、贴近群众,在体验和参与实践的过程中接受教育和锻炼,加深对所学原理的理解和把握,逐步树立起正确的世界观、人生观和价值观。

(2)注重实践教学,是民办高校思想道德教育的基本趋势。从上世纪陕西民办高校思想道德教育改革趋势看,教育模式正在由空洞的虚无缥缈的说教转向现实的社会实践,从书本转向活动,从课堂转向生活,从知识传授转向社会活动,注重在实践中培养学生的思想道德思维和抉择能力。现代思想政治教育理论告诉我们,人的思想信念、社会情感、意志品质以及良好的行为习惯,都是在参与一定的实践活动中、在与外在社会相互作用的实践活动中能动地产生的,实践是人的政治思想形成和发展的源泉和基础。因此,一些成功的教育改革都把贴近现实生活的实践教学活动作为思想道德教育改革的一个重要的突破口,注重在实践环节中培养和提高青年学生认识问题、分析问题、解决问题的能力。作为对大学生进行思想道德教育的主渠道的思想政治理论课,更应该通过实践教学贴近社会、贴近现实、贴近大学生的实际生活,努力帮助当代大学生形成并巩固正确的理想信念、高尚的社会情感、坚强的意志品质和良好的行为习惯。

(3)实践教学是思想政治理论课理论联系实际的重要途径。实践教学有利于大学生了解社会,正确认识社会,并将所学的理论和实际较好地结合起来。比如,"案例教学"就是常见的一种。这种教学方法选取社会生活中的典型事件作为案例进行分析,使理论教学贴近了社会生活。生动活泼的案例教学能够给学生亲临其境之感。再如,社会实践教学是理论联系实际最直接的途径和方法。社会实践教学是以引导学生亲身参与社会实践为前提的,有助于调动大学生参与思想政治理论课学习的主动性和积极性;有助于培养学生观察问题、思考问题和解决问题的能力,促进学生全面素质的提高;有助于促进学生知与行的统一。

2. 不断加强对思想政治理论课实践教学的领导

加强对实践教学的领导,是思想政治理论课实践教学得以顺利进行的重要保证。要提高实践教学的领导水平,我们应努力做到以下几点:

(1)建立完善的思想政治理论课实践教学领导机制。按照分工协作的原则和工作的需要设立实施机构,建立相应的工作制度,确保活动顺利开展。思想政治理论课实践教学需要学校有关部门加强协调,应成立由校领导、社科部(系)、教务处、教研处、团委、宣传部等部门组成的领导小组,对思想政治理论课实践教学总体规划、科学指导和监督,及时解决社会实践活动中的重大问题,出台相应政策,促进社会实践各个环节、各项内容的协调发展，使思想政治理论课实践教学社会实践健康有序地进行。

(2)建立规范的思想政治理论课实践教学管理机制。民办高校思想政治理论课实践教学纳入整体教学计划，对思想政治理论课实践教学的指导思想、方针原则、目标要求、形式要求、方法途径、时间要求、成绩考评、工作量计算、奖励办法、组织、领导等有关政策做出明确规定。如制定和实施《学校思想政治理论课实践教学管理办法》《思想政治理论课实践教学的教学大纲》《思想政治理论课实践教学中教师的工作职责》《思想政治理论课社会实践调查报告(论文)成绩评定参考标准》《学生参加社会实践的管理规定》等[①]，把实践教学纳入教学计划，规定学时学分，有明确的时间和任务要求，并制定行之有效的考核办法和激励机制，同时教育主管部门要把思想政治理论课实践教学纳入学校党建和教育教学评估体系，作为对学校办学质量、办学水平评估考核的重要指标，保证实践教学落到实处。

(3)建立有效的思想政治理论课实践教学指导机制。为了使思想政治理论课实践教学具有科学性、针对性、实效性，思想政治理论课教师要结合教学大纲和实践教学的主题，提出若干课题，为学生提供参考和指导。思想政治理论课教师通过课堂教学、举办讲座、板报、墙报，教育学生提高对实践教学意义的认识，了解实践教学的内容，在实践教学的课题选择、技能要求、调查方法、论文撰写等方面进行培训。

(二)增加投入，建设思想政治理论课实践教学基地

民办高校思想政治理论课实践教学离不开一定的实践教学基地，思想政治理论课实践教学基地在其实践教学中起着极其重

①王晓云，魏彩霞.“两课”社会实践教学操作程序研究[J].江汉大学学报，2005(3).

要的作用。为了确保实践教学的有效开展,就必须增加投入,建立多样化的思想政治理论课实践教学基地。

1. 增加投入有助于搞好思想政治理论课实践教学

增加投入,是思想政治理论课实践教学有效开展的必要条件。在许多民办高校中,思想政治理论课教师在组织实践教学的过程中往往都面临着经费不足的问题,经费成为制约思想政治理论课实践教学顺利开展的重要因素之一。因此,陕西民办高校相关部门应建立多种形式的投入保障机制,才能保证实践教学所需经费的落实,进而推动实践教学的有效组织与实施。

2. 实践教学基地是思想政治理论课实践教学的有效平台

民办高校思想政治理论课实践教学不是短期行为,而是一个长期复杂的教学过程,实践教学基地是维持思想政治理论课实践教学的有效平台。建立相对稳定的思想政治理论课实践教学基地,能够使思想政治理论课的实践教学活动得以长期进行,是思想政治理论课实践教学有效开展的前提条件,是思想政治理论课组织实施实践教学的有力保障。为使思想政治理论课实践教学更富有实效性,民办高校应致力于实践教育教学基地的物色、规划和建设,较好地将校内外的教育资源整合起来,充分发挥各类实践教学基地在思想政治理论课教育教学中的作用。

民办高校思想政治理论课实践教学基地的选择不是随意的,需具有较强的代表性和典型性。虽然思想政治理论课实践教学的空间较大,覆盖了整个丰富多彩的社会,但是我们所生活的现实社会却不可能自发地成为实践教学的课堂,这就需要思想政治理论课教师对社会现存的各种教育资源合理地进行取舍,使得教育资源尽可能地具有典型性、代表性。一般来说,典型性是指实践教学基地具有一定历史意义和现实意义的历史人物活动的场所或历史事件的发生地;代表性是指一些反映特定的时代精神、在某一方面或某些方面具有明确教育意义、能够产生较好的教育效果的事件或人物。这些事件或人物,因为在现实性、历史性、先进性等方面具有十分重要的价值,能够较好地体现科学理论的实践指导作用,能够感染学生、教育学生,使学生从内心深处受到触动并在实际情境中体验所学的课本理论知识,使理论知识得到升华,使思想政治理论课的教学取得最佳效果。

从总体上来看,民办高校思想政治理论课实践教学的基地主要包括两大类,即校内实践教学基地与校外实践教学基地。校内外实践教学基地,一方面能够为教师开展实践教学提供较多的选择余地,同时,也能够为大学生提供较为充足的实践环境或场地,让大学生在潜移默化中受到教育和锻炼,从而避免"填鸭式"理论教学带来的不良教学效果。思想政治理论课实践教学基地的建设,既要着眼于校内实践教学基地的建立与完善,也要着眼于校外实践教学基地的建立与完善。具体来说,各个民办高校在根据思想政治理论课实践教学的教学内容和社会需要建立与完善实践教学基地的过程中,主要应做到以下几个方面。

(1)建立与完善校内实践教学基地。这种实践教学基地主要着眼于多部门齐抓共管,发挥校院(系)两级的领导、组织、协调和整合功能,形成德育合力,它有利于提高教师和学生的参与度,体现师生双向互动效果。换言之,校内实践教学基地的建立与完善应需校内各个部门之间紧密配合、校内各种教育得到充分利用,为当代大学生提供良好的德育环境与氛围。①

(2)建立与完善校外实践教学基地。校外实践教学基地的

①徐建军,等.建设德育示范基地,推动高校德育工作迈上新台阶[J].思想理论教育导刊.2003(1).16—18.

建设,主要着眼于充分利用社会实践教育资源,通过书本理论知识学习与社会实践活动相结合,培养学生观察、思考、分析、解决理论问题和现实问题的能力。换言之,这种实践教学基地在建立和完善过程中应以利益互惠为原则,以促进地方经济社会发展和大学生健康成长为目标,积极、主动地选择一些农村乡镇或城市社区等具有良好的合作条件的单位,有针对性地构建符合实际需要的、多形式的思想政治理论课实践教学的基地。例如,陕西某民办高校充分利用周边地区思想政治教育资源丰富的区位优势,努力将校内教育与基地教育、理论教学与实践教学结合起来,使宝贵的精神财富尽可能地发挥育人作用。分批组织全体在校学生到基地去参观调研,并进行实地教学。① 另外,随着教学改革的深入,在思想政治理论课实践教学基地的建设过程中,还可以采取学校与联系单位"共建"的模式。学校与共建单位同心协力,互相帮助,共同建设思想政治理论课的实践教学基地。

3. 思想政治理论课实践教学要充分整合与利用地方资源

思想政治理论课实践教学的有效开展离不开丰富的教学资源。实践教学是以各种教学资源为基础条件的,同时,它又对教学资源提出了新的更高的要求。面对每年几千万的在校大学生,如果我们真正想让每个学生都能参与到思想政治理论课实践教学中来,思想政治理论课的实践教学就需要在有限资源的现实状况下有效地整合现有资源,开发好、利用好潜在的和隐性的教学资源。

实践教学基地是进行思想政治理论课实践教学的中介和桥梁,是进行实践教学的重要条件;资源的开发与利用又是建设与

①柳礼泉,等.运用五结合教学法,提高"两课"教学效果[J].思想理论教育导刊.1999(11).61—62.

完善实践教学基地的重要条件。为此,资源的整合问题理应纳入到思想政治理论课实践教学的计划之中,融入到实践教学的整个体系中。思想政治理论课实践教学中的资源整合主要是指对人力、财力、基地、教学等资源的整合利用。从课程资源所呈现的形态来看,民办高校思想政治理论课的实践教学资源可归纳为人才资源、文化资源、物力资源等,这些资源往往具有鲜明的地域特色。因此,陕西民办高校在整合与利用地方资源时应注意以下几个方面:

(1)陕西地方政府应对实践教学资源的建设和开发进行统筹规划。地方政府的相关部门要从本地的实际出发,为本地民办高校思想政治理论课实践教学的资源建设制定出具有指导性的政策意见,逐步使实践教学资源实现两大转化,即产权结构的转化与德育功能的转化。一方面,地方政府要努力推动可供使用的实践教学资源产权结构的转化。地方通常具有一定的、可供本地高校思想政治理论课实践教学使用的物质资源环境,而地方高校对这些教学资源往往不具有占有权;在这种情况下,地方政府相关部门应该统筹规划,加强对这些资源的组织、控制、协调与管理,在保持其占有权、经济权益或所有权不变的基础上,实时地通过固定化的制度或政策等方式逐步转让其使用权,为地方高校合理有效地利用这种教学资源创造良好的条件。另一方面,陕西地方政府还要推动社会资源德育功能的转化。有些思想政治理论课实践教学相关的教学资源是属于社会性的资源,它们在管理体制、运行机制以及内容形式等方面各有不同;地方政府的相关部门应适当地将这部分社会教育资源进行调整,使其在德育功能上尽量符合思想政治理论课实践教学的需求。

(2)陕西地方民办高校应对实践教学资源的开发建立有效

机制。作为民办高校,其思想政治理论课实践教学的教学资源是零星地分布于本区域内的不同地方:建立有效的资源开发机制是地方高校搞好实践教学的重要条件之一。民办高校要建立有效的资源开发机制,首先,需要通过目录的方式对区域内广泛分散存储的各种教育资源实现集中统一的管理,从而解决大范围内的资源整合、共享问题,可运用的具体方式主要包括查访并登记校外课程资源、发布课程需求信息、建立资源信息库等;其次,民办高校要建立切实可行、科学合理的激励机制,明确相关人员的职权及其惩罚措施,最大限度地调动广大思想政治理论课教师的积极性;再次,要进一步完善校内协调机制,促进思想政治理论课实践教学资源的开发利用,即高校中的各院系应结合本专业的实际,使学生在实习、实训的过程中实施思想政治理论课的实践教学;最后,民办高校应成立包括学校各层次代表(如学校校长、中层领导、教师及学生代表等)组成的专门课程资源开发小组,通过开展拟定实践教学的计划与目标、编写实践教学的指导用书、组织申报实践教学相关课题、构建实践教学的资源数据库、对实践教学的考评与监管等活动来加强对课程资源开发的有效领导,提高思想政治理论课实践教学的质量和水平。

(3)思想政治理论课教师应在实践教学资源的利用与开发中发挥主导作用。思想政治理论课中实践教学资源的开发、利用,是需要思想政治理论课的广大教师在充分发挥自己的主观能动性的前提下,对实践教学资源进行认真设计、具体指导、精心组织的结果。一些富有教育意义的地方特色资源,如民族风情、典型事迹、先进人物、纪念馆等,是可以看得见、摸得着、直接体验的,是有形的物质实体或精神实体。教师可以根据教学内容,适当地选择实践教学的不同方式,比如在课堂内可采取观看影片视频资料、在课堂外可采取社会调查或参观考察等方式，不断地丰富教学内容与拓展教学空间，更好地满足当代大学生对思想政治理论课的不同需求。

（4）结合实际，加大在实践教学资源开发方面的投入力度。民办高校实践教学的有效开展，是与地方对实践教学资源的开发力度分不开的。但是，要开发实践教学的各种教育资源，仅仅注重教育资源开发的理念是不够的，还需要有一定的经费作支撑，因此，地方教育的相关部门与机构需要多方面地筹集资金，加大对资源开发的投入力度。一方面，教育主管部门要从本地的经济发展状况以及德育发展的实际需要出发，在遵循中央对思想政治理论课课程教学的部署与要求的基础上，制订与实践教学资源相关的投入计划并对该计划进行有效的监督，以确保投入的真正到位；另一方面，民办高校要从本校的实际创收情况以及思想政治理论课自身的开展情况出发，合理地加大对实践教学教育资源开发的投入，以便通过逐步完善实践教学的硬件建设、加快对教师的培训等措施来实现思想政治理论课实践教学的顺利推进。另外，民办高校也可以寻求校企共建的方式，学校通过为企业提供智力支持，让企业为思想政治理论课实践教学中教学资源的建设提供资金、设施等物质方面的赞助。

（三）加大培训，提高思想政治理论课教师指导实践教学的水平

搞好思想政治理论课教学，首先需要有充足齐全的师资队伍。2008 年教社科 5 号文曾指出，各高等学校要根据专任为主、专兼结合的原则，按照学生人数以及实际教学、科研和社会服务的需要，合理核定专任教师编制，配备足够数量和较高质量的思想政治理论课教师。本专科思想政治理论课专任教师要总体上

按不低于师生 1∶350—1∶400 的比例配备。同时,搞好思想政治理论课实践教学不仅需要足够数量的思想政治理论课教师,更需要具有较高素质的思想政治理论课教师。“解决当前教育工作中存在的教育思想、教学方法和教学质量问题,归根结底要大力加强师资队伍建设,提高教师素质。”①因此,要切实提高思想政治理论课实践教学水平,就必须加大培训,提高思想政治理论课教师指导实践教学的水平。

1. 通过培训,提高思想政治理论课教师的综合素质

世界政治经济的剧烈变动给思想政治理论课教学提出了严峻的挑战,国内市场经济的负面效应大大增加了思想政治理论课的难度。民办高校思想政治理论课教师必须具备坚定的思想政治素养、高尚的职业道德素养和高深的理论知识素养,才能有效地完成思想政治理论课教学的任务。

(1)思想政治理论课教师必须具有坚定的思想政治立场。教师是人类灵魂的工程师。要求学生信奉马克思列宁主义,坚持四项基本原则,教师必须认真学习马克思主义,做到知、行、信三者统一,即懂得马克思主义、信仰马克思主义、实践马克思主义。为此,教师首先要全面、系统、准确地掌握马列主义、毛泽东思想和中国特色社会主义理论体系的基本内容,了解他们的精神实质,并且以此确立自己的共产主义人生观和世界观,坚定共产主义的信念和理想,在政治上和党中央保持高度一致。作为一名思想政治理论课教师,思想政治素质是其立身之本。教师只有率先垂范,以身立教,才能提高学生的思想政治素质。

(2)思想政治理论课教师必须具有高尚的职业道德素质。

---

①陈至立.知识经济创新体系与教育改革和发展[N].人民日报,1998-9-10.

民办高校的根本任务是育人，人才需要德才兼备，从某种意义上说，德比才更重要，因为德是人才的灵魂。在整个教育教学的过程中，教师思想意识、教学态度、为人处世、作风仪表甚至一言一行，都在潜移默化地影响学生。因此，教师必须做到爱岗敬业，为人师表，严于律己，宽以待人，用自己良好的师德、坦荡的胸怀、高尚的情操、正直的为人，去熏陶感染学生，关心爱护学生。同时，教师又要从小事做起，从身边的事做起，从看得见、摸得着的实事做起，以自己崇高的人格魅力和无声的行动感染塑造学生，引导他们主动进行自我教育和自我完善。

（3）思想政治理论课教师必须具有高深的理论知识素养。加强思想政治理论课实践教学环节并不是降低对理论的要求，相反，对学生和教师的理论要求更高。学生必须有一定的马克思主义、毛泽东思想和中国特色社会主义理论的基础，才有可能去进行实践性活动。这就要求思想政治理论课教师必须具有较高的理论素养，这是加强思想政治理论课实践教学环节的前提。为此，教师必须设法改善已有的知识结构，夯实自己的理论基础。提高教师的理论素质可以通过多种渠道、多种形式来实现。既可以通过自修来提高教师自身的马克思主义理论水平，也可以通过培训和进修的方式为教师提供深造的机会，还可以通过学术交流的方式，开展科研活动，以科研促教学。不管采取哪种方式，客观上都能提高教师的理论素养，扩大自己的知识面，从而为实践教学创造有利的条件。

2. 通过培训，提高思想政治理论课教师指导实践教学的水平

开展思想政治理论课实践教学要求思想政治理论课教师不仅要有良好的思想政治素养、高尚的职业道德素养和高深的理论素养，而且要具备较强的组织能力、交往能力和社会实践能力，能

有效地组织校内外各种实践教学活动,对实践教学方法和规律有深刻的了解,并不断探索思想政治理论课实践教学的新方法和新思路。

要搞好民办高校大学生的思想政治理论课的实践活动,首先要抓好思想政治理论课教师自身的实践活动。民办高校应通过对思想政治理论课教师进行培训(通过讲座或组织教师进行社会实践活动等方式),引导思想政治理论课教师根据学科特点,从重理论灌输的教学观念转变为重理论联系实际、解决实际问题的教学观念;引导教师不仅要掌握丰富的感性认识和理性认识,而且还要掌握教学方法,尤其要掌握如何将理论和实践相结合的教学方法,让民办高校大学生在学习理论的过程中,能够感受到社会发展实际。另一方面,在感受社会发展实际的过程中,能够深化对理论的认识和认同;为思想政治理论课教师创造与实际接触的条件,使思想政治理论课教师走出校门,接触社会,更多地了解外部世界,了解社会主义现代化建设第一线的情况,以弥补自身的社会阅历和实践经验的不足。其次,要整合思想政治理论课实践教学教师队伍。由于思想政治理论课教学涉及在校所有专业的学生,所以仅仅依靠思想政治理论课教师开展实践教学活动十分困难。所以要整合思想政治理论课实践教学教师队伍,将各系、班学生辅导员和班主任纳入到实践教学活动的组织过程中。另外,学校也可以聘请一些校外指导教师,让他们与校内指导教师一起具体指导思想政治理论课社会实践活动。只有这样,才能不断提高思想政治理论课教师指导实践教学的水平,才能确保思想政治理论课实践教学的顺利进行。

二、民办高校思想政治理论课实践教学组织实施的考核与评价

在思想政治理论课实践教学过程中，考核是否完善与评价是否科学将直接影响着思想政治理论课实践教学的效果。为进一步提高思想政治理论课教学的实效性，我们还应注重实践教学的考核机制和评价体系，尽力做到合理考核、科学评价。

（一）考核机制

1. 考核机制的内涵

考核机制是思想政治理论课实践教学过程中必不可少的重要机制。一般来说，在思想政治理论课教育教学中，健全的考核机制能够调动大学生参与实践活动（特别是社会实践）的积极性，有助于将大学生培养成为合格的社会主义现代化建设人才。因此，它既是思想政治理论课教学实效性的迫切需要，也是思想政治理论课实践教学的应有环节。具体来说，在思想政治理论课实践教学的实施过程中，教师要根据实践教学的要求，设立单独的实践教学考核标准，在实践教学中和实践教学后，对学生进行全面科学的考核。这是检验教学效果、检验学生能力形成与素质提高的有效手段。由于实践教学与普通的理论教学有明显的区别，所以，教师必须制定与选择合理的考核制度。思想政治理论课实践教学的合理考核，一方面，使考察的范围更广、更全面，不仅考察了大学生的“认知”，还考察了大学生的“行为”，让“知行”更和谐地统一起来，从而能使实践教学朝着良性方向广泛、延续、规范地开展下去；另一方面，有利于学生对自己的实践活动有正确的认识，从而提高民办高校大学生参与实践教学活动的积极性和主动性。

2. 考核机制的原则与方法

思想政治理论课实践教学考核机制还需要遵循一定的原则与方法。从理论联系实际的教学原则出发,必须改变现行思想政治理论课考核制度中,大多重理论考试成绩、轻过程考核和日常道德行为实践的学用分离的做法。所以思想政治理论课考核中要把实践教学作为一项重要的内容,学生成绩的评定要把实践教学作为其必不可少的组成部分。具体做法可以采取理论成绩和实践成绩并重,作为两个既相互统一又相互之间不可替代的组成部分,设立思想政治理论课实践教学创新学分。在具体实施的过程中把学生的成绩分解为理论课考试成绩(通过开闭卷形式考核)、日常道德行为实践成绩(通过学生出勤情况和在校园进行的各个实践教学活动表现进行考核)、能力考核成绩(通过课堂讨论、撰写课程论文或安排"小组论文答辩"等方式进行考核)、社会实践成绩(通过实践调查报告和在实践活动中的表现)几部分。同时要加大思想政治理论课实践教学的权重,在学校各项评定中,要增加实践教育的内容,以便鼓励那些积极参加实践并取得明显成效的学生,提高民办高校大多数学生参加思想政治理论课实践教学活动的积极性。

(二)评价体系

教学评价是对教学活动进行价值评判的过程和不可缺少的环节;没有教学评价的教学活动是不完整的,也是不能可持续发展的。[1] 对实践教学效果的评价,是思想政治理论课实践教学不可缺少的环节,也是改进实践教学的有效方法之一。科学而合理的思想政治理论课实践教学的评价体系是确保其实践教学有效

①石云霞."两课"教学法研究[M].武汉:武汉大学出版社.1995:196.

进行的重要环节，同时，也是实践教学能够持续、健康发展的重要方式。因此，思想政治理论课教师应该根据评价结果，改进教学方式，才能不断地完善和创新实践教学模式。

1. 思想政治理论课实践教学评价体系的重要性

评价体系是民办高校思想政治理论课实践教学不可忽视的重要环节，建立具有较强操作性的科学评价体系是十分重要的。这种评价体系，有助于在实践教学过程中通过对实践教学效果的评价增强思想政治理论课实践教学的有效性；有助于及时发现实践教学中存在的问题和不足之处，提出有针对性的建议，从而将思想政治理论课实践教学引入制度化、规范化的轨道，提高思想政治理论课实践教学的规范化；有助于思想政治理论课教师通过评价体系的各个指标对其所进行的实践教学活动做出客观、公正的评价，提高实践教学的教学效果；有助于加强对思想政治理论课实践教学的监督与管理，真正实现实践教学的教学目标；有助于为思想政治理论课实践教学的顺利组织和实施提供科学的量化评价依据，使其受到应有的重视，进而提高实践教学的整体质量，等等。

2. 思想政治理论课实践教学评价的目的与原则

思想政治理论课实践教学的评价，是根据思想政治理论课教学目的和要求，对思想政治理论课实践教学的过程和效果进行评价的运作体系。它必须以是否对学生的个性形成有益为出发点，以促进学生的全面发展为最高目标，以充分调动教学双方的主动性和积极性为原则，形成一种合理、全面、科学的评价体系，促进思想政治理论课实践教学积极有效地开展。

（1）思想政治理论课实践教学评价的目的。思想政治理论课实践教学评价的目的，是提高学校党政领导对思想政治理论课实践教学的重视程度，把中央和教育部对思想政治理论课教学的要求落到实处，调动学校在思想政治理论课实践教学中的主动性和创造性，提高思想政治理论课实践教学的效果，从而促进思想政治理论课教学质量的提高。只有建立合理、严格的思想政治理论课实践教学评价体系，才能保证思想政治理论课实践教学质量，真正达到促进学生素质和能力提高的目的。

（2）思想政治理论课实践教学评价的原则。思想政治理论课实践教学评价的原则主要有科学性原则、客观性原则、实效性原则和综合性原则等。

①科学性原则，是指在进行教学评价时，不能光靠经验和直觉，而要根据科学。只有科学合理的评价，才能对教学发挥指导作用。科学性不仅要求评价目标标准的科学化，而且要求评价程序和方法的科学性。贯彻科学性原则，首先要从教与学统一的角度出发，以教学目标体系为依据，确定合理统一的教学标准；其次要推广使用先进的测量手段和统计方法，对获得的各种数据和资料进行严谨的处理；最后要对评价工具进行认真地编制、预试、修订和筛选，达到一定的指标后再付诸使用。

②客观性原则，是指在进行教学评价时，从测量的标准和方法，到评价者所持的态度，特别是最终的评价结果，都应符合客观实际，排除人为因素的干扰，要防止评价的主观随意性。贯彻客观性原则，首先应做到评价标准客观，不带随意性；其次应做到评价方法客观，不带偶然性；最后应做到评价态度客观，不带主观性。这就要求以真实可靠的数据材料，以客观存在的事实为基础，实事求是、公正严肃地进行评定。

③实效性原则，是指在以人为本的思想的指导下，教学评价应达到关注学生发展、提高教师素质和改进教学实践的目的。在

贯彻实效性原则时，要力避形式主义，注重实际效果。不能只看活动次数的多少、参加人数的多少，更主要的要看学生的认同和参与，要看学生思想认识的提高程度。不仅注重结果，更要注重过程，要深入到学生和教师中去多问、多看。效果评价不仅要看做了什么，而且要看应该怎么做，是否达到了思想政治理论课实践教学的目的。

④综合性原则，是指对思想政治理论课实践教学的评价应从学校、教师、学生、社会等多方面进行综合性的评价，不能仅仅从一个角度和方面进行评价。在评价时，不但要加强评价过程中主体间的相互交流与沟通，关注评价结果的相互认同问题，而且要改变评价主体单一的现状，加强自评、互评、他评，使教学评价成为多方积极共同参与的交互活动。

3. 思想政治理论课实践教学的评价体系

思想政治理论课实践教学是一个由学校、教师、学生共同参与进行的系统工程，所以，思想政治理论课实践教学的评价体系的构建也要从学校评价、教师评价和学生评价三方面探索。

(1)学校对思想政治理论课实践教学的评价。学校对思想政治理论课实践教学的评价主要是指学校教务部门依据实践教学课程的基本理论、规律和教学目的、要求，采取一定的评价方法，对思想政治理论课实践教学显在和潜在价值进行判断，以便调整和控制教育教学活动，促进教育教学的改革和发展，提高教育教学的实效性。在进行思想政治理论课实践教学的评价时，学校要做好以下三个方面的监督与评价：①学校教务管理部门应加强对思想政治理论课实践教学活动开展可行性与有效性的审查。也就是说，要对实践教学活动的主题、内容、选择的地点、采取的方式等方面进行审查，并预测活动所能达到的结果。②建立、完善和形成有效的奖励与惩罚机制。③加强对思想政治理论课实践教学实施过程的评价。在评价过程中,应发挥教学督导员在教学活动中的作用,让他们以"观察员"身份参与活动全过程,由他们专职负责考察活动实施过程,及时捕捉并深入分析研究相关信息,对正在进行的实践教学活动进行适时调控,为今后有关职能部门更有效地行使其督导、监控和评价提供尽可能客观公正的第一手材料。督导员在活动中观察"什么""怎么"观察、评价"什么""怎么"评价,是提高现有思想政治理论课实践教学评价的效度的重要环节,也是思想政治理论课实践教学评价研究的重要课题,我们应在实践中不断总结和完善。

(2)思想政治理论课教师对学生的评价。任课教师对学生成绩的科学评价是思想政治理论课实践教学的重要环节,它可以帮助我们判断所组织实施的实践教学方式是否符合教育目标,是否能满足学生自身发展的需要。这是实践教育教学评价的核心部分。这一环节主要注重从学生参与过程、参与结果两方面进行。任课教师应根据思想政治理论课实践教学专题制定相应的量化评价标准,内容包括完成专题教学目标的程度,学生参与活动的态度及其表现,学生在收集资料、处理问题时所运用的策略情况,撰写专题报告或总结的质量等方面。基于思想政治理论课实践教学的中心在于体验、在于过程,教师对学生的评价应贯穿于实践教学的全过程,即包括对学生活动前、活动中、活动结束后的评价以及对学生活动前后的对比评价。所以,教师对学生思想政治理论课实践教学的评价,要努力做到定性评价和定量评价的结合、过程评价与结果评价的统一。

(3)学生对思想政治理论课实践教学的评价。民办高校大学生是思想政治理论课实践教学的主体,他们理应在实践教学评价中发挥主体作用。教师应该在实践教学活动一开始就让学生了解并掌握评价标准,以便他们能够正确地运用标准来做出相应的判断,使学生进行的评价活动更有针对性,提高评价的效度和信度。学生依据评价标准所展开的评价主要包括学生对教师的评价、学生自评、学生之间的互评三个方面的内容。

总之,思想政治理论课实践教学的考评机制在民办高校思想政治理论课实践教学中发挥着不可替代的重要作用。在现实的教学过程中,为了有效地组织与实施思想政治理论课实践教学,思想政治理论课的广大教师理应高度重视实践教学的考核与评价,不断推动实践教学实现新的更大创新。

三、创新实践教学模式是思想政治理论课实践教学组织实施的有效途径

时代的变迁与社会的发展,对民办高校思想政治理论课的教学提出了更高的要求。实践教学作为思想政治理论课提高实效性和针对性的有效途径,也必须做到与时俱进,才能不断满足急剧变化的现实,促使思想政治理论课实践教学达到理想的教育教学效果。在这里,主要介绍“第四课堂”实践教学模式与网络实践教学模式两种方式。

(一)思想政治理论课实践教学模式

要弄清楚思想政治理论课实践教学模式的内涵,首先要了解什么是教学模式。一般来说,对教学模式较早进行探索、系统研究的代表性人物是美国学者韦尔与乔伊斯。他们在出版的《教学模式》一书中首先提出了“教学模式”这一概念,认为教学模式是属于教学范式或计划的范畴,此后,教学模式开始逐渐受到关注,国内的一些学者、专家也从不同的视角对其展开了不同程度

的研究,并提出各自不同的观点。比如,有的学者认为,“教学模式实际上就是一种教学的程序,教学模式是指具有独特风格的教学样式,是就教学过程的结构、阶段、程序而言的”①;有的学者认为教学模式是适用于某些特定的教学情景的特殊的教学方法②;还有的学者认为,教学模式是在一定教学思想指导下建立起来的完成所提出的教学任务的比较稳定的教学程序及其实施方法的策略体系③;等等。在这里,本节在综合各种观点的基础上将所涉及的教学模式概括为,教学模式是以一定的教学理论或教学思想为指导,为达到特定教学目标将教学诸要素有机结合起来而建立的较为稳定的教学方法或教学范式。

思想政治理论课实践教学模式,就是思想政治理论课教学的一种实践教学方法或实践教学范式。这种实践教学方法,同样也具有特定的理论指导、教学目标、教学诸要素的结合方式、稳定性等特征,是一个相互联系的有机整体。教学模式的稳定性是相对的,不是一成不变的;作为思想政治理论课的实践教学模式在保持相对稳定性的同时,还具有不确定性,即它要随着教学理论特别是教学实践的变化而进行不断的变革、发展和完善。只有这样,思想政治理论课实践教学才能更加适合现实发展与学生发展的状况,切实增强思想政治理论课教学的效果。

(二)“第四课堂”实践教学模式

思想政治理论课实践教学的形式是丰富多彩的,在不同的情况下应采取不同的形式;同时,教师又应根据具体的教学实际,不断创新思想政治理论课实践教学模式。“第四课堂”实践教学模

---

①习维国.教学过程的模式[J].教育科学,1989(3):19.

②温世颂.教育心理学[M].台北:三民书局.1980:269.

③甄德山.教学模式及其管理浅议[J].天津师范大学学报,1984(5):35.

式是适应新形势发展的要求应运而生的，它更加注重学生的自我教育能力，是一种以自我教育的形式对学生开展德育教育的实践活动，在民办高校思想政治理论课教学中发挥着越来越重要的作用。

《中共中央关于进一步加强和改进学校德育工作的若干意见》中明确指出："德育工作要与关心指导学生的学习、生活相结合……培养学生自我教育、自我管理、自我服务、自我约束的能力。"为了拓宽"思想政治理论"课实践教学渠道，我们应该开辟另外一个实践的空间，也就是大学生生活实践平台，我们暂且把它称作"第四课堂"，并充分利用这一课堂引导学生进行自我教育，不断培养、提高其自我教育的能力。

所谓"第四课堂"，就是除去第一课堂、第二课堂和第三课堂以外的，占有学生大部分时间的，与同学、朋友、家人交往，与社会广泛接触的自由生活空间。因为学生们在课堂以外的生活空间占了一天 24 小时的三分之二，这段时间是学生们与他人交往、与社会接触的实践平台，也是我们培养学生自我教育能力的最佳天然平台。德育要贴近、关注受教育者的个体生命和现实生活，把体现社会要求的思想观念、道德规范与人们的日常生活密切联系起来，构成适合不同类型、不同层次受教育者并使之成为他们由衷的需要、喜闻乐见因而卓有实效的具体教育内容系列。①

以自我教育形式开展的德育实践活动是民办高校大学生乐于参与且教育效果显著的实践活动，同时与学生现实生活密切结合的实践活动也是德育知识"内化"必不可少的环节。在实践活动中应注意以下几个方面：

---

①张志翔.国外德育发展趋势及我们的立足点[J].黑龙江高教研究.2005(12)：52—55.

1. 根据思想政治理论课的要求，关注和引导学生的日常生活

按照思想政治理论课的内容给学生布置特殊的思想政治理论课作业，让学生回到自己周围的实际生活中去发现问题、思考问题，并用思想政治理论课的知识去分析、判断和解决问题，提出自己的意见和建议。

2. 组建民办高校大学生校园自律督导组织，达到促进学生自我教育的目的

大学生同处于一个年龄层次，认知水平相近，生活内容相仿，互相之间的交流影响和监督、帮助最容易被接受。大学生校园自律督导活动就是在教师的指导下，将大学生以一定的形式组织起来，以大学生自律督导队为活动载体，深入思想政治理论课教育的"死角"——校园周边场所、教学区、学生宿舍区、公共区域，依据社会主义道德规范、《公民道德建设实施纲要》、学生行为规范、校规校纪等条规，以学生自我管理为手段，对学生的日常言行进行检查、督促、引导，设立自律督导专栏，宣传表扬好人好事，公布个别不良言行和改正结果。通过学生之间的这种批评与自我教育，督促和被督促双方都能得到提高，相得益彰，从而学会如何做人、如何做事，自觉将"思想政治理论"课理论联系学生的生活、交往的实际。通过大学生的自我监督、自我约束、自我管理、自我教育的道德实践活动，使"思想政治理论"课教育内容"内化"为学生自觉的价值追求和行动，从而达到不断自我完善的目的。

3. 加强学生宿舍制度建设，丰富宿舍文化生活

宿舍，作为学生们日常生活的主要地方，对大学生的思想、学习、心理、行为等方面有着深远的影响。要加强宿舍的规章制度、行为准则、管理条例、奖惩制度的建立和完善，并将成文张贴在每栋宿舍楼显眼的位置；抓好宿舍管理队伍的建设，将平时的宿舍

管理、服务工作贴近学生的生活，贴近学生的思想、贴近学生的实际，并与学生自律督导组织有机结合，让宿舍的管理规章制度真正落实到实处，有效地让管理育人。继续在宿舍中定期开展“文明寝室”的评选活动，不仅进行宿舍整洁情况的评选，还要进行宿舍成员日常行为规范、文明礼貌以及成员间相互关心、爱护和帮助情况的评选，使这一活动深入人心，真正带动宿舍的文化建设。还可以开展类似“我看时事”“评电影”“品故事”“驴友心得”“我的博客”等在当代大学生中更为潮流的活动，使这些积极向上、颇具现代感的文化生活进入学生们的文化盛宴中，使学生们从中获取积极向上的精神动力。

（三）网络实践教学模式

网络实践教学模式，又称为虚拟实践教学模式，是适应计算机网络信息技术的快速发展而产生的一种思想政治理论课实践教学的新模式。为提高思想政治理论课教学的实效性，教育工作者还应充分利用网络，积极构筑网络实践教学模式。

1. 民办高校思想政治理论课网络实践教学模式的内涵

网络实践教学模式是思想政治理论课实践教学的一种有效教学途径。它是以学生为中心，以网络为教学载体，以全面实现教学目标和确保教学体系的完整性为重心，将计算机信息技术较好地融入到思想政治理论课的实践教学中，在对思想政治理论课教学的方法、内容、过程等进行重新构建的基础上而形成的以网络为平台、以师生之间良性互动为特征的实践教学方法。由于网络世界具有虚拟性，因此，网络实践教学模式又被称为虚拟实践教学模式。这种实践教学方法，有助于充分发挥课堂教学和网络教学的各自优势，全面提升思想政治理论课教学的效果与质量。但是，与传统的课堂教学模式相比，思想政治理论课网络实践教学模式具有如下特点。

（1）从内容上来看，网络实践教学具有时效性和广泛性。在传统的教学过程中，学生所学的内容完全取决于教材以及教师自身掌握知识的数量。而在现实的网络实践教学中，向学生呈现的内容不仅仅是教材上的相关内容，更重要的还有各种多媒体教学的素材、学习工具软件、网络教学课件等，这就使得原本枯燥的书本知识变成了一个集图片、声音、文字、动画、视频等要素融为一体的海量信息库并以更加生动、立体化的方式呈现在学生面前，易于激发绝大多数学生学习的积极性、主动性和创造性。同时，思想政治理论课教师可以根据教学的目标与要求，及时地整合、更新和完善各种教育资源，从而使思想政治理论课网络实践教学的内容能够与时俱进，充满强烈的时代感，体现其针对性和时效性。

（2）从形式上来看，网络实践教学具有开放性和互动性。传统的教学中教师只是注重讲授，教学方法较为单一，而且经常还会受到地点、时间等不同因素的制约。在网络实践教学中，由于网络具有共享性和虚拟性，民办高校思想政治理论课教学开始由“教师被动地讲，学生被动地学”这样一种教学上的静止状态向“师生互动交流”这样一种教学上的运动状态转变，从平面走向立体，因而拓展与延伸了网络实践教学的时间和空间，使得实践教学形式表现出开放性。在教学过程中，教师可以借助网络随时随地进行教学活动；在学习过程中，学生也可以在网络上自由地浏览自己喜欢的内容，发现问题可随时与教师进行沟通交流，或与其他学生展开讨论，使得学生学习更加多样化。

（3）从教学过程上来看，网络实践教学中的学生具有主体性。在传统的教学中，教师由于占有经验与信息较多，往往在教学中处于主体性地位,在教学活动的每个环节中具有掌控权。在思想政治理论课网络实践教学中,教师和学生在对网络资源的占有与获取方面是平等的,这样,师生之间的关系就发生了重大变化,教师由学生知识的灌输者转变为学生学习知识的指导者,而学生由知识的被动接受者转变为掌握知识的探索者,成为教学活动的主体和自主学习的中心。这种转变有利于激发学生的求知欲,从而推动思想政治理论课教学效果的提升。

(4)从教学体系上来看,网络实践教学具有完整性和系统性。民办高校思想政治理论课网络实践教学模式不是一个分散化的、零碎的概念,它在整个教学过程中既注重教学方法、教学内容,又注重教学过程及其结果,是一个紧密相连、不可分割的有机整体。因此,网络实践教学是一种完整的、系统的教学方法。

2. 民办高校思想政治理论课网络实践教学模式构建的必要性

中国互联网发展调查报告显示,截至2017年6月,我国网民规模达到7.51亿,网民仍以10—39岁群体为主,占整体的72.1%:其中20—29岁年龄段的网民占比最高,达29.7%,10—19岁、30—39岁群体占比分别为19.4%、23.0%。网民依然以中等学历群体为主,初中、高中/中专/技校学历的网民占比分别为37.9%、25.5%。

(1)当前思想政治理论课实践教学面临的现实困境是构建思想政治理论课网络实践教学的现实依据。思想政治理论课是民办高校大学生的公共必修课,实践教学是增强思想政治理论课教学实效性的一个重要环节。但是,思想政治理论课的实践教学应该怎么搞,在不同的民办高校还存在不同的分歧。大多数民办高校在思想政治理论课的实践教学中普遍采取的是社会实践的方式,比如参观考察、研讨交流、社会调查等不同方式,主题突出,在一定程度上增强了思想政治理论课的教学效果。如果换个角度来看,思想政治理论课实践教学中所面临的难题并未从根本上得到解决。比如,由于陕西民办高校的学生人数较多、社会资源承载能力有限以及学生安全难以保障等因素,每次实践教学往往需要从各个班级中选出少数学生代表来参加各种社会实践活动,并在实践活动后让参与学生结合实际调研情况谈谈心得体会,使得绝大多数学生没有亲自参与到真正的实践教学中,这种以点带面、点面结合的做法在很大程度上造成了思想政治理论课实践教学的参与率低、覆盖范围小的现实困境。再如,有些民办高校采取寒暑假进行社会实践的方法,也就是说,在放假之前给学生布置好社会实践的主体,让他们利用假期进行社会调查并撰写社会调查报告,在开学后将假期写好的调查报告交给任课教师评阅;这种实践教学方式表面上是学生在进行实践学习,实际上,由于缺乏教师的引导以及学生的自主性较差等原因,相当一些学生并未真正去搞社会调查,而是简单地在网上抄袭他人资料应付实践教学,使得教学效果不理想。因此,要解决思想政治理论课实践教学中的现实问题,就需要创新实践教学模式,而网络实践教学模式正是应对现实困境的一种有益探索。

(2)充分发挥网络资源的优势是构建思想政治理论课网络实践教学模式的现实需要,运用网络信息技术进行思想政治理论课的实践教学,具有自身独特的优势。网络实践教学模式不受环境与时空的限制,学生通过登入校园网的思想政治理论课教学网站随时都可以参与到实践教学活动中来,有助于大大提高思想政治理论课实践教学的参与率;网络实践教学能够让学生借助视频资料体验到与现场参观同样的感受,这就有助于解决思想政治理论课实践教学中经费不足、学生安全没有保障、师资短缺、实践教学基地较少等实践教学中存在的一些问题;在思想政治理论课网络实践教学模式中,学生出于主体性地位,他们可以按照教师布置的相关实践教学任务,自主地选择自己感兴趣的话题参与到实践教学活动过程中,深化对理论知识的理解与思考,有助于调动学生学习的积极性、主动性和创造性,不断提高思想政治理论课教育教学的效果。网络资源的这种独特优势,成为构建思想政治理论课网络实践教学模式的现实需要。

(3)信息化时代的发展是构建思想政治理论课网络实践教学的现实条件。21世纪是网络信息时代,网络深刻地改变着人们的思维、生活、学习、工作的方式,特别是对当代大学生的价值取向、思想观念、行为模式等方面产生了深远的影响。在这种情况下,网络信息技术,能够提供海量信息、交互学习的环境、网络论坛等,为思想政治理论课教学提供了一个现代教学的新的实践教学平台,从而使得开展思想政治理论课网络实践教学具有了现实条件。

3. 民办高校思想政治理论课网络实践模式构建的主要途径

依据统计结果分析,我国网络使用群体按年龄段和学历划分,青年学生群体占绝对比重。随着互联网技术发展和普及程度的提高,网络将成为青年学生获取信息的主渠道。但由于网络世界独有的虚拟性,使得进入网络世界的人们一方面可以及时、便捷地获得所需要的信息,另一方面也可以在这样一个虚幻的世界中麻醉自己、放纵自己甚至为所欲为。如何充分利用网络优势,强化网络思想政治教育的积极效应,克服网络的消极影响,是摆在民办高校思想政治工作者面前一项重要的任务。

(1)利用校园网,建好思想政治教育的网站,引导学生上网。思想政治理论课教育教学网站是由网络课件、教学案例、多媒体教学素材库、习题、视频、网上论坛等不同模块构成的。在建设思想政治理论课网络实践教学平台的过程中，马克思主义的基本理论资料、时事政策、社会上及校园内的先进人物、先进事迹都应放到网上去，供大家及时了解、学习；还可以将“思想政治理论”课的思考题、推荐书目等放到网上，便于大家方便、快捷获取信息。同时，教师还应及时教会学生如何打开并运用网络实践教学平台，为高水平地使用这一平台创造良好的条件。

（2）构建现代、人性化的师生网络互动平台。现代化的网络互动平台可以吸引学生的眼球，增加网页的点击率；人性化的网络互动平台可以有效地利用网络的虚拟性和匿名性，畅通“思想政治理论”课教师与学生进行思想交流的渠道，便于教师及时掌握学生思想动态，及时解答学生提出的疑惑，有利于引导学生形成正确的思维方法。为此，建立这种网络互动平台时，我们应将思想政治理论课的各门课程都纳入进来，具体内容涉及各个方面，而且这些内容应该选取的是现实生活中的典型、鲜活的素材，并随着时代社会的发展变化不断更新。

（3）提升思想政治理论课网络实践教学的安全性。网络信息技术不仅有独特的优势，而且还具有其不可避免的缺陷。比如，网络具有不可控性，各种信息纷繁复杂、良莠不齐，很容易引起当代民办高校大学生价值观念的多元化，给思想政治教育带来不必要的麻烦；网络具有无序性又会使得一些大学生的网络行为出现不健康的表现。因此，一方面，我们要积极引导民办高校大学生树立良好的网络道德、正确使用网络资源，明辨是非，不断增强网络安全意识；另一方面，相关部门要加强网络管理部门职能，运用先进的技术手段，严密监控进入校园网内的信息，最大限度地防止有害信息进入校园网，使校园网最大限度地保持“洁净”。

主要参考文献

[1]潘懋心.多学科观点的高等教育研究[M].上海:上海教育出版社,2001.

[2]司晓宏.教育管理学论纲[M].北京:高等教育出版社,2009.

[3]司晓宏.面向现实的教育关怀[M].合肥:安徽教育出版社,2008.

[4][美]布鲁贝克. 高等教育哲学[M].郑继伟,等,译.杭州:浙江教育出版社,2002.

[5][英]约翰.亨利.纽曼.大学的理想[M].何曙荣,译.杭州:浙江教育出版社,2001.

[6][美]伯顿·克拉克.高等教育系统——学术组织的跨国研究[M].王承绪,译.杭州:杭州大学出版社,1994.

[7][美]克拉克·克尔.高等教育不能回避历史——21世纪的问题[M].王承绪,等,译.杭州:杭州教育出版社,2001.

[8][美]亚伯拉罕·弗莱克斯纳.现代大学论[M].王承绪,等,译.杭州:浙江教育出版社,2001.

[9][美]克拉克·科尔.大学的功用[M].周京,刘新芝,译.南昌:江西教育出版社,1993.

[10][美]E.格威狄·博格,金伯利·宾汉·霍尔.高等教育中的质量与问责[M].毛亚庆,刘冷馨,译.北京:北京师范大学出版社,2008.

[11][德]马克思,恩格斯.马克思恩格斯选集:第1—2卷.北京:人民出版社,1995.

[12]顾海良,佘双好,编.高校思想政治理论课教学改革研究.武汉:武汉大学出版社,2006.

[13]夏春涛.中国国情与发展道路.北京:中国社会科学出版社,2010.

[14]陶德麟,石云霞.马克思主义基本原理概论.武汉:武汉大学出版社,2006.
[15]王道俊,郭文安.教育学.北京:人民教育出版社,2009.
[16]赵祥麟,王承绪.杜威教育论著选.上海:华东师范大学出版社,1981.
[17]张立思.当代世界的思想政治教育.北京:中国人民大学出版社,1999.
[18]苏崇德.比较思想政治教育学.北京:高等教育出版社,1995.
[19]马计斌,弓兰秀,编.思想政治理论课实践教学指导.北京:北京理工大学出版社,2013.
[20]胡鞍钢,王绍光,周建明,编.第二次转型:国家制度建设.北京:清华大学出版社,2003.
[21]郭纯平.新世纪国内群体性事件研究.北京:新华出版社,2013.
[22][英]莫尔.乌托邦.北京:人民出版社,2005.
[23]李惠让,葛忱.哲学浅谈.长春:吉林人民出版社,1982.
[24]张耀灿,陈万柏,编.思想政治教育学原理.北京:高等教育出版社,2001.
[25]刘礼泉.大学思想政治理论课实践教学研究.长沙:湖南大学出版社,2006.
[26]郑永廷.思想政治教育方法论.北京:高等教育出版社,1999.
[27]祖嘉合.思想政治教育方法教程.北京:北京大学出版,2004.
[28]王茂胜.思想政治教育评价论.北京:中国社会科学出版社,2006.
[29]沈壮海.思想政治教育有效性研究.武汉:武汉大学出版社,2001.
[30]陈华洲.思想政治教育资源论.北京:中国社会科学院出版社,2007.
[31]毕红梅.全球化视野中的思想政治教育.北京:中国社会科学院出版社,2006.
[32]唐克军.比较公民教育.北京:中国社会科学出版社,2008.
[33]吕志,黄紫华.面向社会,实践育人——高校思想政治理论课实践教学的探索.广州:华南理工大学出版社,2009.
[34]何云庵.大学生思想理论教育实效性研究.成都:四川大学出版社,2008.
[35]张鸿燕.网络环境与高校德育发展.北京:首都师范大学出版社,2009.
[36]邹世享,张秀荣,王燕晓,编.改革·探索·实践:中国地质大学(北京)

思想政治理论课优秀教研成果选编:第一辑.北京:知识产权出版社,2011.
[37]张祥浩.中国传统思想教育.南京:东南大学出版社,2011.
[38]罗洪铁.思想政治教育学原理.重庆:西南大学出版社,2009.
[39]陈立思.当代世界思想政治教育.北京:中国人民大学出版社,1999.
[40]邱伟光,张耀灿.思想政治教育学原理.北京:高等教育出版社,1999.
[41]王礼湛.思想政治教育学.杭州:浙江大学出版社,1999.
[42]许艳国.思想政治教育环境论.北京:中国人民大学出版社,2012.
[43]王滨.思想政治教育环境论——大社会视野下的思想政治教育.上海:同济大学出版社,2011.
[44]王学俭.现代思想政治教育前沿问题研究.北京:人民出版社,2008.
[45]胡凯.现代思想政治教育心理研究.长沙:湖南人民出版社,2009.
[46]黄济,王策.现代教育论.北京:人民教育出版社,1996.
[47]邓演平.大学生思想政治教育论.长沙:湖南大学出版社,2010.
[48]陈爱国.大学生思想政治工作概论.长春:吉林大学出版社,2005.
[49]宋锡辉.现代思想政治教育专业建设研究——以师范类本科专业为对象.北京:人民出版社,2010.
[50]陈国英.梳理与建构大学生思想政治教育理论研究.北京:中国社会科学出版社,2012.
[51]陈笃彬.大学生思想政治教育理论与实证.北京:人民出版社,2010.
[52]于光.高校和谐育人工作的思考与实践.北京:北京师范大学出版社,2009.
[53]靳乃铮.重新探讨我们的教育方针.内蒙古社会科学,1981(1).
[54]陈文清.论加强大学生的马克思主义世界观教育.辽宁教育研究,1982(2).
[55]罗国杰.理想信念与三观建设.北京:中共中央党校出版社,2001.
[56]苏文平.法国教育管理现代化计划.中小学管理,1992(3).

后　记

本书是在十九大精神和习近平新时代中国特色社会主义思想指引下进行的一次民办高校思想政治教育工作研究的尝试，也是2017年陕西省辅导员工作项目[2017FKT31]研究的延伸，源于对学生工作的热爱和对大学生思想政治教育工作的所思所想，希望对当前高等教育的人才培养有所增益。

本书在写作过程中得到了一大批专家学者和领导的支持与帮助。

首先，特别感谢陕西理工大学党委副书记陈莉教授，她在繁重的工作中，抽出宝贵时间阅读拙稿，提出了很好的指导性意见和建议，拔高了本书政治站位，开阔了研究眼界，并拨冗作序，拙著为之生辉。在她身上我看到了，一位学校领导对大学生思想政治教育工作高度重视的职责担当，一位专家学者对晚辈后学的尽力提携和慷慨帮扶。对此，我定铭感于内，实践于行。

其次，感谢西京学院王琪副教授的倾力相助，感谢陕西理工大学学工部副部长刘志侃、岑道权提出建设性的修改建议。

最后，感谢宁夏人民出版社和该书的责编陈浪先生。此稿成书过程中，与陈浪先生十数次交流沟通意见，为此他不但尽到了一个编辑之责，更是身系良师益友之情，使我受益匪浅。

本书所有引文,笔者均注明来源,但难免有所疏漏,在此一并说明和致谢。由于本人学识有限,提出的有些观点可能是一些不成熟的思考,恳请专家学者和同仁读者批评指正。

作　者

2018 年 7 月